国家社科基金青年项目"清华简与商周伦理思想
（批准号：22CZX042）阶段性成果

青海师范大学"藏区历史与多民族繁荣发展研究省部共建协同创新中心"项目
"出土简帛与春秋霸业新研"（项目编号：XTCXZX202014）结项成果

付
瑞
珣 ◎ 著

出土简帛与
春秋霸业新研

黑龙江人民出版社

图书在版编目（CIP）数据

出土简帛与春秋霸业新研 / 付瑞珣著. -- 哈尔滨：
黑龙江人民出版社，2024. 11. -- ISBN 978-7-207
-13466-0

Ⅰ. K877.5；K877.9；K225.04

中国国家版本馆CIP数据核字第20245GH949号

责任编辑：孙国志
封面设计：欣鲲鹏

出土简帛与春秋霸业新研
CHUTU JIANBO YU CHUNQIU BAYE XIN YAN

付瑞珣　著

出版发行	黑龙江人民出版社	
地　　址	哈尔滨市南岗区宣庆小区 1 号楼	
印　　刷	黑龙江艺德印刷有限责任公司	
开　　本	787×1092　1/16	
印　　张	13.5	
字　　数	200 千字	
版　　次	2024 年 11 月第 1 版	
印　　次	2024 年 11 月第 1 次印刷	
书　　号	ISBN 978 – 7 – 207 – 13466 – 0	
定　　价	56.00 元	

序

　　春秋不仅是一段历史的称谓，也是中华传统文化的精髓。孔子言"知我罪我，其惟《春秋》"，孟子称"孔子成春秋，而乱臣贼子惧"，董仲舒以《春秋》成《繁露》，汉代以《春秋》决狱，近代维新运动亦滥觞于《春秋公羊传》。《春秋》经传所承载的春秋历史素为经史研究之热点，所幸近年来出土文献不断迭新，学术视角深化拓展，使得这一经典的研究领域历久而弥新。刚刚读到瑞珣的这部《出土简帛与春秋霸业新研》（下文简称《新研》），我是喜悦的，以春秋霸史为对象，以史料与视角为创新点，这是一种智慧的选择。

　　通读全书，其显著特点有以下几个方面。其一，选题得当，创新鲜明。争霸是春秋历史的主线索，以霸史为研究对象既把握了要点，也划定了研究范围。历史学研究的创新不外于史料创新、视角创新、方法创新与结论创新，《新研》聚焦于新史料与新视角，并在结构设计以上下编的形式充分展现。其二，兼顾出土文献与传世文献，著作以体例设计见长。该书虽然聚焦于清华简等新史料，却在每章第一节都先依据传世文献对某一霸主霸业的情况进行概述，让读者理解春秋霸史的概貌。与此同时，又对一些重点简文材料进行分析介绍。此种体例设计实现了传世文献整体性记述与出土文献创新性记载的结合。其三，勇于挑战，积极扩展学术研究视域。该书所关注的心理史学、春秋霸业的政治合法性以及结构主义等话题为以往的春秋史研究所忽视，《新研》的相关探索虽然初步，但所提出的学术问题确实具有启发意义，值得进一步关注。当然关于春秋霸史的新史料不仅于清华简，上博简及相关青铜器铭文仍有可发掘之处，新视角也不止书中所列几种，相关研究仍有很大的空间。

　　瑞珣自 2009 年考入东北师大历史文化学院读本科，至 2019 年博士毕业,一直跟随我学习先秦史。十年如一日,他勤于思考,致力于中国早期伦理思想研究,已卓有成绩。这本书以其授课内容为启发,诸多篇目也已发表,兼具学术性与可读性,这是值得肯定的。希望瑞珣可以更进一步,取得更好的成绩。是为序。

谢乃和

甲辰年初秋于长春

目　　录

上编　新史料

下编　新视角

新史料

绪　言

　　春秋是独特的。中国历史上第一个以典籍为名的时代是春秋。最早拥有系统性编年史记载的时代是春秋。《诗》《书》《礼》等经典在春秋时期凝结，逐步形成体系。

　　春秋不是一个"过渡"时代，春秋是早期中华文明转型的节点。其一，虽然夏、商、西周三代时期已经进入了青铜时代，但在生产中仍以石器、骨器为主，大量精美的铜器多为礼器、兵器用于"国之大事"，至春秋时期，铁器、牛耕得以普遍使用，加之水利工程的开发，推动了生产力的根本提升。其二，生产力的提升促使原来的集体协作劳动，变为小家庭即可完成，氏族社会存在的必要性丧失，自给自足的自然经济模式形成。其三，当人们很快完成"公田"的耕作，大量拓展私田，终将促发"国"与"野"的矛盾，经过春秋时期的改革与战争，西周时期的井田制、国野制趋于崩解，地缘性愈发突出。其四，王权衰落，诸侯争霸，区域性中央集权迅速发展，以氏族社会为基础的邦国联盟体制，及职官世袭、宗法分封等制度难以适应新的社会局面，郡县制度遂为出现。管仲、子产的改革为战国更为剧烈的变法带来先声。其五，氏族社会的解构与政治上的动荡促使思想发生转型，天命观念、政治观、伦理观的变化催生了老子、孔子等思想家的出现。人们常言"百代尤效秦政法"，秦制源于战国变法毋庸置疑，但战国变法之源却为春秋时代。通过春秋时代的转折，氏族社会的思想文化遗产得以保留，促使中华文化呈现出连续性特征。

　　纵观春秋近三百年（公元前770年—公元前476年）的历史，诸侯争霸乃历史进程中最表征之主题。霸主、霸业亦为春秋史研究的热点，产生大量的学术成果。随着清华简等出土材料的不断公布以及学术视角的多元化，春秋霸史研究多有新意,值得进一步探究。

一、所谓"霸业"

春秋时代,王纲解纽,霸权迭兴,所谓"霸"者,"伯"也,先秦时"伯""霸"相通,杨倞注《荀子》曰:"伯读曰霸。"①故春秋时期的"霸"往往亦称为"伯"。而关于"伯",《说文》又曰"伯,长也",②另《史记》裴解曰:"长诸侯为方伯。"③故此,所谓"霸主""伯主"大概便是"诸侯之长"的意思。

关于"霸主",历史上长期有著名的"春秋五霸"之说,所谓"五霸"一词,最早出于《左传》,《左传·成公二年》载:"五伯之霸也,勤而抚之,以役王命。"④而据早期相关史籍对所谓"春秋五霸"的具体记载来看,大概有以下六种说法较为经典:

其一,《荀子》《墨子》等提出齐桓、晋文、楚庄、吴阖闾、越勾践为"五霸";

其二,王褒《四子讲德论》则认为"五霸"当属齐桓、晋文、秦穆、楚庄、越勾践;

其三,《白虎通义》提出昆吾、大彭、豕韦、齐桓、晋文方为"五霸"的说法,后杜预《左传》注、孔颖达《左传》正义等从之;

其四,又《白虎通义》提出了"五霸"的另一种说法,即齐桓、晋文、秦穆、楚庄、吴阖闾;

其五,又《白虎通义》提出,齐桓、晋文、秦穆、宋襄、楚庄为"五霸"的说法,此说为后世赵歧《孟子》注、司马贞《史记》索引从之;

其六,颜师古《汉书》注认为齐桓、宋襄、晋文、秦穆、吴夫差为"五霸"。

除此之外,自中古以后至今,历代学者又相继提出了若干种关于"五霸"的说法,有的同意旧说,有人则提出了新的说法。据卫聚贤《五霸考》一文统计,早期史籍里春秋时期的诸侯中曾被称为"霸(伯)"者共有 19 位诸侯,是

---

① 王先谦:《荀子集解》,北京:中华书局,1988 年,第 459 页。
② 段玉裁:《说文解字注》,上海:上海古籍出版社,1981 年,第 267 页。
③ 司马迁:《史记》,北京:中华书局,1959 年,第 150 页。
④ 杨伯峻:《春秋左传注》,北京:中华书局,1981 年,第 798 页。

为:齐桓公,晋文公、秦穆公、宋襄公、楚庄王、吴阖闾、吴夫差、越勾践、晋襄公、晋灵公、晋成公、晋景公、晋厉公、晋悼公、晋平公、晋顷公、晋定公、楚康王、楚灵王。① 详查史籍,此19位诸侯恐还不能完全涵盖春秋霸主群体之全部,例如素有"春秋三小霸"之称的郑庄公、齐僖公、楚武王并未被统计在内,再者如湖北荆州新出秦家嘴楚简中曾提到位在霸主之列的"楚文王"亦未被关注。②

"霸史"研究不能以传统的"五霸"观念为立论,而应以具有统御诸夏的权力实体为对象。若此,区域性的"小霸"如楚武王、齐僖公,徒有仁义虚名的宋襄公,"复霸""续霸"之晋襄公、晋悼公等均不为本书所专论。

需要说明的是,就"霸史"研究而言,除了霸主还有霸国的面向。齐桓公为公认的春秋首霸,但齐桓公离世后齐国便霸业难续,可以说齐桓公为霸主与齐国为霸国是一致的。但晋国、楚国的情况则非如此。晋文公为霸,其身后晋国依然为霸国,楚庄王为霸主,其身后楚国也为霸国,在春秋晚期,晋楚两国共同为霸国是常态,因此才会有两次"弭兵之盟"。

准此,本书以齐桓公、晋文公、秦穆公、楚庄王、吴越争霸的历史为主线,围绕清华简、上博简等新史料与政治合法性、心理史学、结构主义等新视角,予以论述。

二、相关研究回顾

与春秋"霸史"相关,古今成果可谓卷帙浩繁,于此仅列举与本书所论关系密切者,予以简述。

(一)关于"两周之际"历史的研究

王权与霸权的消长,始于西周晚期王朝将倾之际,至郑庄公败周桓王于繻葛,周王室彻底失去了"礼乐征伐"的政治实力。其后,齐桓公首霸,形成"礼乐征伐自诸侯出"的历史格局。作为春秋霸史之背景,兹举"两周之际"

① 卫聚贤:《五霸考》,《说文月刊》(第一卷上),香港:香港明石文化国际出版有限公司,2004年,第557—569页。
② 蒋鲁敬等:《湖北荆州秦家嘴墓地 M1093 发掘简报》,《江汉考古》2024 年第 2 期。

历史研究情况如下：

以《史记》为代表的传统观点认为，西周灭亡于公元前 771 年，平王于公元前 770 年东迁，以此开启了东周的历史。晁福林先生慧眼独具，结合古本《竹书纪年》与《左传》所载吉光片羽，详细揭示了两周之际"二王并立"的复杂史事。① 其后，邵炳军先生在此基础上进一步指出，从西周灭亡到东周建立，所谓"两周之际"，即两个时代之间过渡的关键阶段，对于而后春秋时代的社会政治生态格局的塑造与影响是不言而喻的。② 随着清华简《系年》的公布，作为春秋霸史背景的两周之际的历史脉络又为学界所热议。

首先是纪年问题。学者围绕《系年》中重点提到的"周亡王九年"与"立廿又一年"两个重要时间点，纷纷探求两周之际的历史脉络，形成诸多观点，值得注意。关于"周亡王九年"，以《系年》整理者为代表，③基于简文的释读提出"周无王九年"指"幽王死后九年"的观点，是为目前学界对此问题的主流看法。然王晖《春秋早期周王室王位世系变局考异——兼说清华简《系年》"周无王九年"》通过考察周王世系的流变情况指出此时间点当为"携王被杀后九年"。④ 王红亮《清华简〈系年〉中周平王东迁的相关年代考》释读"亡王"为"幽王"，认为此时间节点当指"幽王九年"。⑤ 关于"立廿又一年"，以《系年》整理者为代表，依据简文的叙事倾向，认为此处乃用"周携王"之纪年。晁福林《清华简〈系年〉与两周之际史事的重构》依据《古本竹书纪年》所载推断此处是采用"晋文侯"之纪年，并尝试据此整体构建了两周之际相关史事的历史时间线。⑥ 总之，上述专家学者们的成果各有所依，对于推进《系年》所载"周亡王九年"与"立廿又一年"两个关键时间点的研判，以及梳理两周之际历史纪年极具启发。

---

① 晁福林：《论平王东迁》，《历史研究》1991 年第 6 期。

② 参见邵炳军：《政治生态变革与诗礼文化演进——两周之际"二王并立"时期诗歌创作时世考论》，上海：上海大学出版社，2022 年。

③ 李学勤主编，清华大学出土文献研究与保护中心编：《清华大学藏战国竹书(二)》，上海：中西书局，2011 年，第 138—139 页。

④ 王晖：《春秋早期周王室王位世系变局考异——兼说清华简《系年》"周无王九年"》，《人文杂志》2013 年第 5 期。

⑤ 王红亮：《清华简〈系年〉中周平王东迁的相关年代考》，《史学史研究》2012 年第 4 期。

⑥ 晁福林：《清华简〈系年〉与两周之际史事的重构》，《历史研究》2013 年第 6 期。

其次,关于平王东迁的路线问题,基于《系年》补充的平王东迁途经之"少鄂""京师"两地,学界开始大量讨论。关于晋文侯迎归平王之地"少鄂",如简文整理者考证此"少鄂"当位于晋地,在今山西乡宁一带。苏浩《清华简"少鄂"与两周之际申国史地再考》①认为"少鄂"接近位于南阳盆地的南申国,故其地在今南阳一带。赵庆淼《不娶簋"器"地与〈系年〉"少鄂"——兼论猃狁侵周的地理问题》②中则认为"少鄂"应毗邻位于宗周西北的西申国,故其地当在今泾河上游左近。关于晋文侯拥立平王之地"京师",以简文整理者为代表,多数学者据《公羊传》所说"京师之义"默认此为"宗周镐京"。杨永生《清华简〈系年〉"京师"与平王东迁》③通过考察西周文献、金文的记载,提出"京师"为金文所载晋国南部之"京师"的观点。总之,以上各家研究成果,为梳理两周之际平王东迁的大致路线提供了便利。

此外,还有大量研究关注到了两周之际历史变迁的不同侧面。如程浩《从"逃死"到"扞艰":新史料所见两周之际的郑国》④一文利用出土简牍重新考察了两周之际郑国东迁的曲折历程;程平山《秦襄公、文公年代事迹考》⑤一文则重点关注了两周之际刚刚立国的秦国的创业史事;杜勇《平王东迁年代与史实新探》⑥一文在重新勾勒了平王东迁历史纪年的同时,又系统分析了两周之际包括周王室在内的各国势力的发展情况等。以上这些研究极大丰富了学界对于两周之际及春秋时代早期社会环境及政治格局的认识。

(二)关于春秋霸业及霸主的研究

平王东迁后,王室衰微,诸侯相继崛起,开启了春秋时代诸侯称霸、建立霸业的新格局。诸侯霸主作为其时政治舞台的主导者,或在中原为霸,或在

---

① 苏浩:《清华简"少鄂"与两周之际申国史地再考》,《简帛研究》2021年第1期。
② 赵庆淼:《不娶簋"器"地与〈系年〉"少鄂"——兼论猃狁侵周的地理问题》,《江汉考古》2022年第5期。
③ 杨永生:《清华简〈系年〉"京师"与平王东迁》,《古代文明》2021年第5期。
④ 程浩:《从"逃死"到"扞艰":新史料所见两周之际的郑国》,《历史教学问题》2018年第4期。
⑤ 程平山:《秦襄公、文公年代事迹考》,《历史研究》2013年第5期。
⑥ 杜勇:《平王东迁年代与史实新探》,《中州学刊》2023年第2期。

某区域称雄,深刻地影响着该时期的政治、经济、军事、文化之发展变化,是为春秋历史的主线,为学界长期关注。

首先,关于春秋霸业史的研究。其一,关于各国霸业的建立。王春姮《浅析齐晋称霸的共同条件》①一文通过对齐晋两国内部和外部环境的分析,归纳出齐晋称霸的相同条件,包括客观上春秋时期社会的需要、优越的自然地理环境及其特殊的政治地位关系等,以及主观上的政策和策略的制定与实施等。张作理《春秋战国时期齐国昌盛的几个原因》②、王德华《楚庄王的霸业与楚国的出路——楚民族政治理性与民族个性精神的双重提升》③等则重点从某国某霸主人事任用的角度评析其霸业建立过程的积累的有利条件。胡克森《春秋争霸与中原"礼"文化传播之特征》④、邵先锋的《论"民本思想"在齐文化中的历史地位与作用》⑤等文章则聚焦于西周传统的礼治思想、民本思想等在春秋诸霸霸业建立中的作用。其二,关于春秋时期的争霸战争。晁福林《霸权迭兴——春秋霸主论》⑥一书系统分析了春秋时期争霸战争不以灭国为战略目标,而常使敌国屈服等具体现象,认为这是由分封制居于社会结构主导地位时战争的必然情况。宋杰师《先秦战略地理研究》⑦从战略地理的角度宏观分析了春秋时代大的战争格局,客观指出春秋时期政治地理格局形成弧形中间地带、中原地带和周边地带三大区域,军事冲突也主要表现为中原的齐、晋与南方的楚及后来崛起东南的吴国争霸。熊梅《春秋时期霸权兴衰规律研究》⑧一书则整体从哲学角度着重论证春秋霸权的兴衰规律等重要理论问题,但最终其认为战争对于霸权兴衰具有直接决定作用,强调了战争在争霸过程中的影响。总之,以上成果从多层次、多角度对春秋霸业的建立及重要的争霸战争展开分析,涉及春秋"霸业史"中的

---

① 王春姮:《浅析齐晋称霸的共同条件》,《大同高等专科学校学报》1999 年第 4 期。

② 张作理:《春秋战国时期齐国昌盛的几个原因》,《理论学刊》2002 年第 3 期。

③ 王德华:《楚庄王的霸业与楚国的出路——楚民族政治理性与民族个性精神的双重提升》,《史学月刊》2002 年第 10 期。

④ 胡克森:《春秋争霸与中原"礼"文化传播之特征》,《贵州社会科学》2003 年第 1 期。

⑤ 邵先锋:《论"民本思想"在齐文化中的历史地位与作用》,《管子学刊》2005 年第 3 期。

⑥ 晁福林:《霸权迭兴——春秋霸主论》,北京:生活·读书·新知三联书店,1992 年。

⑦ 宋杰师:《先秦战略地理研究》,北京:首都范大学出版社,1999 年。

⑧ 熊梅:《春秋时期霸权兴衰规律研究》,北京:军事科学出版社,2008 年。

大量关键问题,为综合研判相关史事提供了全方位的参考。

再者,关于春秋霸主的人物研究。其一,关于以"春秋五霸"为代表的霸主群体。张有智《"春秋五霸"名》①较早对"春秋五霸"进行的辨析,认为战国时《墨子》《荀子》的"五霸"观点可取。卫平《"春秋五霸"再正名》②则对此表示反对,认为五霸是齐桓、晋文、楚庄、吴夫差、越勾践。刘浦江《"春秋五霸"辩》③一文在否定传统"五霸"说的基础上,继而提出"主盟中原与否""是否得到周天子策命或者在某种形式上得到诸侯共同认可"的霸主确定标准,最后通过考辨史实得出春秋五霸为:齐桓、晋文、楚庄、吴夫差、越勾践,这一研究推动了学界对"霸主"标准的讨论。陈筱芳《"春秋五霸"质疑与四霸之成功》④一文则另辟蹊径,立足于史实考辨,指出春秋时期仅有齐桓公、晋文公、晋悼公、楚共王、楚康王与楚灵王是为春秋时人们公认的霸主,与后世以为的霸主不同,这一观点较早地将人们对于霸主群体的研究引出所谓"春秋五霸"一词的桎梏,极有助于之后更加实事求是地研究霸主群体的问题。另有孙景坛《"五霸"在历史上的确切所指新说》⑤一文从不同史籍的历史书写出发,列举了古今各家对"五霸"说的观点并对其简要辨析,后用排除法以"五霸"一词出现的时间即《左传》所载成公二年为底线,再据霸主出现的时间先后来判定春秋五霸为:齐桓、晋文、晋襄、秦穆、楚庄,这一研究也对之后"春秋五霸"问题的讨论提供了启发。

其二,关于春秋诸霸中的霸主个体。颜世安《齐桓公霸政基础之探讨》⑥一文讨论齐桓公霸政,认为其称霸的基础是"华夏共同体的形成"。周征松《晋文公称霸的战略思想》⑦从晋文公示民"义、信、礼"和任贤两个方面讲述了其称霸的原因。张卫中《郑庄公与春秋社会》⑧一文对郑庄公的性格特点、

①　张有智:《"春秋五霸"正名》,《山西师大学报(社会科学版)》1986 年第 1 期。
②　卫平:《"春秋五霸"再正名》,《苏州大学学报》1986 年第 3 期。
③　刘浦江:《"春秋五霸"辩》,《齐鲁学刊》1988 年第 5 期。
④　陈筱芳:《"春秋五霸"质疑与四霸之成功》,《西南民族学院学报(哲学社会科学版)》1992 年第 5 期。
⑤　孙景坛:《"五霸"在历史上的确切所指新说》,《南京社会科学》1994 年第 4 期。
⑥　颜世安:《齐桓公霸政基础之探讨》,《江海学刊》2001 年第 1 期。
⑦　周征松:《晋文公称霸的战略思想》,《山西师大学报(社会科学版)》1991 年第 2 期。
⑧　张卫中:《郑庄公与春秋社会》,《青海师范大学学报(哲学社会科学版)》1995 年第 3 期。

政治作为作了较为详尽的剖析,同时揭示郑庄公这一人物所蕴含的时代意义。王晖《从〈秦誓〉所见秦穆公人才思想看秦国兴盛之因——兼论〈书·秦誓〉的成文年代及主旨》①一文通过分析《秦誓》的主旨来分析秦穆公打破宗族亲亲的任人制度而采用尊贤使能的人才策略及历史意义。闫明恕《论"五霸"之一的楚庄王》②认为楚庄王走出了一条有别于齐桓、晋文的称霸之路,并提出楚国的"攘夷"是带着楚民族特点的华夏化这一观点等。总之,以上研究从群体与个体的角度展开了对春秋霸主的人物分析,增进了对春秋诸霸及其相关问题的深入认识,是"春秋霸史"研究中"霸主史"研究的重要一环,具有借鉴意义。

(三)新史料与新视角相关之霸史研究

近几年来以清华简、上博简等出土竹简为代表的新材料不断面世,为我们提供了大量可供利用或研究的新史料、新问题。以《清华简》为例,其记载内容大量涉及春秋史研究的相关问题,如《子犯子余》《晋文公入于晋》之于晋文公霸业、《子仪》于秦穆霸业、《越公其事》于吴越争霸等,均可为相关研究提供新史料。另一方面,诸多社科理论也可为春秋霸史研究提供新的视角。如以心理史学的研究方法对诸侯霸主作人物研究,以形象史学与结构主义的手段分析春秋时代霸主的人物群像与霸业的整体图景等。

先及新史料方面。刘国忠《清华简〈管仲〉初探》③通过对读清华简《管仲》篇与《管子·七臣七主》篇解读出土文献与传世文献所呈现出的不同思想倾向;晁福林《谈〈郑武夫人规孺子〉的史料价值》④结合清华简《郑武夫人规孺子》篇就郑庄公执政初期的郑国时局及其与武姜的母子关系进行了分析。宁镇疆《由清华简〈子仪〉说到秦文化之"文"》⑤一文讨论了清华简《子

---

① 王晖:《从〈秦誓〉所见秦穆公人才思想看秦国兴盛之因——兼论〈书·秦誓〉的成文年代及主旨》,《陕西师范大学学报(哲学社会科学版)》2007年第1期。
② 闫明恕:《论"五霸"之一的楚庄王》,《贵州师范大学学报(社会科学版)》1994年第2期。
③ 刘国忠:《清华简〈管仲〉初探》,《文物》2016年第3期。
④ 晁福林:《谈清华简〈郑武夫人规孺子〉的史料价值》,《清华大学学报(哲学社会科学版)》2017年第3期。
⑤ 宁镇疆、龚伟:《由清华简〈子仪〉说到秦文化之"文"》,《中州学刊》2018年第4期。

仪》篇对秦国在春秋时期的华夏化发展。王红亮《清华简与晋文公重耳出亡系年及史事新探》①一文利用清华简《子犯子余》等篇对晋文公出逃路线进行重新考证等。除此之外,还有如李学勤《试释楚简〈鲍叔牙与隰朋之谏〉》②对上博简《鲍叔牙与隰朋之谏》篇本身进行的辨伪之作等。

再看新视角方面。基于结构主义的视角,美国学者艾兰《世袭与禅让——古代中国的王朝更替传说》③一书便从历史书写与叙事模式的角度出发,对先秦时期如尧舜禅让等问题进行了深入解析。参鉴政治学的角度,彭华《王朝正统论与政权合法性——以商周鼎革为例》④、谢乃和《商周时期国家治理中天命观念的演变》⑤等研究便从政治合法性的角度切入,分析商周历史中相关史事及思想史问题。此外结合国家认同理论,晁福林《论中华民族形成过程中的国家认同》⑥一文针对周王朝的相关制度设计进行深挖,对其中倡导诸夏共识的制度内涵予以解释等。

另外,关于春秋霸史的研究,还有在春秋史相关著述中涉及霸主、霸政或争霸战争的大量内容,诸如顾栋高《春秋大事表》、陈槃《春秋大事表列国爵姓及存灭表撰异》、童书业《春秋史》、许倬云《春秋史》、黄朴民《春秋军事史》、杨师辟《东周秦汉社会转型研究》等关于春秋政治、军事、社会等方面的综合研究成果均可供参考,于此不再枚举。

三、所谓"新研"

历史学研究的创新不外于史料创新、视角创新、方法创新与结论创新。本书聚焦于清华简为代表的新史料与心理史学、结构主义、政权政治合法性等新视角,结合学界对春秋时代诸侯争霸历史的既有成果,试图对春秋霸史相关问题有所新诠。故本书以"史料"与"视角"两个维度展开,进行如下讨论。

---

①　王红亮:《清华简与晋文公重耳出亡系年及史事新探》,《史学月刊》2019 年第 11 期。

②　李学勤:《试释楚简〈鲍叔牙与隰朋之谏〉》,《文物》2006 年第 9 期。

③　[美]艾兰:《世袭与禅让——古代中国的王朝更替传说》,北京:商务印书馆,2010 年。

④　彭华:《王朝正统论与政权合法性——以商周鼎革为例》,《四川大学学报(哲学社会科学版)》2021 年第 6 期。

⑤　谢乃和:《商周时期国家治理中天命观念的演变》,《中国高校社会科学》2023 年第 2 期。

⑥　晁福林:《论中华民族形成过程中的国家认同》,《北京师范大学学报(社会科学版)》2022 年第 5 期。

第一章　春秋霸史背景及相关新史料

　　周王朝作为先秦三代之总结,绵延八百余年,大体包括西周和东周两个历史时期。西周时期通过实行宗法分封制度,构建了以周王室为核心的统治秩序;东周时期则是王室衰微,旧有的王权秩序逐渐瓦解,新型的霸主体系生成。两周之际,正是由王权到霸权转型的关键时段。在此前后,幽王覆灭、平王东迁而诸侯并起,遂开启了春秋时代霸主统治的新历史格局。

　　由于传统史料对两周之际及春秋初年历史记载较少,学界对于相关问题的探讨与认识久存争议。而以清华简《系年》为代表的一系列新出材料的问世,对于解决两周之际若干学术公案可谓多有助益,其中关于两周之际及春秋争霸早期史事的记载,不仅大量填补了史料空白,还能更好地佐证、补正以及修正以往诸般观点,使得对春秋霸史背景的研究有了继续深入的契机。本章将先以清华简《系年》等新史料为切入点,对两周之际政局变迁进行梳理,再以清华简《郑武夫人规孺子》等郑国史料为主,以郑国为代表对春秋诸霸崛起的情况加以阐释。

第一节　清华简《系年》与两周之际政局的变迁

　　两周之际是先秦历史上的一个重要阶段,但由于《左传》《国语》《史记》等传世文献对此鲜有记载,古时仅有西晋出土的《竹书纪年》提及其时二王并立的部分史事,直至 2011 年清华简《系年》公布——这是继《竹书纪年》之后又一次出土的秦代以前的编年体史书,其中明确记载了两周之际二王并立、文侯勤王、平王东迁等重大历史事件,故自简文发布后,学者们以《系年》所载为中心展开了大量研究,并取得了斐然成绩。下文将结合出土文献与传世文献,参考学界已有成果,系统讨论自幽王覆灭到平王东迁期间相关史事,梳理这一时期政局变迁之基本脉络。

一、清华简《系年》所载两周之际的历史纪年

迄今而言,关于两周之际历史脉络记载最为详细者便是清华简《系年》第二章,为便于讨论,兹列简文于下:

> 周幽王取妻于西申,生平王。王或取褒人之女,是褒姒,生伯盘。褒姒辟于王,王与伯盘逐平王,平王走西申。幽王起师,围平王于西申,申人弗畀,缯人乃降西戎,以攻幽王。幽王及伯盘乃灭,周乃亡。邦君诸正乃立幽王之弟余臣于虢,是携惠王。立廿又一年,晋文侯仇乃杀惠王于虢。周亡王九年,邦君诸侯焉始不朝于周,晋文侯乃逆平王于少鄂,立之于京师。三年,乃东徙,止于成周。①

此段简文记载了两周之际众多事件,包括幽王身死、西周覆灭、幽王弟"余臣"立于"虢"为携王、晋文侯杀周携王、晋文侯拥立"平王"于"京师"、平王东迁于成周等。在这段历史记叙中,有两处时间点——"立廿又一年"与"周亡王九年"极为重要,是理解两周之际历史脉络的关键。

先看"立廿又一年"。据简文,周携惠王为周幽王之弟,名为余臣,周幽王死后,"邦君诸正"立之于虢,"立廿又一年",为晋文侯所杀。古本《竹书纪年》对此有相似的记载:

> 幽王既死,而虢公翰又立王子余臣于携。周二王并立……二十一年,携王为晋文公(侯)所杀。以本非适,故称携王。②

将简文与所引《纪年》对照可知:虢公翰正是简文"邦君诸正"的代表,王

---

① 李学勤主编,清华大学出土文献研究与保护中心编:《清华大学藏战国竹书(二)》,上海:中西书局,2011 年,第 138 页。

② 方诗铭,王修龄:《古本竹书纪年辑证》,上海:上海古籍出版社,2005 年,第 64、71 页。

子余臣便是周幽王之弟,"二王并立"是周幽王之后其弟携王与其子平王的对立,携为地名应属于虢国,《纪年》称"以本非适,故称携王"显然是望文生义。需要说明的是,简文与《纪年》虽都提及了"二十一年",却引起学界的极大争议。一些学者认为"二十一年"为晋文侯纪年,①另一些学者则认为是携惠王纪年。② 造成这一争议的原因是,《系年》以周史为叙述,"立廿又一年"为携惠王纪年符合语境;《纪年》出于晋国史官之手且多记"晋国故事",将其归于晋文侯亦不违和。若以《史记·晋世家》"文侯十年,周幽王无道,犬戎杀幽王"为据,《系年》所言携惠王二十一年便当是晋文侯三十一年,与《纪年》所言晋文侯二十一年相差十年,蒙文通先生言:"史公纪晋文侯之年,已先于《竹书》者且十年",③此言诚是。其实,古本《竹书纪年》有一条史料易被忽视:

> 晋文侯二年,周宣王子多父伐邻,克之。乃居郑父之丘,名之曰郑,是曰桓公。(《水经·洧水注》)④

据学者考证"晋文侯二年"句当无谬误,并结合史事推之这一年是为"幽王既灭二年",⑤若此,幽王身灭、携惠王被拥立和晋文侯就国为君当为同一年,即公元前771年。《系年》与《纪年》所言"二十一年"虽各有其纪年系统,其实一也,即公元前750年。

再看"周亡王九年"。据前,此问题学界素有争议,概之有三论:一者,释

---

① 参见晃福林:《论平王东迁》,《历史研究》1991年第6期;王雷生:《平王东迁年代新探——周平王东迁公元前747年说》,《人文杂志》1997年第3期;晃福林:《清华简〈系年〉与两周之际史事的重构》,《历史研究》2013年第6期;程平山:《唐叔虞至晋武公年事迹考》,《文史》2015年第3期。

② 参见李学勤主编,清华大学出土文献研究与保护中心编:《清华大学藏战国竹书(二)》,上海:中西书局,2011年,第139页;魏栋:《清华简〈系年〉与携王之谜》,《文史知识》2013年第6期;马银琴:《〈褒姒灭周〉故事与〈诗经·小雅·正月〉的性质》,《北京大学学报(哲学社会科学版)》2018年第6期;程浩:《从"逃死"到"扞艰":新史料所见两周之际的郑国》,《历史教学问题》2018年第4期。

③ 蒙文通:《古族甄微》,成都:巴蜀书社,1993年,第60页。

④ 方诗铭、王修龄:《古本竹书纪年辑证》,上海:上海古籍出版社,2005年,第70页。

⑤ 方诗铭、王修龄:《古本竹书纪年辑证》,上海:上海古籍出版社,2005年,第70—71页。

"亡"为"无",即"周无王九年",具体指"周幽王死后九年";①其二,亦释"亡"为"无",但认为"周无王九年"指"携王被杀后九年";②其三,释"亡王"为"幽王",认为"周亡王九年"为"周幽王九年"。③以上论述均有理据,亦多不足。相关学说相互攻驳,既有理据,亦有不足。如果认为"周亡王九年"出现在携王二十一年之后,即公元前750—前741年,那么平王东迁就应该在公元前739年左右,此说与传世文献的记载相差甚远,诸多时间线不能相互调和,难以成立。若将"亡王"理解为亡国之王即周幽王,"周亡王九年"为周幽王九年,即公元前773年,据上晋文侯是公元前771年归国为君,又何以"逆平王于少鄂,立之于京师"?综之,唯"周无王九年"指西周灭亡后的九年间,即公元前771—前762年的说法为优。

综上,结合各家史料与现有研究成果,一个关于两周之际历史的时间线便大致可以梳理出来:公元前771年,周幽王身死,西周覆灭,周携惠王被拥立与业已称王的周平王呈现"二王并立"之势,同年晋文侯归国为君;二王并立时期,邦君诸侯或观望或站队,《系年》称为"周无王九年"(公元前771—前762年);面对"邦君诸侯焉始不朝于周"的局面,晋文侯从少鄂迎接周平王,并拥立于京师,三年后(公元前759年)助平王东迁;公元前750年,晋文侯杀携惠王,巩固了平王的政权,至此"二王并立"的格局宣告结束,从西周到东周王朝的过渡正式完成。

---

① 参见李学勤:《由清华简〈系年〉论〈文侯之命〉》,《扬州大学学报》2013年第2期;晁福林:《清华简〈系年〉与两周之际史事的重构》,《历史研究》2013年第6期;代生:《清华简〈系年〉所见两周之际史事说》,《学术界》2014年第11期;王伟:《清华简〈系年〉"周亡王九年"及其相关问题研究》,《中原文化研究》2015年第6期;徐少华:《清华简〈系年〉"周亡(无)王九年"浅议》,《吉林大学社会科学学报》2016年第4期;程浩:《从"逃死"到"扞艰":新史料所见两周之际的郑国》,《历史教学问题》2018年第4期;王杰:《清华简"周亡王九年"新释》,《殷都学刊》2020年第1期。

② 参见陈致:《简帛·经典·古史》,上海:上海古籍出版社,2013年,第173—179页;程平山:《秦襄公、文公年代事迹考》,《历史研究》2013年第5期;王晖:《春秋早期周王室王位世系变局考异——兼说清华简〈系年〉"周无王九年"》,《人文杂志》2013年第5期;朱凤瀚:《清华简〈系年〉"周亡王九年"再议》,《吉林大学社会科学学报》2016年第4期。

③ 参见王红亮:《清华简〈系年〉中周平王东迁的相关年代考》,《史学史研究》2012年第4期;李零:《读简笔记:清华楚简〈系年〉第一至四章》,《吉林大学社会科学学报》2016年第4期;杨永生:《试论清华简〈系年〉中的"周亡"及相关问题》,《古代文明》2017年第2期;李贝贝:《从清华简〈系年〉论两周之际局势变迁》,《四川文物》2022年第2期。

二、清华简《系年》所载平王东迁之相关地望

清华简《系年》不仅丰富了关于两周之际平王东迁的历史过程,亦对于平王东迁的路线有所详记。除平王早年所往"西申"及东迁至"洛邑"外,简文还提及了"少鄂"与"京师"——此两地不见于传世文献。如此便可大致将平王东迁分成三个阶段:其一自"西申"经"少鄂"迁至"京师",其二于"京师"即位并居之三年,其三方由"京师"迁至"洛邑"。上文已将此三阶段所涉相干时间节点加以讨论,下面以《系年》所载为主并综合传世文献对平王东迁的路线问题作一考察。

首言"西申"。此为幽王时期废太子宜臼被迫离开镐京后的避居之地。《国语·晋语》载:"太子出奔申"。① 古本《竹书纪年》则云:"平王奔西申"。② 周代之申国有二,周宣王以前,"申国"在周京以西的地带活动,至于宣王以后,申民一分为二,一部分留居原地,称为"西申",也叫"申戎"或"姜氏之戎",另一部分南迁南阳盆地,称为"南申"。③《系年》言:"平王走西申。幽王起师,围平王于西申",与《纪年》载"西申"符合。《国语》所言平王出奔之"申"就是"西申国"。其地望据考证当在《山海经》所言的申首之山和申水附近,即今甘肃与宁夏交界的平凉至镇原以北地带。④

平王宜臼之母为幽王王后申姜出于西申公室,当幽王宠褒姒废申后而改立伯服(《系年》简文作伯盘)时,已为废太子的宜臼避居于西申。据古本《竹书纪年》记载,"先是申侯、鲁侯及许文公立平王于申,幽王既死……"⑤ 晁福林先生据此认为在平王与携王"二王并立"之前,还存在平王与幽王的"二王并立",⑥此确为灼见。西申与缯国交好,幽王起兵围攻西申遭到缯国与犬戎的联合进攻,王师败绩,"幽王及伯盘乃灭",史称"骊山之难",时年为

① 徐元诰:《国语集解》,北京:中华书局,2002 年,第 251 页。
② 方诗铭、王修龄:《古本竹书纪年辑证》,上海:上海古籍出版社,2005 年,第 62 页。
③ 参见宋公文:《春秋前期楚北上中原灭国考》,《江汉论坛》1982 年第 1 期;何浩:《西申、东申与南申》,《史学月刊》1988 年第 5 期。
④ 徐少华:《"平王走(奔)西申"及相关史地考论》,《历史研究》2015 年第 2 期。
⑤ 方诗铭、王修龄:《古本竹书纪年辑证》,上海:上海古籍出版社,2005 年,第 63—64 页。
⑥ 晁福林:《论平王东迁》,《历史研究》1991 年第 6 期。

公元前771年。然而,申、缯集团并未能顺利地将平王送入镐京完成权力的过渡,由于以虢公为首的"邦君诸正"集团拥立幽王之弟余臣为惠王,平王只能居于他处。

　　次言"少鄂"。文献不足故,"骊山之难"后平王居于何处现尚难知晓,《系年》简文提及了晋文侯"逆平王于少鄂",可知平王一度居于少鄂。关于少鄂之地望,据简文整理者考证在今山西乡宁一带,①此说可从。按,"鄂"与"崿"通,《隋书·地理志》言:"昌宁……有壶口山、崿山。"②《水经·河水注》曰:"河水又南至崿谷,傍谷东北穷涧,水源所导也。"③皆说乡宁有"崿"。另《左传·隐公五年》载晋鄂侯初号"翼侯",后因曲沃庄伯作乱而出奔,处于随。之后,嘉父要迎回翼侯,但此时周桓王已经封翼侯子哀侯于翼,故翼侯只能居鄂,方称"鄂侯"。翼在今山西翼城一带,随在今山西介休一带,而"鄂"当在翼城与介休之间。《史记·晋世家》裴骃《集解》引《世本》曰:"(唐叔虞)居鄂。"④此鄂在临汾盆地一带,正处翼、随之间,与晋鄂侯之"鄂"方位相合;其为晋之初封旧都,亦与晋鄂侯身份相合,故晋鄂侯被迎立之"鄂"当在此地。

　　再言"京师"。平王在晋文侯的帮助下从"少鄂"至"京师"。关于"京师"之地望学界大致有两种看法:一者即释"京师"为"镐京",盖因拥立平王即位所需政治合法性的要求。⑤ 二者释"京师"为金文中所载晋国南部之"京师",盖因宗周丧乱不便前往,而晋南之地相对安定且便于晋国控制。⑥ 此间争议看似为历史地理问题,实则为历史书写问题。一方面,两周金文与传世文献中的"京"确实并非镐京之专指。金文常见"旁京"字,其地旁于镐京,两者并非一地。又,郑庄公之弟,共叔段所经营处亦称为"京",位于郑国境内。

---

　　① 李学勤主编,清华大学出土文献研究与保护中心编:《清华大学藏战国竹书(二)》,上海:中西书局,2011年,第139页

　　② 魏徵:《隋书》,北京:中华书局,1973年,第851页。

　　③ 杨守敬、熊会贞:《水经注疏》,南京:江苏古籍出版社,1989年,第286—287页。

　　④ 司马迁:《史记》,北京:中华书局,1959年,第1636页。

　　⑤ 吕亚虎:《清华〈系年〉所涉"京师"地望辨析》,《宁夏大学学报(人文社会科学版)》2022年第3期。

　　⑥ 杨永生:《清华简〈系年〉"京师"与平王东迁》,《史学月刊》2021年第5期。

不唯如此,两周彝铭与典籍中的"京师"也不专指镐京。如多友鼎(集成① 02835)载:"狁方兴,广伐京师,告追于王",此京师不是周王所在的镐京, 其地大约在豳地,与《大雅·公刘》"笃公刘,逝彼百泉,瞻彼溥原,乃陟南冈, 乃觏于京,京师之野,于时处处,于时庐旅,于时言言,于时语语"②之"京师" 地望相合。公刘为周人先祖,其徙居之地在今陕西省彬县一带,即古之豳 地。又《左传·僖公五年》载"虢公丑奔京师",③此事古本《竹书纪年》记作 "虢公丑奔卫"。④ 古本《竹书纪年》为晋、魏史官所记,其书当有所本,此"京 师"可能是卫之一邑,亦非指镐京。对此有研究总结出周代称"京师"者大体 有豳地、洛邑、卫国"京师"和晋南"京师"四处。⑤ 但是,清华简《系年》成篇 于战国中晚期,而春秋战国时期的历史文献中的"京师",大多指诸如洛邑一 类的"天子之居"。《春秋》经中所言 14 次"京师"皆指洛邑,《左传》中出现 的 17 次"京师",其中 16 次指的也是洛邑。洛邑是天子王城,据此《公羊 传·桓公九年》释"京师"为"天子之居"⑥亦合乎义理。故西周金文所载"京 师"者,当与战国时期历史文献所载"京师"之意涵本有不同,在西周金文中 单纯具体表示某地名称的"京师",在战国时期的清华简《系年》及《春秋公 羊传》中大体都已被赋予了类似"天子之居"的特殊意涵,成为专指王朝都城 的专有词汇。晋文侯立周平王于京师时,平王尚未东迁,故成书于战国中晚 期的《系年》中的"京师"应为周平王尚未东迁的王都所在,即镐京。⑦ 这也 如大多数学者所讲:"晋文侯要立平王,使列国诸侯、邦君承认其正统地位, 如不在王畿、宗周,而在晋地京师立之,在当时似是不可能的。'晋地说'忽 视了王畿、宗周在当时列国诸侯、邦君心中之神圣性。"⑧此论确乎合理。

综上,结合各家史料与现有研究成果,一个关于两周之际平王东迁的大

---

① 中国社会科学院考古研究所:《殷周金文集成》,北京:中华书局,2007 年。

② 郑玄、孔颖达:《毛诗正义》,阮元:《十三经注疏》,中华书局,1980 年,第 542 页。

③ 杨伯峻:《春秋左传注》,北京:中华书局,1981 年,第 311 页。

④ 方诗铭、王修龄:《古本竹书纪年辑证》,上海:上海古籍出版社,2005 年,第 78 页。

⑤ 杨永生:《清华简〈系年〉"京师"与平王东迁》,《史学月刊》2021 年第 5 期。

⑥ 何休,徐彦:《春秋公羊传注疏》,阮元:《十三经注疏》,中华书局,1980 年,第 2219 页。

⑦ 谢乃和、付瑞珣:《由新出楚简论〈诗经·节南山〉的诗旨——兼说两周之际天命彝伦观念的变迁》,《杭州师范大学学报》(社会科学版)2018 年第 2 期。

⑧ 朱凤瀚:《清华简〈系年〉"周亡王九年"再议》,《吉林大学社会科学学报》2016 年第 4 期。

致路线便可以梳理出来:幽王覆灭之前,平王避居镐京以西之西申(地在今甘、宁之间);幽王覆灭之后,平王辗转至晋之少鄂(地在今山西西南乡宁一带),晋文侯迎平王并护送之西返京师(镐京处),以获正统。其后三年,晋文侯联合其他诸侯协助平王东迁成周洛邑,至此平王东迁完成,东周时代正式开启。

三、清华简《系年》所见两周之际邦君诸正与邦君诸侯史事

在幽平之际,面对周王室的动荡与而后"二王并立"的乱局,其时各方政治势力也在暗中博弈,各自作出了不同的选择。据清华简《系年》载,这些政治势力大致分为"邦君诸正"与"邦君诸侯"两类。"诸正"大致为周王朝内各类执政官员,"诸侯"则为王畿外的军事力量,所谓"邦君"即拥有采邑和属民的一邦之君。此两类政治势力在两周之际不同的表现极大地影响了政局的走向,亦是春秋霸史的直接背景。

"邦君诸正"拥有王朝执政大臣与采邑之君的双重政治身份。一方面,作为王朝执政大臣他们手握大量行政资源,在诸多关键事务中起到决定性作用;另一方面,作为一邦之封君,当王朝衰落之时他们更密切关注邦国利益与公室利益。两周之际的虢公翰、郑桓公友均为此类"邦君诸正"的代表。

清华简《系年》中记载:"邦君诸正乃立幽王之弟余臣于虢,是携惠王。立廿又一年,晋文侯仇乃杀惠王于虢。"这段历史在传世文献中也有相应的记载,《左传》昭公二十六年《正义》引古本《竹书纪年》:"……幽王既死,而虢公翰又立王子余臣于携,周二王并立……二十一年,携王为晋文公(侯)所杀。以本非适,故称携王。"[1]这段材料记载了携王在虢公翰的支持下在虢地被拥立为王,最后在虢地为晋文侯所杀的历史。可以得知,余臣被立和被杀这两件大事都是在虢国完成的,故有学者认为"在携惠王统治的 21 年里,一直都居住在虢国"。[2] 学者论证"至王室东迁以后,西虢公仍在王朝任职。而虢叔所封西虢,在今陕西宝鸡,地属宗周王畿,后随平王东迁至今河南三门

---

① 方诗铭、王修龄:《古本竹书纪年辑证》,上海:上海古籍出版社,2005 年,第 64、71 页。
② 代生:《西周晚期虢国的东迁》,《中国社会科学报》2014 年 7 月 30 日。

峡一带",①可见虢公其人正是"邦君诸正"的代表。其在幽王覆灭后随即选择在本国拥立携王即位,并支持其为王二十一年,此举一方面显示了虢公等"邦君诸正"的实力与威望,另一方面也显露了这一群体"拥王自重"的政治野心;但面对拥立平王的晋文侯准备诛杀携王时,虢国一方任凭携王在本国被杀,或许是迫于平王、晋文侯一派的压力,而更可能的是出于利益的考量——以此为筹码重新获取平王一方王朝卿士的地位,这也与其虽曾支持携王,但仍能在王室东迁后任职平王一脉王庭的情况相符。实际上,虢公在携王与平王"二王并立"的斗争中所展现的灵活性正是两周之际"邦君诸正"们的通常做法。另一个典型当属郑桓公、郑武公父子了,由于清华简中有诸多关于郑国早期历史的新史料,下节予以专述。

面对两周之际"二王并立"的时局,"邦君诸侯"或积极参与支持平王,或一旁观望王朝局势再行举措,或不顾王室动乱而聚力于本邦势力的发展。此可分为三类诸侯予以探析。

其一,申、缯、鲁、许等诸侯国积极支持平王势力。据前引古本《竹书纪年》"先是申侯、鲁侯及许文公立平王于申",可知申、鲁、许三国是积极拥立平王的,且在幽王尚在王位之时。在今本《竹书纪年》里,也有类似的记载,其言曰:"申侯、鲁侯、许男、郑子立宜臼于申",②这里便提及了郑国。西周晚期,郑桓公为周幽王司徒,其在幽王尚在时支持平王立于申恐难以实现。再者,此时的郑桓公在与周之史伯进行充分的分析后,聚力于东方行"虢郐寄孥"之事,当无暇西顾于申。今本《竹书纪年》现身于明代,学界公认其为伪书,虽然其中不乏史料素材,但亦多妄言。此处言"郑子立宜臼于申",当难取信。

从幽王与平王的战争局面来看,鲁国、许国虽然支持平王立于申,却并未参与战争。申、缯两诸侯不仅是平王势力的支持者,更是两周变局的直接参与者。他们助力平王击败了幽王,却未能成功将平王纳入镐京完成权力的交替。其中原因,除了周携王势力的抗衡外,一个不可忽视的因素便是鲁、许等国从支持转向了缄默。鲁、许等国态度的转变可能因于周幽王的压

---

① 吕文郁:《西周采邑制度》,北京:社会科学文献出版社,2006 年,第50—53 页。
② 方诗铭、王修龄:《古本竹书纪年辑证》,上海:上海古籍出版社,2005 年,第 262 页。

力,这使得平王势力得到明显的削弱,更重要的是,鲁为周公之后、许为"四岳"之后,两者为姬姓、姜姓诸侯的代表,缺少鲁、许的支持使得平王仅仅依靠西部戎族势力,难以取得统御诸夏的政治合法性。

其二,晋、秦等诸侯先行观望,后支持平王,获得邦国发展的契机。在"骊山之难"至晋文侯迎平王于少鄂前,晋、秦、齐等诸侯并未直接参与王室斗争,直至"周亡(无)王九年"后晋文侯方始支持平王,并护卫平王东迁洛邑,后又诛杀携王,有研究表示:文侯作为"姬姓诸侯"之代表对于平王的支持彻底打破了"二王并立"的平衡,乃是平王得以胜出之关键,①此判断实为公允。晋文侯之举对于两周之际的政局来说无疑有"定鼎之功",其举动直接推动了"二王并立"问题的解决,故《国语》中才有"文侯定天子"②之语,更有《文侯之命》中平王对于文侯的高规格赏赐:"秬一卣卤,彤弓一,彤矢百,卢弓一,卢矢百,马四匹",③此为"赐命侯伯"时"合法军事权力象征的弓矢赐予"。④

晋文侯"拥立平王""诛杀携王"等事迹,对于东周王室有着"定鼎之功",与此同时晋文侯时期晋国的对外扩张也在进行,王国维《今本竹书纪年疏证》中所载:

> (平王二年)赐秦、晋以邠、岐之田。
> (平王)十四年,晋人灭韩。(《诗·大雅·韩奕》序笺:"韩,姬姓之国也,后为晋所灭。")⑤

可见,文侯时期的"晋国"不仅得到了"平王"所赐之"邠地",甚至直接攻灭"韩国"而夺其地。关于"晋取邠地"有研究表示:"邠地"并非平王"赐

---

① 马银琴:《"褒姒灭周"故事与〈诗经·小雅·正月〉的性质》,《北京大学学报(哲学社会科学版)》2018年第6期。
② 徐元诰:《国语集解》,北京:中华书局,2002年,第477页。
③ 孔安国、孔颖达:《尚书正义》,阮元:《十三经注疏》,北京:中华书局,1980年,第254页。
④ 杨永生:《从引簋看周代的命卿制度》,《史学集刊》2015年第5期。
⑤ 方诗铭、王修龄:《古本竹书纪年辑证》,上海:上海古籍出版社,2005年,第263—264页。

予",实乃文侯趁周乱夺得的,"赐予"只是形式上的"追封";①而关于"晋取韩地"事亦有研究表示:晋国此举意味着吞并了同为"姬姓国"的"韩国"。②总之,这些对外征伐之举无疑是对西周"传统宗法秩序"的严重破坏。但是由于其之于王室之贡献与地位,这些行为自然也是王室"默许"的。

在晋国全面支持平王阵营的同时,秦、郑等诸侯也相继加入,成为平王东迁过程中的股肱之臣。《史记·秦本纪》载:"秦襄公将兵救周,战甚力,有功。周避犬戎难,东徙雒邑,襄公以兵送周平王。平王封襄公为诸侯,赐之岐以西之地……与誓,封爵之。襄公于是始国,与诸侯通使聘享之礼。"③尚未正式立国的秦国国君秦襄公在"救周""送王东迁"中表现十分积极,后因功受封得以正式立国。《国语·郑语》载:"晋、郑兄弟也,吾先君武公与晋文侯戮力一心,股肱周室,夹辅平王。"④可见郑武公在平王东迁过程中也多有出力,是为支持平王一派的重要力量,故而在之后东周初期郑国国君得以长期担任王朝卿士等职位。

其三,以楚为代表的蛮夷之君伺机发展邦国势力。《左传·宣公十二年》记晋栾武子语曰:"楚自克庸以来……训之以若敖、蚡冒,筚路蓝缕,以启山林。"⑤此乃西周晚期楚若敖、蚡冒殷勤创业的情况。到了两周之际,随之而来的便是楚武王时期楚国的迅速崛起,成就与齐僖公、郑庄公并称"三小霸"之业。《史记·楚世家》记载:

> 三十五年,楚伐随。随曰:"我无罪。"楚曰:"我蛮夷也。今诸侯皆为叛相侵,或相杀。我有敝甲,欲以观中国之政,请王室尊吾号。"随人为之周,请尊楚,王室不听……乃自立为武王,与随人盟而去。⑥

① 王雷生:《平王东迁原因新论——周平王东迁受逼于秦、晋、郑诸侯说》,《人文杂志》1998 年第 1 期。
② 卫文选:《晋国灭国略考》,《晋阳学刊》1982 年第 6 期。
③ 司马迁:《史记》,北京:中华书局,1959 年,第 179 页。
④ 徐元诰:《国语集解》,北京:中华书局,2002 年,第 330 页。
⑤ 杨伯峻:《春秋左传注》,北京:中华书局,1981 年,第 731 页。
⑥ 司马迁:《史记》,北京:中华书局,1959 年,第 1692、1695 页。

自此楚武王以"我蛮夷也"的理由开启了楚国"观中国之政"及"自尊王号"的先例,这种基于"蛮夷血统"的发挥,反倒是楚国在发展过程中更容易摆脱传统秩序的束缚,进而在对外扩张中占据优势地位。楚武王一世也致力于扩展领土,多次攻伐楚国北上中原的避居之地随国,相继又败邓、败郧、伐绞、伐罗、灭州、灭蓼,至此楚国霸权的影响逐渐遍布江汉地区,为之后几代楚君进一步北上经营中原霸权奠定基础。除此之外,楚武王还对内进行了一系列改革。例如创立县制,《左传·庄公十八年》载:"初,楚武王克权,使斗缗尹之。以叛,围而杀之。迁权于那处,使阎敖尹之。"①楚武王灭亡权国后,以权国故地设置权县与县尹,此为后世作为地方行政区划意义上的"县制"之始。此外,楚武王还新设"令尹、司马"等官职,完善了楚国的政治系统,使得国势蒸蒸日上。

楚武王死后,楚文王即位。文王首先把都城由丹阳迁到了郢,楚国旧都丹阳位于现在湖北、陕西、河南交界的偏僻之地,②地理位置相对靠南,且交通闭塞,尽管楚武王时期楚国已称霸汉东,但都城依旧置于此地。然楚国强大后要向外,尤其是北上发展,迁都就成为楚国发展的迫切要求。于是楚文王上位后随即着手迁都北上于"郢"城,打造了这一在之后很长一段时间里楚国的政治中心。而关于楚文王所迁郢都的具体位置学界还有争论,但不管是大多数人认可的湖北江陵纪南城,还是少数人认为的湖北宜城楚皇城或湖北当阳季家湖,③这些地方大致都位于楚国疆土中心地带,且处于四通八达的平原,这是没有疑问的。而后,楚文王也继续了楚国的外扩事业。楚文王二年,攻打位于南阳盆地的申国,开启了北上的步伐。六年,又攻打蔡国,俘虏蔡哀侯。而楚文王为进一步打通北上通道,在灭掉息、蔡时设立息县,十二年灭掉邓、申时设立申县,仿效楚武王在楚国北部边地设县的方法,为以后面对北方各国的战争建立前沿阵地。故清华简《系年》总结其功绩曰:"楚文王以启于汉阳",这意味着楚国北上中原的道路在文王时期逐渐开

---

① 杨伯峻:《春秋左传注》,北京:中华书局,1981年,第208—209页。
② 陈元秋:《春秋时期楚国扩张线路研究》,华东师范大学历史系硕士学位论文,2017年,第33页。
③ 周家洪:《楚文王在楚国崛起中的贡献及其原因》,《长江大学学报(社会科学版)》2013年第10期。

启了,楚国参与争霸指日可待,而新近湖北荆州出土之"秦家嘴楚简"中将"楚文王"列在"春秋五霸"之中,①亦可证明在春秋时代的楚国国君中文王地位之高。到了楚文王后期,如《史记》记载:"齐桓公始霸,楚亦始大",②已然有了夷狄霸主的气象。

综之,两周之际王室分裂,"邦君诸正"与"邦君诸侯"基于自身利益或战队或观望,择机而行,《诗经·小雅·雨无正》云:"正大夫离居,莫知我勚。三事大夫,莫肯夙夜,邦君诸侯,莫肯朝夕",③正是对时局真实的描述。与此同时,晋、秦、楚、齐、郑等国积蓄势力,拉开春秋霸史的序幕。正如《国语·郑语》言:"及平王之末,而秦、晋、齐、楚代兴,秦景、襄于是乎取周土,晋文侯于是乎定天子,齐庄、僖于是乎小伯,楚蚡冒于是乎始启濮。"④《史记·周本纪》亦载:"平王之时,周室衰微,诸侯强并弱,齐、楚、秦、晋始大,政由方伯。"⑤清华简《系年》"晋人焉始启于京师,郑武公亦政东方之诸侯……楚文王以启于汉阳"⑥合于传世文献,皆言诸侯并起之大势。

清华简《系年》详细记载了两周之际王室动乱、诸侯并起的脉络,为我们探索春秋霸史的背景提供了诸多新史料。而清华简《郑武夫人规孺子》《郑文公问太伯》等新史料更涉及郑国早期的历史内容,需以专节讨论。当然,以专节讨论郑国早期历史,除了材料丰富和体例限制⑦外,更是考虑郑国至于春秋霸史的特殊意义:一者,郑国桓公、武公兼具"邦君诸正"与"邦君诸侯"两种身份,其表现具有典型性;二者,郑庄公在"繻葛之战"中打败周桓王联军,实际上终结了"礼乐征伐自天子出"的王权体系,可谓是齐桓公首霸之前的霸史序幕。

---

① 荆州博物馆秦家嘴楚简整理小组:《荆州秦家嘴1093号战国楚墓出土竹简选释》,http://m.bsm.org.cn/? chujian/9306.html,2023年12月21日。

② 司马迁:《史记》,北京:中华书局,1959年,第1696页。

③ 郑玄、孔颖达:《毛诗正义》,阮元:《十三经注疏》,北京:中华书局,1980年,第447页。

④ 徐元诰:《国语集解》,北京:中华书局,2002年,第477页。

⑤ 司马迁:《史记》,北京:中华书局,1959年,第149页。

⑥ 李学勤主编,清华大学出土文献研究与保护中心编:《清华大学藏战国竹书(二)》,上海:中西书局,2011年,第138页。

⑦ 绪论已述,本书所言霸史不专章讨论小霸、复霸等,只以齐桓公、晋文公、秦穆公、楚庄王、吴越争霸为专章,但郑国及郑庄公在春秋霸史中却有特殊意义,故专节于此,以合于体例。

第二节　清华简所载郑国早期历史

两周之际，王室衰微，但在郑桓公、郑武公两代君主领导下的郑国却在周王室内乱的过程中，不仅顺利完成了自己国家的东迁，还在二王并立的特殊格局下攫取了丰富的政治资源，以至于这个新兴的小国一跃成为中原强国。而至郑庄公时，崛起后的郑国于繻葛之战击败周桓王，成为春秋"小霸"，拉开了春秋争霸的序幕。清华简《郑武夫人规孺子》《郑文公问太伯》等为新出材料，记载了许多不见于传世文献的郑国早期历史的相关信息，在填补史籍空白、完善现有研究等方面意义重大，于今业已激起了学界对郑国史研究热度。下文以清华简中载有郑国史事的相关史料为主，对郑国早期历史所涉相关问题展开论述，以窥春秋霸史之端倪。

一、从《郑文公问太伯》看郑桓、郑武、郑庄之功略

《郑文公问太伯》载于清华简（第六辑），分甲、乙两个抄本，两个抄本除文字差异外，其内容基本相同。简文叙述郑文公向病重的太伯询问政事，太伯以郑国早期的创业史与先君的主要事迹来告诫文公为政之道。学界普遍认为此文献非后人托造，应是春秋时期成文之作。[①] 简文中关于郑国桓公、武公、庄公功绩的追述，极具史料价值。

（一）郑桓公"东迁"

太伯先回顾了郑桓公的事迹，简文载：

> 昔吾先君桓公后出自周，以车七乘，徒三十人，鼓其腹心，奋其股肱，以协于庸偶，摄胄摄甲，擐戈盾以造勋。战于鱼丽，吾乃获函、訾，覆车袭介，克郐迢迢，如容社之处，亦吾先君之力也。[②]

---

① 赵平安：《〈清华简第六辑文字补释六则〉，《出土文献》2016 年第 2 期。
② 李学勤主编，清华大学出土文献研究与保护中心编：《清华大学藏战国竹简（六）》，上海：中西书局，2016 年，第 119 页。

太伯所言"先君桓公"便是郑国的始封之君郑桓公友。《史记·郑世家》记载:"郑桓公友者,周厉王少子而宣王庶弟也。宣王立二十二年,友初封于郑。封三十三岁,百姓皆便爱之。幽王以为司徒。"①关于郑桓公的身份,有宣王庶弟、母弟、宣王之子三种说法,学者已有分析,②故从《郑世家》之记载。《史记索隐》解释"郑"地曰:

> 郑,县名,属京兆。秦武公十一年"初县杜、郑"是也。又《系(世)本》云"桓公居棫林,徙拾"。宋忠云"棫林与拾皆旧地名",是封桓公乃名为郑耳。③

若此,《世本》所言棫林与拾都是旧地名,郑国分封后称为"郑",此"郑"地在汉代属京兆郡,位于今陕西华县,在西周属于王畿地区。据《国语·郑语》知"幽王八年而桓公为司徒"。④ 由是,西周晚期的郑桓公是典型的"邦君诸正"。在西周晚期,平王居申被拥立为王时,郑桓公在表面上是幽王的支持者,但在暗中听从了史伯的建议将妻、子、财物移交给虢、郐二国,使郑国从畿内诸侯转型为畿外诸侯。

关于郑国东迁问题,学界素有"桓公克郐"和"武公克郐"两种说之争,其原因便在于史籍记载有所差异。《国语·郑语》记载:"乃东寄帑与贿,虢、郐受之,十邑皆有寄地。幽王八年而桓公为司徒,九年而王室始骚,十一年而毙。"⑤《史记·郑世家》据此而言郑桓公"东徙其民洛东,而虢、郐果献十邑,竟国之。二岁,犬戎杀幽王于骊山下,并杀桓公。"⑥传统学者多认为桓公只是"寄帑虢郐",其后与幽王并死,如此获得虢、郐十邑者便是郑武公。《国

---

① 司马迁:《史记》,北京:中华书局,1959 年,第 1757 页。
② 张以仁:《春秋史论集》,台北:联经出版事业公司,1990 年,第 404 页。
③ 司马迁:《史记》,北京:中华书局,1959 年,第 1758 页
④ 徐元诰:《国语集解》,北京:中华书局,2002 年,第 477 页。
⑤ 徐元诰:《国语集解》,北京:中华书局,2002 年,第 477 页。
⑥ 司马迁:《史记》,北京:中华书局,1959 年,第 1758—1759 页

语》韦昭注便认为："后桓公之子武公竟取十地而居之,今河南新郑是也。"①
然而,古本《竹书纪年》却记载:"幽王既败,二年而灭会,四年而灭虢,居于郑
父之丘,是以为郑桓公。"②明确提及郑桓公并未殉难于宗周覆灭,而是亲自
灭郐、虢,完成了郑国的东迁。③

前引清华简《郑文公问太伯》中明确地记载了郑桓公灭郐前后之事,为
"桓公克郐"说提供了佐证。④ 郑桓公东迁逃离宗周时,仅以七乘车,三十人,
先是在鱼丽一战中获得函、訾两城邑,函位于今河南新郑,訾位于今河南巩
义。其后桓公又攻克郐国,使得郑国终于有了立国之土地。再其后,桓公灭
虢国,完成郑国的东迁。

(二)郑武公"正东方之诸侯"

郑桓公之后,其子掘突继位,是为郑武公。清华简《郑文公问太伯》记载
太伯追述郑武公的功绩曰:

> 世及吾先君武公,西城伊、涧,北就邬、刘,萦轭芳、邘之国,鲁、卫、
> 蓼、蔡来见。⑤

传世文献对郑武公的记载稀缺,由简文可知,郑武公在桓公东迁的基础
上,又进行了领土的扩张。所谓"西城伊、涧"即在西边的伊河、涧河筑城,
邬、刘、芳、邘,即为《左传·隐公十一年》周桓王用苏忿生之田所换郑国之
地,其当于成周附近。"鲁、卫、蓼、蔡来见"说明此时的郑国已然成为居于天
下之中的地方大国,并对东方诸侯产生了影响力。清华简《系年》第二章记
载两周之际郑武公"正东方之诸侯"亦说明此时的郑国不仅实力强劲,而且

---

① 徐元诰:《国语集解》,北京:中华书局,2002 年,第 477 页。
② 方诗铭,王修龄:《古本竹书纪年辑证》,上海:上海古籍出版社,2005 年,第 71 页。
③ 沈长云:《郑桓公未死幽王之难考》,中华书局编辑部:《文史》第四十三辑,北京:中华书局,
1997 年,第 244—247 页。
④ 程浩:《从"逃死"到"扞艰":新史料所见两周之际的郑国》,《历史教学问题》2018 年第 4
期。
⑤ 李学勤主编,清华大学出土文献研究与保护中心编:《清华大学藏战国竹简(六)》,上海:中
西书局,2016 年,第 119 页。

亦有王朝卿大夫的身份,可以管理东方诸侯。

于此不妨梳理一下两周之际郑国的历史走向。西周晚期,郑桓公身为"邦君诸正",在支持幽王势力的同时谋划东迁事宜,在西周覆灭后"二王并立"时,桓公趁机灭郐、虢,完成了郑国的东迁。此时王室正统未定,郑国也从"邦君诸正"的身份变为"邦君诸侯"。至郑武公时,晋文侯拥立平王,郑武公也支持平王势力,协助平王东迁,即《国语·晋语》载:"晋、郑兄弟也,吾先君武公与晋文侯戮力一心,股肱周室,夹辅平王。"①由此,郑武公获得"正东方之诸侯"权力,即为平王政权的"邦君诸正"了。两周之际的郑桓公、郑庄公以高超的政治智慧,使郑国由畿内诸侯转型为"邦君诸侯",由幽王的"邦君诸正"转换为平王的"邦君诸正",其政治行为乃是时代的缩影。郑庄公也是在父祖之业的基础上成就"小霸"功业的。

(三)郑庄公"小霸"

《郑文公问太伯》记载了太伯对郑庄公事迹的追述,其简文如下:

> 世及吾先君庄公,乃东伐齐之戎为彻,北城温、原,遗阴、鄂次,东启陾、药,吾逐王于葛。②

郑庄公为武公与武姜之子,因"寤生"而得名。简文主要记载了郑庄公小霸的两个核心事件:一是与周王室结怨,二是与齐国结盟征伐北戎。这直接指向了郑庄公争霸中原的两大核心举措。

先言郑国与周王室的争斗。据前文,平王东迁主要依靠了晋、郑二国,郑武公因此担任王朝卿士,执掌王朝事务。郑武公死后,郑庄公继承了郑武公王朝卿士的职位,并倚仗王室之职拓展郑国势力,周、郑矛盾日益尖锐,爆发了多次冲突。先是,郑庄公独揽王室朝政,平王欲分权予虢公,平王为安抚郑庄公与郑国进行了人质交换,即周平王将太子狐送往郑国作人质,郑庄

---

① 徐元诰:《国语集解》,北京:中华书局,2002年,第330页。

② 李学勤主编,清华大学出土文献研究与保护中心编:《清华大学藏战国竹简(六)》,上海:中西书局,2016年,第119页。

公将太子忽送往周王室作为人质,史称"周郑交质"。《史记·周本纪》记载:
"五十一年,平王崩,太子泄父蚤死,立其子林,是为桓王。桓王,平王孙
也。"①其后,刚继位的周桓王公然命虢公为卿大夫,分郑庄公卿权。庄公则
派人收割了周王室的麦与禾以表示不满。再后,桓王以所谓"苏忿生之田"
的十二城邑,即温、原、𫄨、樊、隰郕、攒茅、向、盟、州、陉、䢵、怀,换郑国邬、
刘、芳、邘四个十分重要且发达的城邑。②可见,简文所谓"北城温、原",实乃
周桓王强行换取而来的。随着周、郑矛盾的加剧,终于爆发了"繻葛之战",
其结果即简文所言"逐王于葛"。由此,周王室彻底失去了"礼乐征伐自天子
出"③的地位,郑国则是中原地区势力最强的政治体,已然成为实际意义上的
"小霸"。

郑庄公另一项功绩便是团结诸夏,讨伐夷狄。在击败周王室联军后,郑
国开始更加频频地参与到春秋初期的诸夏局势中来,通过外交与征伐以建
立权威地位。而在此期间郑庄公的策略最大特点就是"结同伐异"。所谓
"结同",是指郑庄公在外交上的重要举措,即长期与春秋初期的齐国紧紧抱
团。其时齐国僖公在位,文献所载亦为"小伯",可谓国力强盛,作为自西周
初年建立的传统大国,其底蕴实力当优胜于方才崛起的郑国。《左传·隐公
三年》载:"冬,齐、郑盟于石门,寻庐之盟也",④而前两年经传皆不载两国
"庐之盟",可知庐之盟应当在春秋以前,所以齐、郑两国结盟甚早。在郑庄
公时期两国亦举行多次会盟,如《左传·隐公八年》载:"齐人卒平宋、卫于
郑。秋,会于温,盟于瓦屋",⑤像"瓦屋之盟"这类郑、齐之间盟会的相关记载
在《左传》隐公和桓公两世可谓举不胜举,兹不赘述。郑国和齐国紧密结盟,
加之两国各自同盟的其他小国,使郑庄公在诸夏联盟中赢得了广泛的支持
与认同。而所谓"伐异",便是指郑庄公在与齐国等友好邦国广泛联合的基

---

① 司马迁:《史记》,北京:中华书局,1959 年,第 150 页。
② 事见于《左传·隐公十一年》,杨伯峻:《春秋左传注》,北京:中华书局,1981 年,第 76—77
页。周王室与苏氏的土地是有所争端的,相关问题可以参考薇:《从王室与苏氏之争看周王朝的王
畿问题》,《社会科学辑刊》2008 年第 2 期。
③ 何晏、邢昺:《论语注疏》,阮元:《十三经注疏》,北京:中华书局,1980 年,第 2521 页
④ 杨伯峻:《春秋左传注》,北京:中华书局,1981 年,第 30 页。
⑤ 杨伯峻:《春秋左传注》,北京:中华书局,1981 年,第 59 页。

础上,对敌对势力进行征伐与压制的行为,这则是其巩固"小霸"权威的直接行动。其一是对华夏诸国的共同敌人"戎狄势力"的打压,其中助齐伐北戎便是代表性事件,即简文记载"东伐齐之戎彻"。郑庄公主动担负起了霸主之责,帮助齐国讨伐北戎,其"攘夷"之举实开齐桓公"尊王攘夷"霸业模式之先河。其二是对敌对邦国进行打压。其时在中原地区,郑国的劲敌当以宋国为代表。郑庄公通过与齐国等国联盟实力大增,多次对宋国进行了攻伐:鲁隐公十年,郑国与齐、鲁联合伐宋,取宋国部、防二邑;同年又取宋、卫、蔡三师;同年又入宋;鲁隐公十一年,会齐、鲁大败宋师;鲁桓公十一年,齐、卫、郑、宋盟于恶曹。① 至此,郑国全面压制了宋国,迫使其通过会盟承认了自己的"小霸"之业,在中原地区建立了相当之权威。

郑庄公"小霸"基于其父、祖的政治遗产——"邦君诸侯"之国力与"邦君诸正"之权位,压制周王室,团结诸夏诸侯,打击夷狄,使郑国成为春秋初期最具有势力的诸侯。清华简《郑文公问太伯》记载了太伯对桓公、武公、庄公政绩的追述,极具史料价值。简文还涉及了郑庄公死后郑国的衰落等内容,因与春秋霸史关联不多,于此不再赘言。而清华简《郑武夫人规孺子》则记载了郑武公去世后、郑庄公继位初期的历史细节,亦是探究郑国早期历史的重要史料,须予以说明。

二、从《郑武夫人规孺子》看郑国早期政局

《郑武夫人规孺子》载于清华简(第六辑),共简文 18 支,简文整理者认为原简文有 19 支,缺简一支,然经过专家考证,目前普遍认为该文献 18 支简就是全部内容,并无缺简现象。② 简文记述了郑武公刚刚去世至郑庄公即位初期郑国史事,其中大量内容为郑武夫人武姜规诫嗣君郑庄公之事,相关记载不见于传世文献,极富史料价值。简文整理者认为该文献成文于春秋早期,今见为战国抄本,为学界普遍认可。简文之于郑国早期历史问题的记载有两方面内容,其一为对郑武公"处于卫三年"的追述,其二则为郑庄公执政初期的郑国局势,以下分述。

---

① 杨伯峻:《春秋左传注》,北京:中华书局,1981 年,第66—78、130 页。
② 贾连翔:《清华简〈郑武夫人规孺子〉篇的再编连与复原》,《文献》2018 年第 3 期

（一）郑武公"处于卫三年"

简文记载郑武公去世后，武姜规劝庄公，让其重用良臣，并回忆郑武公曾经有"处于卫三年"的经历，其文曰：

> 郑武公卒，既塟。武夫人规孺子，曰："昔吾先君，如邦将有大事，必再三进大夫而与之偕图……吾君陷于大难之中，处于卫三年，不见其邦，亦不见其室。如毋有良臣，三年无君，邦家乱也。自卫与郑若卑耳而谋……"①

引文所言郑武公曾经"陷于大难"而"处于卫三年"，不见于史籍。据前文，郑武公继承桓公灭郐、虢之势，实现了郑国的势力扩张，仅观郑国局势，当不应存在武公"陷于大难"之局面。有学者提出了一种观点，认为武公"陷于大难"指其辅佐平王东迁的经历，②此一思路应大致不错。

《史记·卫康叔世家》记载："四十二年，犬戎杀周幽王，（卫）武公将兵往佐周平戎，甚有功，周平王命武公为公。"③据前文所述，平王与戎应为同一阵营，那么卫武公"平戎"，何以能得到平王的赏赐呢？ 一种可能是，平王"命武公为公"并非因其"平戎"，而是其他原因获得平王的认可，如是两周之际的卫国先站队幽王势力，又转向平王一方，与其他"邦君诸侯"一样通过转变立场，完成邦国利益的最大化。那么这一原因是否就是协助平王东迁呢？笔者认为其可能性不大。理由是，《左传·隐公六年》记载周桓公言"我周之东迁，晋郑焉依"，④前引《国语·晋语》"晋、郑兄弟也，吾先君武公与晋文侯戮力一心，股肱周室，夹辅平王"，《史记·秦本纪》记载秦襄公护送平王东迁等，明确了平王东迁的主要力量就是郑、晋、秦三国，卫国应不在其列。且，

---

① 李学勤主编，清华大学出土文献研究与保护中心编：《清华大学藏战国竹简（六）》，上海：中西书局，2016 年，第 104 页。
② 程浩：《从"逃死"到"扞艰"：新史料所见两周之际的郑国》，《历史教学问题》2018 年第 4 期。
③ 司马迁：《史记》，北京：中华书局，1959 年，第 1591 页。
④ 杨伯峻：《春秋左传注》，北京：中华书局，1981 年，第 51 页。

如卫国与郑国一道，又何以出现简文所言郑武公"陷于大难之中，处于卫三年，不见其邦，亦不见其室。"由此，我们认为，在平王东迁之时，卫国尚未投靠平王阵营，其仍为携王、虢公之势力，因此与郑武公有所冲突。平王东迁后，随着对立格局逐渐明朗，虢国与卫国等势力投靠平王，晋文侯方得以实现诛杀携王之举。

（二）郑庄公执政初期的郑国局势

《左传·隐公元年》记载了一个著名的故事，即"郑伯克段于鄢"，其中造成郑庄公与公叔段矛盾的原因之一便是武姜厌恶庄公而偏爱公叔段。然而在清华简《郑武夫人规孺子》中，记载了武姜追述郑武公往事后，积极对庄公进行政治劝谏，简文曰：

> 今吾君即世，孺子汝毋知邦政，属之大夫，老妇亦将纠修宫中之政，门槛之外毋敢有知焉。老妇亦不敢以兄弟婚姻之言以乱大夫之政。孺子亦毋以挚竖卑御，勤力价驭，媚妒之臣躬恭其颜色，掩于其巧语，以乱大夫之政。[①]

武姜劝诫庄公要"属政于大夫"，不能以亲昵小人"乱大夫之政"，并明言自己将仅"纠修宫中之政"，不会以外戚势力干扰大夫为政。武姜最后说道："吾先君必将相孺子，以定郑邦之社稷"，可见武姜对郑庄公统治下的郑国也充满了期许。在听完母亲武姜的规劝之后，幼年庄公拜首，如是"乃皆临"[②]——母子皆痛哭不已。由于简文记载武姜之形象与《左传》大为不同，因此有学者指出武姜言行是"一个精心策划的阴谋"，认为武姜告诫庄公属政于大夫以此阻碍其亲政。[③] 但是，如果简文中武姜的言辞真是出于"阴谋"

---

① 李学勤主编，清华大学出土文献研究与保护中心编：《清华大学藏战国竹简（六）》，上海：中西书局，2016年，第104页。

② 李学勤主编，清华大学出土文献研究与保护中心编：《清华大学藏战国竹简（六）》，上海：中西书局，2016年，第104页。

③ 参见李守奎：《〈郑武夫人规孺子〉中的丧礼用语与相关的礼制问题》，《中国史研究》2016年第1期；晁福林：《谈〈郑武夫人规孺子〉的史料价值》，《清华大学学报》2017年第3期。

之考虑，其应该在阻碍庄公亲政的同时，笼络被属政的大夫，尝试废长立幼的政变，而不应是属政大夫的同时，自己也只管宫闱之事，不问外朝。从《左传》记载来看，郑庄公镇压公叔段叛乱时，确乎不见武姜势力的影响，足见武姜所言其仅"纠修宫中之政"，且不会联合外戚势力等说法不虚。① 后来武姜同意作为公叔段反叛之内应，当为临时起意，不似长期谋划的结果。

简文其后记载，郑庄公大致接受了武姜规劝，将政事都托付于执政大夫，却引来以边父②为首的大夫们的担忧。但面对边父劝谏其亲政，庄公并未采纳，而是继续保持"属政于大夫"之政策。据《史记·十二诸侯年表》记载，郑庄公元年"祭仲相"，③可见庄公虽"属政于大夫"，所属者乃是自己的亲信，进而实现间接亲政，这恐怕也会导致武姜心生不满，为日后的矛盾激化埋下伏笔。

综上，清华简《郑武夫人规孺子》记载了郑武公"处于卫三年"及郑庄公执政初期史实，不仅进一步详细了我们对两周之际郑国政治举措的认知，还揭示了郑庄公"小霸"平衡国内政局的手段——在春秋霸史中，霸主对国内政治的驾驭正是其对外称霸的基础，齐桓、晋文、楚庄成功于此，吴王夫差失败亦在此。

本章介绍了清华简《系年》《郑文公问太伯》《郑武夫人规孺子》等新史料所记载两周之际历史的脉络，是为春秋霸史的背景。其中，郑国在"二王并立"时局中的政治举措在彼时的"邦君诸正"和"邦君诸侯"中具有典型意义。至郑庄公时期，"繻葛之战"击碎了周王室的政治权威，"礼乐征伐自天子出"成为历史。面对诸夏的权力真空，郑庄公团结诸侯，讨伐夷狄，成为春秋"小霸"，为齐桓公开创霸制拉开了序幕。

---

① 此说法可参见胡静《清华简所见郑国史事与政治思想研究》，青海师范大学历史学院博士学位论文，2021 年。

② "边父"不见于传统史籍，学界关于边父的身份有"祭仲"说和"公子吕"说，两说各有道理，总之边父必为郑国统治集团的核心成员。"祭仲"说，可参见陈伟：《郑伯克段"前传"的历史叙事》，《中国社会科学学报》2016 年 5 月 30 日；"公子吕"说，可参见程浩：《清华简新见郑国人物考略》，《文献》2020 年第 1 期。

③ 司马迁：《史记》，北京：中华书局，1959 年，第 541 页。

第二章　齐桓霸史及相关新史料

　　齐桓公是春秋时期的首位霸主。子路和子贡曾与孔子讨论齐桓公是否为仁君,子曰:"桓公九合诸侯,不以兵车,管仲之力也。如其仁,如其仁。"①孔子还有言:"管仲相桓公,霸诸侯,一匡天下,民到于今受其赐。微管仲,吾其被发左衽矣。"②孔子认为如果不是齐桓公和管仲,诸夏将会被蛮夷征服,文化传统亦将不复存在。孔子所论道出了齐桓公在春秋政局变化之际留给历史最浓墨重彩的一笔——开创了春秋霸业。

　　齐桓公首霸之事,传世文献记载较为详尽,相对而言新出史料则为匮乏,清华简《管仲》是为数不多的直涉齐桓公霸业的出土材料。③限于简文内容多为政论,且文献性质有所争议,为更全面介绍齐桓公首霸的历史情况,本章第一节将以传世文献记载为主,简述齐桓公霸业的相关内容,第二节针对清华简《管仲》的性质和所载思想内涵进行分析。

第一节　齐桓公霸史概述

　　春秋初期,王室衰微,郑庄公团结诸夏,抵抗戎狄,成就"小霸"功业。然而,随着郑庄公的去世,郑国四公子相继为君,国势日衰,诸夏联盟又处于权

---

　　①　何晏、邢昺:《论语注疏》,阮元:《十三经注疏》,北京:中华书局,1980 年,第 2511 页。
　　②　何晏、邢昺:《论语注疏》,阮元:《十三经注疏》,北京:中华书局,1980 年,第 2512 页。
　　③　2020 年,在荆州枣林铺造纸厂 46 号战国楚墓出土了一篇关于齐桓公与管仲事迹的楚简,整理者定名为《齐桓公自莒返于齐》,简文内容与《国语·齐语》《管子·小匡》多有合合之处。该简尚未公布,于此不再进行讨论。内容可参考赵晓斌:《荆州枣纸简〈齐桓公自莒返于齐〉与〈国语·齐语〉〈管子·小匡〉》,《出土文献研究》,2022 年。此外上博简《鲍叔牙与隰朋之谏》内容涉及齐桓公问政,其性质可参考李学勤:《试释楚简〈鲍叔牙与隰朋之谏〉》,《文物》2006 年第 9 期。

力真空的状态。与此同时,蛮夷戎狄交相侵犯,《公羊传·僖公四年》有喻:"南夷与北狄交,中国不绝若线。桓公救中国而攘夷狄,卒荆,以此为王者之事也。"①齐桓公开创的春秋霸业,维序了诸夏政治秩序的稳定,保存了三代文明的延续,是中国古代史中的恢宏大事。那么,齐桓公霸业的基础是什么?又开创了怎样的路径?本节就诸问题进行简要介绍。

一、齐桓公霸业的基础

齐桓公的霸业并非凭空造就,而需要强大的国家实力、有利的国际环境以及高超的争霸策略等,其中,国家实力是霸业成就的基础。齐桓公称霸的国家实力来自齐国的历史积淀与管仲改革的成效。

(一)齐国历史积淀

齐为姜姓,吕氏,乃四岳之后,殷商末年,吕尚协助周武王克商,因之分封而建立齐国。《左传·昭公十二年》载:"齐,王舅也。"②姜齐与姬周长期联姻,是传统意义上的华夏族群的东方大国,且与周王朝长期保持密切关系。然而在两周之际,齐国并未参与"二王并立"的争斗之中,而是与楚国相似,聚力于本邦势力的发展。

两周之际,齐国为齐庄公、齐僖公在位,《国语》载:"齐庄、僖于是乎小伯。"③齐僖公多次主持会盟,如《左传·隐公三年》载齐、郑"石门之盟",《隐公八年》载"瓦屋之盟"等,以调和诸夏邦国之关系。正因如此,当齐国面对戎狄进攻之时,能获得以郑国为首的诸夏邦国的支援,保护了齐国的国家安全。面对有违礼制的邦国,齐僖公亦不失雷霆手段。《左传·隐公十年》记载:"蔡人、卫人、郕人不会王命……冬十月壬午,齐、郑人入郕……讨违王命也。"④因郕国违背周天子会师攻打宋国的命令,于是齐僖公便联合郑庄公攻打并攻进郕国以示惩戒,颇有"尊王"之意。此外,齐僖公亦有许多为本国

---

① 何休、徐彦:《春秋公羊传注疏》,阮元:《十三经注疏》,北京:中华书局,1980 年,第 2249 页。
② 杨伯峻:《春秋左传注》,北京:中华书局,1981 年,第 1339 页。
③ 徐元诰:《国语集解》,北京:中华书局,2002 年,第 477 页。
④ 杨伯峻:《春秋左传注》,北京:中华书局,1981 年,第 69 页。

霸业之谋划,《左传·桓公十四年》载:"冬,宋人以齐人、蔡人、卫人、陈人伐郑……报宋之战也。焚渠门,入,及大逵。伐东郊,取牛首。以大宫之椽归,为卢门之椽。"①面对同为"小霸"的郑国,齐僖公在晚年利用宋国与郑国的矛盾为借口,联合宋国等常被郑国压制的一众中原小国,对长期的盟友郑国发动进攻,以削弱其实力。对于齐僖公之业,童书业《春秋左传研究》指出:"齐僖公屡主盟,且有灭纪之志,又能使诸侯之兵成其国,此非'小伯'之证乎?"②

齐僖公之后,齐国的"小霸"之业并未衰落。齐襄公继位,齐国依旧保持着发展的势头。《左传·桓公十七年》载:"十有七年春正月丙辰,公会齐侯、纪侯盟于黄。二月丙午,公会邾仪父,盟于趡。夏五月丙午,及齐师战于奚。"③齐襄公一面与纪、邾等结盟,一面对鲁国开战,与齐僖公类似,利用外交手段为齐国的发展营造有利态势,避免两线作战。在与鲁国的矛盾暂时平息后,其于五年、七年、八年多次出兵攻打纪国,实现齐僖公吞并纪国之夙愿。齐襄公十年,据《史记·卫康叔世家》载:"卫君黔牟立八年,齐襄公率诸侯奉王命共伐卫,纳卫惠公,诛左右公子。卫君黔牟饹于周,惠公复立。"④可见,此时的齐襄公一面经营与周王室的关系,一面率领诸侯联军干涉各国事务。这次"复位卫公"的事件不仅显示了齐襄公时期齐国的强大实力,也展现了其不容忽视的国际威望,已然可以看出齐桓公"救卫"之举的影子。

齐襄公虽有作为,却过于暴戾。他对外杀鲁桓公、郑子亹二位国君,对内轻慢大夫,使其弟公子纠奔鲁、公子小白奔莒,终因政变被弑。齐国经短暂内乱,至齐桓公即位时齐国庄公、僖公、襄公三代人之基并未被动摇。齐桓公采用鲍叔牙之言,不计前嫌,重用管仲——管仲改革使齐国国力进一步增强。

(二)管仲改革

管仲的为政理念散见于各类文献中,这些文献性质多有争议,干扰了我

---

① 杨伯峻:《春秋左传注》,北京:中华书局,1981 年,第 139—140 页。

② 童书业:《春秋左传研究》,上海:上海人民出版社,1980 年,第 44 页。

③ 杨伯峻:《春秋左传注》,北京:中华书局,1981 年,第 147—148 页。

④ 司马迁:《史记》,北京:中华书局,1959 年,第 1594 页。

们对管仲改革具体内容的判断——管仲改革的实际内容、管仲的为政理念、后人托名管仲所阐发的政治思想等含混在一起,难以剥离。如以《国语·齐语》与《管子·小匡》等相关材料对读,一言以概况管仲改革的核心内容,那就是"叁其国而伍其鄙"。①

关于何为"叁其国而伍其鄙",韦昭认为"叁,三也。国,郊以内也。伍,五也。鄙,郊以外也。谓三分国都以为三军,五分其鄙以为五属也。"②传统学者对此多从韦昭注。亦有学者对此表示质疑,认为管仲并未实行此一行政规划,"叁其国而伍其鄙"或为"战国学者的伪托"。③近来,有学者依据考古资料揭出:"春秋时期齐国境内齐都临淄城、城郊南和城郊北构成了三分的聚落形态,并且分别有齐公室、国子、高子等指示身份性质的遗迹、遗物出土。最晚在春秋晚期,齐都城外的边地已经形成邹平大省、淄川磁村、临朐杨善、昌乐都北、莱州湾沿岸五大聚落群,且各聚落中心均匀分布在齐都临淄城外约 50 公里处。"④可见传世文献所记载管仲"叁其国而伍其鄙"的改革并非虚言。

面对齐桓公关于如何治国的提问,管仲回答道:"昔者,圣王之治天下也,叁其国而伍其鄙,定民之居,成民之事,陵为之终,而慎用其六柄焉。"⑤"叁其国而伍其鄙"的目的是达成"定民之居,成民之事"。管仲认为士、民、工、商四民不应杂处,以防相互乱言,干扰统治。又言:"昔圣王之处士也,使就闲燕;处工,就官府;处商,就市井;处农,就田野。"⑥由此明确士、农、工、商的职业范围,令其分类而居,以此实现"成民之事"。

所谓"叁其国"是指管仲将都城分为二十一个乡,即工商之乡六个,士农之乡十五个,其中"公帅五乡焉,国子帅五乡焉,高子帅五乡焉。"并将国政三分,"叁国起案,以为三官,臣立三宰,工立三族,市立三乡,泽立三虞,山立三

① 徐元诰:《国语集解》,北京,中华书局,2002 年,第 219 页。
② 徐元诰:《国语集解》,北京,中华书局,2002 年,第 219 页。
③ 臧知非:《齐国行政制度考源——兼谈〈国语·齐语〉的相关问题》,《文史哲》1995 年第 4 期。
④ 王亚、方辉:《春秋时期齐国"叁其国而伍其鄙"蠡测》,《东岳论丛》2023 年第 11 期。
⑤ 徐元诰:《国语集解》,北京:中华书局,2002 年,第 219 页。
⑥ 徐元诰:《国语集解》,北京:中华书局,2002 年,第 228 页。

衡。"所谓"伍其鄙"是指"三十家为邑,邑有司;十邑为卒,卒有卒帅;十卒为乡,乡有乡帅;三乡为县,县有县帅;十县为属,属有大夫。五属,故立五大夫,各使治一属焉;立五正,各使听一属焉。是故正之政听属,牧政听县,下政听乡。"①即形成邑、卒、乡、县、属基层组织,将国都以外的区域划分给五个大夫来治理,以此实现"定民之居"。

在此基础上,管仲提出"作内政而寄军令"。其内容为:"五家为轨,故五人为伍,轨长帅之;十轨为里,故五十人为小戎,里有司帅之;四里为连,故二百人为卒,连长帅之;十连为乡,故二千人为旅,乡良人帅之;五乡一帅,故万人为一军,五乡之帅帅之。三军,故有中军之鼓,有国子之鼓,有高子之鼓。"②以此将军事管理融入基层治理之中,《汉书·刑法志》记载:"于是乃作内政而寓军令焉,故卒伍定虖里,而军政成虖郊。连其什伍,居处同乐,死生同忧,祸福共之,故夜战则其声相闻,昼战则其目相见,缓急足以相死。"③

此外,管仲还实行了"相地而衰征"的赋税改革,并在官吏选拔、渔盐之利等方面增强了齐国的国力。

二、齐桓公霸业的路径

在国力提升的同时,齐桓公开始着眼于当时整个春秋的局势,与管仲共同谋划齐国的霸业。管仲给齐桓公的霸业路径便是"尊王攘夷"。关于"尊王攘夷"的深刻内涵及其在春秋霸史中的重要意义,下编诸章节有所专论,于此仅介绍齐桓公"尊王攘夷"以成就霸业的政治实践。

(一)尊王

所谓"尊王"即维护周王室权威。至齐桓公的时代,周王室进一步衰落,周桓王不仅被郑庄公击败于"繻葛之战",王室内部还出现了"王子颓之乱""王子带之乱"的纷争,随着王畿的缩小,王室财政也出现危机。在这种局面下,周王室难以再统合诸侯,维系以周王室为核心的邦国联盟的政治秩序。

---

① 徐元诰:《国语集解》,北京:中华书局,2002 年,第 228 页。
② 徐元诰:《国语集解》,北京:中华书局,2002 年,第 224 页。
③ 班固:《汉书》,北京:中华书局,1962 年,第 1083—1084 页。

在管仲的辅佐下,齐桓公举起"尊王"的旗帜团结诸侯,其具体的举措如下:

1. 亲往鲁国迎娶周王室之女。《左传·庄公十一年》载:"冬,齐侯来逆共姬。"①这里的齐侯指齐桓公,共姬是王姬,即周王室之女,此婚由鲁国国君代周王为婚主,齐桓公亲来鲁国迎亲表达出对周王室的尊敬。

2. 以王师名义讨伐诸侯。《左传·庄公十四年》载:"十四年春,诸侯伐宋。齐请师于周。"②鲁庄公十四年,齐桓公和陈侯、曹侯会师讨伐宋桓公何以无故退出北杏之盟。杜预注:"齐欲崇天子,故请师,假王命以示大顺。"③可见齐桓公是欲崇天子故而请师,借王命伐宋。

3. 替王师出兵讨伐诸侯。庄公二十七年"王使召伯廖赐齐侯命,且请伐卫,以其立子颓也。"④"二十八年春,齐侯伐卫,战,败卫师,数之以王命,取赂而还。"⑤齐败卫师,以王命责之,顺利完成了周王室赋予的使命。

4. 维护周王室的权威。齐桓公霸业的顶峰是"葵丘会盟",《国语·齐语》记载:"葵丘之会,天子使宰孔致胙于桓公……遂下拜,升受命。"⑥齐桓公霸业是周天子册命的,其仪程展现了周王室的权威。

春秋初年燕国受到山戎的侵袭,齐桓公帮助燕国驱逐山戎后,燕庄公送齐桓公进入了齐国的领地,"桓公曰:'非天子,诸侯相送不出境,吾不可以无礼于燕。'于是分沟割燕君所至与燕,命燕君复修召公之政,纳贡于周,如成康之时。"⑦齐桓公为了维护周天子的特殊地位,不惜割让土地,并告诫燕国也要遵守周礼,"纳贡于周"。这也是齐桓公维护周王室权威的一个典型事件。

5. 维护王室正统。齐桓公时期周王室发生"王子带之乱","王以戎难故,讨王子带。秋,王子带奔齐。冬,齐侯使管夷吾平戎于王,使隰朋平戎于晋。"⑧王子带以戎人讨伐京师,为保王室稳定,齐桓派遣管仲平定了王子带

---

① 杨伯峻:《春秋左传注》,北京:中华书局,1981年,第189页。
② 杨伯峻:《春秋左传注》,北京:中华书局,1981年,第196页。
③ 杨伯峻:《春秋左传注》,北京:中华书局,1981年,第196页。
④ 杨伯峻:《春秋左传注》,北京:中华书局,1981年,第237页。
⑤ 杨伯峻:《春秋左传注》,北京:中华书局,1981年,第238页。
⑥ 徐元诰:《国语集解》,北京,中华书局,2002年,第237页。
⑦ 司马迁:《史记》,北京:中华书局,1959年,第1488页。
⑧ 杨伯峻:《春秋左传注》,北京:中华书局,1981年,第341页。

之乱。

（二）攘夷

"攘夷"一词源于前引《公羊传·僖公四年》"南夷与北狄交,中国不绝若线。桓公救中国而攘夷狄,卒荆,以此为王者之事也。"①齐桓公"攘夷"的对象便是北狄各族与南夷荆楚。

春秋初期北方的戎狄各族经常侵扰燕、卫、邢等诸侯,面对此种情形,齐桓公积极帮助诸夏邦国讨伐北方戎狄。前言齐桓公帮助燕国抵御山戎的进攻,进而伐山戎,灭令支、孤竹。公元前659年,邢国遭遇狄人攻击,齐桓公、曹昭公和宋桓公亲自帅师救邢。"诸侯救邢。邢人溃,出奔师。师遂逐狄人,具邢器用而迁之,师无私矣。"②齐、宋、曹三国助邢国击退戎狄,并帮助邢国重建。次年,狄人伐卫国,齐桓公再次出兵救卫,史称"存邢救卫"。公元前650年,"夏,齐侯、许男伐北戎。"③又二年秋"为戎难故,诸侯戍周,齐仲孙湫致之。"④公元前644年"王以戎难告于齐。齐征诸侯而戍周。"⑤面对戎人伐京师侵扰周王室,齐国率领诸侯戍周,这既是攘夷的举措,也是尊王的体现。

彼时,南方的荆楚国在武王、文王、成王的带领下发展迅速,不断北上蚕食"汉阳诸姬",极大地威胁了诸夏邦国。公元前656年,齐桓公率领诸侯之师伐蔡,蔡国溃散,遂伐楚国。两军对垒中,管仲道出了讨伐楚国的原因:

> 楚子使与师言曰:"君处北海,寡人处南海,唯是风马牛不相及也,不虞君之涉吾地也,何故?"管仲对曰:"昔召康公命我先君大公曰:'五侯九伯,女实征之,以夹辅周室!'赐我先君履,东至于海,西至于河,南至于穆陵,北至于无棣。尔贡包茅不入,王祭不共,无以缩酒,寡人是征;昭王南征而不复,寡人是问。"对曰:"贡之不入,寡君之罪也,敢不共

---

① 何休,徐彦:《春秋公羊传注疏》,阮元:《十三经注疏》,北京:中华书局,1980年,2249页。
② 杨伯峻:《春秋左传注》,北京:中华书局,1981年,第278页。
③ 杨伯峻:《春秋左传注》,北京:中华书局,1981年,第332页。
④ 杨伯峻:《春秋左传注》,北京:中华书局,1981年,第344页。
⑤ 杨伯峻:《春秋左传注》,北京:中华书局,1981年,第370页。

给？昭王之不复，君其问诸水滨。"①

楚军使臣认为齐国在北，楚国在南，乃风马牛不相及，何故要以军队伐楚。但管仲认为齐国从分封建国那一天起就承载着夹辅周室的使命，齐国讨伐楚国的理由是"包茅不入，王祭不共"和"昭王南征而不复"，此两项内容均指向王室权威。楚人接受了"包茅不入"的小罪，不敢接受"昭王南征而不复"的大罪，随后双方议和，达成召陵之盟。由此，齐桓公抑制了楚国北上的发展，维护了诸夏邦国短暂的稳定。

以"尊王攘夷"为路径，齐桓公开创了春秋霸制的模式，在此模式中，霸权寓于王权的表征之下，保障了诸夏集团秩序的稳定。

第二节　关于清华简《管仲》的介绍

清华简《管仲》载于清华简第六辑，现存三十支简，完简长约44厘米，宽5厘米，厚0.6厘米。简文以对话的形式记载了齐桓公与管仲关于国家治理方面的探讨。② 以下从简文内容及性质进行介绍。

一、清华简《管仲》的主要内容

简文记载了齐桓公与管仲关于为政的对话，共有十二组问答，一般据此将其分为十二部分。

第一部分，齐桓公问管仲君子要不要"学"，管仲回答君子要持续学习，"见善者墨焉，见不善者戒焉。"这里的"君子"即为统治者，并非道德身份而是政治身份。作为君主要持续学习，要效法明君为政，以昏君为戒。

第二部分，桓公问管仲"起事"要遵循什么，管仲回答要"从人"。《管子·形势解》中有"解惰简慢，以之事主则不忠，以之事父母则不孝，以之起

---

① 杨伯峻：《春秋左传注》，北京：中华书局，1981 年，第289—291 页。
② 李学勤主编，清华大学出土文献研究与保护中心编：《清华大学藏战国竹书（六）》，上海：中西书局，2016 年，第110 页。

事则不成。故曰：怠倦者，不及也。"①又有"明主不用其智……故以圣人之智思虑者，无不知也。以众人之力起事者，无不成也。"②"起事"大概可理解为政事。管仲回答要"从人"。

第三部分，桓公又追问"从人之道"，管仲将为人之道指向"心"，认为趾是心之本、手是心之枝、耳目是心之末、口是心之窍，并说"言则行之首，行之首则事之本也"。"事之本"即前文"起事之本"，"起事之本"核心在于言、行，而人之言、行则与"心"相连。有学者指出，管仲在此强调的是身心与为政的关系，即心为君主，四肢耳目口等为臣，③此一观点可从。

第四部分，桓公问如何"设承"与"立辅"，承与辅均为君主身边重要的官职。《书大传》言："古者天子必有四邻，前曰疑，后曰丞，左曰辅，右曰弼。"④管仲回答："贤质不枉，执节缘绳，可设于承；贤质以亢，吉凶阴阳，远迩上下，可立于辅。"《晏子春秋》中有关于为臣之道的说法，即"肥利之地，不为私邑，贤质之士，不为私臣"⑤一语，可见"贤质"是臣子的优秀品格。"不枉"为"直"，"执节缘绳"指掌管礼法准则，"亢"为"高""极"之意。⑥ 管仲认为，具备刚直不枉品质，按准则执行礼法者可以为"承"；知识渊博、思想高深，既能通晓阴阳吉凶，又能安定上下远近者可以为"辅"。

第五部分，桓公追问"施政之道"。管仲回答在设立承与辅的基础上，"敛之三，博之以五，其阴则三，其阳则五。是则事首，惟邦之宝。"此句尚未有很好之解释，大意不明。有学者认为此言为齐地之学术术语，与传世《管子》相关，⑦可以参考。

第六部分，桓公问管仲先王如何治理国之乱象，简文内容如下：

> 桓公又问于管仲曰："仲父，千乘之都，刑政既蔑，民人惰怠，大夫假

① 黎翔凤：《管子校注》，北京：中华书局，2004 年，第 1179 页。

② 黎翔凤：《管子校注》，北京：中华书局，2004 年，第 1197 页。

③ 刘亚男：《身体与政治———清华简〈管仲〉研究》，《管子学刊》2019 年第 3 期。

④ 王闿运：《尚书大传补注》，北京：中华书局，1991 年，第 15 页。

⑤ 吴则虞：《晏子春秋集释》，北京：中华书局，2014 年，第 250 页。

⑥ 整理者认为"亢"通"抗"，意为"高"；子居认为"亢"为"极"，两说均可从。详见子居：《清华简〈管仲〉韵读》，http://xianqin. byethost10. com/2017/01/14/363，2017 年 1 月 14 日。

⑦ 丁新宇：《清华简〈管仲〉研究》，上海师范大学人文学院硕士学位论文，2018 年，第 132 页。

使便嬖知,官事长,廷理零落,草木不辟,敢问前文后为之如何?"管仲
答:"正五纪,慎四称,执五度,修六政,文之以色,均之以音,和之以味,
行之以行,匡之以参,度之以五,小事逸以惕,大事简以诚,执德如县,执
政如绳。"①

学者普遍认为此简文中"五纪"体现了管仲言辞中的"阴阳五行"色彩,
后文对此有专门的讨论。

第七部分,桓公问"何以执成",即如何实现统治的成功。管仲回答:"君
当岁,大夫当月,师尹当日,焉知少多;罢落赅成,焉为赏罚;上贤以正,百官
之典。是故施政令,得以时度;是故六扰不瘆,五种时熟,民人不夭。"大意为
各级统治者按时理政,赏罚分明,尊崇贤明之士与百官的典章秩序,按照时
令施政,实现六畜肥壮,五谷丰登,百姓安稳。

第八部分,桓公问"有道之君何以保邦",管仲回答天子、诸侯、大夫等各
级统治者要实现君臣同心。

第九部分、第十部分,桓公都在问古者"孰可以为君,孰不可以为君",管
仲言商汤、周武王可以为君,帝辛、周幽王不可以为君,其评价标准为"勤"
"义""惠于民""德"等政治伦理规范。

第十一部分,桓公进一步问"今夫佞者之利气亦可得而闻乎"? 管仲指
出了"佞者之事君"的诸多不好迹象。管仲在论及"佞者之事君"前,提到
"既佞又仁,此谓成器",可见管仲认为"成器"需要"佞"与"仁"。在传世《管
子》中有"巧佞"并称,《立政九败解》篇有"谄谀饰过之说胜,则巧佞者用",②
《水地》篇有"巧佞而好利",③此之"巧佞"为贬义。但在《形势解》篇中,却又
言"巧者,奚仲之所以为器也",④此"巧"为褒义。由此,管仲言"佞"本就兼
具褒贬而言。管仲言"既佞又仁,此谓成器"之"佞",即前引《形势解》篇中
之"巧",大致为"智巧"之类的中性意义。其后言"佞者之事君"云云,则是

---

① 李学勤主编,清华大学出土文献研究与保护中心编:《清华大学藏战国竹书(六)》,上海:中
西书局,2016 年,第 111 页。
② 黎翔凤:《管子校注》,北京:中华书局,2004 年,第 1195 页。
③ 黎翔凤:《管子校注》,北京:中华书局,2004 年,第 831 页。
④ 黎翔凤:《管子校注》,北京:中华书局,2004 年,第 1174 页。

贬义。

第十二部分,齐桓公与管仲讨论君臣之间谁更辛劳,在传世文献中并不多见,简文记载:

> 桓公又问于管仲:"为君与为臣,孰劳?"管仲答曰:"为臣劳哉!……不劳而为臣劳乎?虽齐邦区区,不若蓄算……不谷,余日三之,夕三之,为君不劳而为臣劳乎?"管仲曰:"善哉! 汝果若是,则为君劳哉!"①

简文虽有所残缺,但依然可以知晓桓公阐释自己为君的责任与辛劳,而从管仲就势称"善哉! 汝果若是,则为(君)劳哉!"可见齐桓公已经通过前面的问答得知为君之责,管仲以"为臣劳哉"为引诱,让齐桓公阐明心志。

《管子·七臣七主》分析了七种大臣和七种君主的情形,其中有所谓的"劳主"。按《七臣七主》所言,"劳主"的主要问题是"不明分职,上下相干,臣主同则。刑振以丰,丰振以刻,去之而乱,临之而殆"。② 可见《七臣七主》篇对于"劳主"显然是持否定态度的;而在清华简《管仲》篇中,齐桓公对于自己的辛劳则是予以充分的肯定。刘国忠认为,清华简《管仲》中齐桓公所表达的"君劳",则更多地体现了国君对国事的操劳和责任心,而不涉及君臣之间的具体分工,也看不出国君代臣下任职操劳的意味。③ 可见《管子·七臣七主》的"劳主"和清华简《管仲》中所说的"君劳"并非同一回事。

二、清华简《管仲》的文献性质

关于清华简《管仲》的文本性质,整理者认为本篇简文与《管子》一书的篇章体例一致,思想相通,但内容完全不同,应该是属于《管子》佚篇。④ 李学

---

① 李学勤主编,清华大学出土文献研究与保护中心编:《清华大学藏战国竹书(六)》,上海:中西书局,2016 年,第 113 页。
② 黎翔凤:《管子校注》,北京:中华书局,2004 年,第 982 页。
③ 刘国忠:《清华简〈管仲〉初探》,《文物》2016 年第 3 期。
④ 李学勤主编,清华大学出土文献研究与保护中心编:《清华大学藏战国竹书(六)》,上海:中西书局,2016 年,第 110 页。

勤先生在《有关春秋史事的清华简五种综述》中提出："清华简《管仲》不合于现存《管子》，看其内容也不似《管子》亡佚篇目，应该是八十六篇之外的佚书。"①

学界对简文性质的讨论多集中于第六部分所言"五纪"。五纪，整理者注："见于《尚书·洪范》：'协用五纪'，'五纪：一曰岁，二曰月，三曰日，四曰星辰，五曰历数。'"相关记载亦见《管子·幼官》："五纪不解，庶人之守也。"②此外，《管子·四时》亦云："日掌阳，月掌阴，星掌和。阳为德，阴为刑，和为事。是故日食则失德之国恶之，月食则失刑之国恶之。"③胡适认为齐文化中包含着阴阳五行的思想，其认为可以称之为"齐学"。④ 刘国忠认为《清华简·管仲》中所体现的"五行"思想与《尚书·洪范》篇有直接的关系，另外清华简《管仲》中又有"君当岁，大夫当月，师尹当日"的论述，进一步为《洪范》篇的早出提供了佐证。所以其认为清华简《管仲》抄写于战国中期，这已经是该篇时代的下限，清华简《管仲》篇的发现也为《管子》一书的内容和成书年代提供了新的材料。另外，清华简《管仲》篇也使我们认识到，《管子》一书中的五行思想，很可能是在《尚书·洪范》篇的影响下发展而来。这对于深入理解《管子》一书的思想和中国古代阴阳五行思想的发展历程，也具有重要的意义。⑤ 孔德超认为《管仲》篇中的阴阳五行思想与齐地东夷族的原始宗教信仰一脉相承，清华简《管仲》篇有三次出现数字"三""五"，结合后世《史记·天官书》中相关记载，其认为清华简《管仲》篇中的"阴阳五行"思想有可能是数字"三""五"在治国理政理念中的较早尝试和运用。一方面从清华简《管仲》篇所反映的"阴阳五行"思想来看，其形式和内容都很质朴；另一方面，从"阴阳"与"五行"的合流程度来看，尚处于合流的早期阶段。⑥ 马腾则从法律的角度来解释《清华简·管仲》中的法治思想，简文中：

---

① 李学勤：《有关春秋史事的清华简五种综述》，《文物》2016 年第 3 期。

② 李学勤主编，清华大学出土文献研究与保护中心编：《清华大学藏战国竹书（六）》，上海：中西书局，2016 年，第 115 页。

③ 黎翔凤：《管子校注》，北京：中华书局，2004 年，第 855 页。

④ 胡适：《中国中古思想史长编》，合肥：安徽教育出版社，2006 年，第 8 页。

⑤ 刘国忠：《清华简〈管仲〉初探》，《文物》2016 年第 3 期。

⑥ 孔德超：《清华简〈管仲〉》"阴阳五行"思想发微，《宁夏大学学报（人文社会科学版）》2019 年第 5 期。

"匡之以叁"吻合管仲"一匡天下"的思想,反向印证了"三匡"作为管仲强国之道的核心地位与确切程度。"度之以五"应与同句"五度"有别,可能与《管子·揆度》之"正名五"有关,即"权衡规矩准"并演绎于色、声、味等社会生活范畴。"执德如县,执政如绳"则径直透露兼顾"德"与"政"的治国理念。综合看来,这些本乎传统治道又略带阴阳五行色彩的概念①体现一种遵从传统、治道整合的建构性方略,与偏执刑治、刻薄寡恩的法家"刻者"话语大异其趣。②

总体而言,学术界大多认为清华简《管仲》的成书年代应当"在战国中期早中段之间"③。这些关于齐桓公与管仲的素材既有战国思想家的创造,又有一定的"史影",可以作为齐桓公霸史研究的参考。

齐桓公以国力为支撑,采用管仲的策略,以"尊王攘夷"为旗帜,开创了春秋霸业。齐桓公霸业不仅维系了诸夏秩序的稳定,赓续三代文明,更为春秋争霸开辟了一种模式,此后无论是诸夏之君的晋文公霸业还是蛮夷之君的楚庄王霸业,乃至春秋晚期的吴越争霸,都遵循着"尊王攘夷"的政治传统。接替齐桓公霸业的便是晋文公,清华简中多有晋文公其人及霸史的新史料,以下予以介绍。

---

① 刘国忠:《清华简〈管仲〉初探》,《文物》2016 年第 3 期。
② 马腾:《管仲法思想与实践诠述———传世文献及清华简〈管仲〉合观》,《山东社会科学》2022 年第 6 期。
③ 孔德超:《清华简〈管仲〉"阴阳五行"思想发微》,《宁夏大学学报(人文社会科学版)》2019年第 5 期。

第三章 晋文霸史及相关新史料

晋文公,名重耳,晋献公之子,母为狐姬。晋文公的母亲来自戎族,《左传·庄公二十八年》载:"又娶二女于戎,大戎狐姬生重耳,小戎子生夷吾。"①晋文公自幼聪颖好学,且礼待贤士,"自少好士,年十七,有贤士五人:曰赵衰;狐偃咎犯,文公舅也;贾佗;先轸;魏武子。"②重耳为公子时经历了晋国的骊姬之乱,又遭晋惠公、怀公一系的打压,在外流亡十九年之久。终在复杂的国际局面中,被秦穆公送回晋国,为晋文公。

晋文公是继齐桓公之后的第二位春秋霸主,在位时间虽短,但其仍成功带领晋国在骊姬之乱后,力压秦穆公、楚成王,接过齐桓公"尊王攘夷"的大旗,在春秋史上留下了浓墨重彩的一笔。清华简《系年》《晋文公入于晋》《子犯子余》中有大量关于晋文公其人及其霸业的史事,为春秋霸史研究提供了新史料。为兼顾整体把握晋文公霸业的情况和新史料的介绍,本章第一节以传世文献为主,勾勒晋文公霸业的基本情况,其后诸节依次介绍清华简所载相关新史料。

第一节 晋文公霸史概述

晋文公霸业与齐桓公一脉相承,其争霸的路径亦与之同,均为"尊王攘夷"。晋文公有着曲折的人生轨迹,亦有一批效忠的智谋之士,在邦国历史积淀与复杂的国际形势下,晋文公缔造了怎样的霸业呢?

---

① 杨伯峻:《春秋左传注》,北京:中华书局,1981年,第239页。
② 司马迁:《史记》,北京:中华书局,1959年,第1655页。

一、晋文公霸业的基础

晋文公霸业的基础亦为晋国的国家实力。晋文公长期流亡,从归国为君(前636年)到"城濮之战"打败楚国,举行"践土之盟"(前632年)确立霸业仅仅四年。其间晋文公虽举行一系列改革措施加强了晋国国力,但从根本而言晋文公霸业的国家实力更多源于晋国历史的积累。

(一)晋国历史积淀

晋国为姬姓邦国,始封于周初,始祖为周成王之弟叔虞。史籍中少有西周时期晋国史事的记载,至西周晚期,晋穆侯辅助周王室进行"千亩之战",此战王师败绩,但晋国表现当为出色。① 晋穆侯之子晋文侯在两周之际协助平王东迁,并诛杀周携王,结束了两周之际"二王并立"的局面,为晋国获得了政治资源。然而在晋文侯去世后不久,其弟成师,即曲沃桓叔一脉的晋国小宗势力便开启了吞并大宗势力的"曲沃代翼"事件之进程。曲沃一族经桓叔、庄公及武公三代,先后或逐或杀文侯一脉——自晋昭侯开始,至鄂侯、孝侯、哀侯、小子侯、晋侯缗六代晋君。终在曲沃武公,即晋武公一世取得这场内战的胜利,由此,曲沃之小宗势力完全取代了盘踞晋国都城"翼"的大宗势力。有研究指出,"曲沃代翼"是晋国从周王室之侯伯到诸侯霸主身份转化的关键性转捩点,它不仅直接导致了晋国"新""旧"政权的更替,而且曲沃一脉借此形塑了随后晋国霸主政治的底本和理念。②

晋武功完成"曲沃代翼"后进行了对外扩张行动。颜师古注《汉书·卷二十八上·地理志第八上》引《汲郡古文》载:"晋武公灭荀,以赐大夫原氏黯,是为荀叔。"③武公去世后,其子晋献公继位。晋献公在位期间加快了晋国的发展,为晋文公称霸奠定了基础。

---

① 谢乃和、付瑞珣:《从清华简〈系年〉看千亩之战及相关问题》,《学术交流》2015年第7期。

② 谢乃和、李腾:《从侯到霸:"曲沃代翼"对晋国霸主政治的形塑》,《史学月刊》2023年第10期。

③ 方诗铭、王修龄:《古本竹书纪年辑证》,上海:上海古籍出版社,2005年,第76页。

《史记·晋世家》载献公"（五年）伐骊戎""（十六）伐灭霍，灭魏，灭耿""（十七年）伐东山""（二十二年）晋灭虢……袭灭虞""（二十三年）伐屈""（二十五年）伐翟"。①《韩非子》曰："献公并国十七，服国三十八，战十有二胜"，②可见献公对于周遭小国及戎狄势力的吞并之于晋国疆土的开拓有着极大的历史贡献。不仅如此，晋献公还对晋国的发展有着更长远的影响：一者献公接受士蒍建议扩建旧都后定都"绛"城，将之正式打造成为春秋时代晋国的政治中心；二者改革军制，作"上下二军"，为晋国长期对外的争霸战争提供保证；三者献公"尽杀诸公子"的举动虽然导致了晋国随后数十年间的动乱以及公室力量的削弱，但其举措为贤能之士的晋升打开了通道，为晋文公争霸天下提供了新的执政思路。

晋献公晚年，骊姬祸乱，太子申生自杀，公子夷吾与公子重耳外逃。清华简《系年》第六章对此有所记载：

> 晋献公之婢妾曰骊姬，欲其子奚齐之为君也，乃谮大子共君而杀之，或谮惠公及文公。文公奔狄，惠公奔于梁。③

简文记载与传世文献一致，可为互证。晋献公去世后，晋国公室陷入混乱，权臣里克"弑二君"，公子夷吾归国为晋惠公。惠公在秦晋"韩原之战"中被秦军生擒，其后决心改革，据《左传·僖公十五年》记载：

> 晋侯使郤乞告瑕吕饴甥，且召之。子金教之言："朝国人而以君命赏。且告之曰：'孤虽归，辱社稷矣，其卜贰圉也。'"众皆哭，晋于是乎作爰田。吕甥曰："君亡之不恤，而群臣是忧，惠之至也。将若君何？"众曰："何为而可？"对曰："征缮以辅孺子。诸侯闻之，丧君有君，群臣辑

---

① 司马迁：《史记》，北京：中华书局，1959 年，第 1640—1641、1646、1648 页。
② 王先慎：《韩非子集解》，北京：中华书局，2003 年，第 368 页。
③ 李学勤主编，清华大学出土文献研究与保护中心编：《清华大学藏战国竹书（二）》，上海：中西书局，2011 年，第 150 页。

睦,甲兵益多,好我者劝,恶我者惧,庶有益乎!"众说。晋于是乎作州兵。①

晋惠公改革的主要内容是"作爰田"与"作州兵"。关于晋惠公改革的内容与性质,学界素有较大的争议。② 晋献公时期国家领土迅速扩张,献公实行"尽杀诸公子"政策,骊姬之乱中又"尽逐群公子",加之晋惠公"韩原之战"的战败,晋国公室对地方的掌控力下降,晋国军事力量衰弱。晋惠公归国背信弃义,多有不义之举,亦使各氏族对公室心生猜疑。为强化凝聚力,巩固统治,晋惠公将土地分划给异姓卿大夫,换取他们对公室的效忠,提供兵力。历史至春秋早期,社会形态仍为氏族社会,在此基础上的统治形式为邦国联盟,战争主体则为氏族成员。惠公改革获得了氏族的支持,晋国国力迅速回升。从"韩原之战"精锐尽失到晋文公"城濮之战"时"晋车七百乘"也不过十余年的光景。

从两周之际晋文侯助平王东迁提升晋国地位,到晋献公、晋惠公的开疆与改革,晋国国力大幅提升,为晋文公称霸奠定国力根基。

(二)晋文公改革举措

晋文公归国后,又实行一系列政治改革,激发了晋国的军事实力。《国语·晋语》集中记载了晋文公修内政的一些内容:

> 公属百官,赋职任功。弃责薄敛,施舍分寡。救乏振滞,匡困资无。轻关易道,通商宽农。懋穑劝分,省用足财。利器明德,以厚民性。举善援能,官方定物,正名育类。昭旧族,爱亲戚,明贤良,尊贵宠,赏功劳,事耇老,礼宾旅,友故旧。胥、籍、狐、箕、栾、郤、柏、先、羊舌、董、韩,实掌近官。诸姬之良,掌其中官。异姓之能,掌其远官。公食贡,大夫

---

① 杨伯峻:《春秋左传注》,北京:中华书局,1981 年,第 360—363 页。
② 近来有学者探讨"作爰田"时系统梳理了前人的主要研究内容,值得参考。详见张磊:《晋国"作爰田"与地方管理制度鼎革》,《农业考古》2022 年第 4 期。

食邑,士食田,庶人食力,工商食官,皂隶食职,官宰食加。政平民阜,财用不匮。①

引文中,晋文公的修内政的措施包括赈救贫困、鼓励农商、任用贤才、团结异姓氏族、规范社会秩序等,致使晋国"政平民阜,财用不匮"。《左传·僖公二十七年》也记载了晋文公执政早期的为政举措:

晋侯始入而教其民。二年,欲用之。子犯曰:"民未知义,未安其居。"于是乎出定襄王,入务利民,民怀生矣,将用之。子犯曰:"民未知信,未宣其用。"于是乎伐原以示之信。民易资者,不求丰焉,明征其辞。公曰:"可矣乎?"子犯曰:"民未知礼,未生其共。"于是乎大蒐以示之礼,作执秩以正其官,民听不惑,而后用之。②

引文"民"为晋国氏族联盟的成员,晋文公对其教化的目的是"用之",即用民进行军事行动。晋文公的想法被狐偃以民未知义、信、礼所反对。晋文公举行一系列措施使民归化,其本质就是团结各氏族势力,凝聚统治力量。

在此基础上,晋文公于城濮之战前又进一步实行了政治军事改革,即推行三军六卿制度。史籍载:

于是乎蒐于被庐,作三军,谋元帅……乃使郤縠将中军,郤溱佐之;使狐偃将上军,让于狐毛,而佐之;命赵衰为卿,让于栾枝、先轸。使栾枝将下军,先轸佐之。荀林父御戎,魏犨为右。③

清代学者江永概括春秋晋国军制变化说:"如晋之始,惟一军。既而作

---

①　徐元诰:《国语集解》,北京:中华书局,2002 年,第349—350 页。
②　杨伯峻:《春秋左传注》,北京:中华书局,1981 年,第447 页。
③　杨伯峻:《春秋左传注》,北京:中华书局,1981 年,第445—446 页。

二军,作三军……"①晋国原为普通侯国,只有一军的兵力,晋献公时随着晋国快速扩张疆域,晋军扩为二军,至城濮之战前夕,晋文公"作三军"。三军有将、佐之别,形成六位军事将领,即中军将、中军佐、上军将、上军佐、下军将、下军佐。同时,这些将领担任晋国"六卿",管理国家行政事务。三军六卿制度的本质是军政一体,六卿既是行政长官,又是军事将领,他们一般遵循"长逝次补"的次序轮流执政。②

晋文公三公六卿改革举措得到氏族支持,团结了晋国内部各势力的利益,激发了晋国政治的活力,也支撑了晋国军事力量的蓬勃发展。虽然至春秋中晚期,晋之六卿进行了激烈的权力争夺以致导致"三家分晋"的结局,但此制度的施行也奠定了晋国的百年霸业。

二、晋文公霸业的路径

晋文公继承了齐桓公"尊王攘夷"的旗帜,与之不同的是,晋文公争霸事业的实践更为集中——其尊王之举主要体现为平定"王子带之乱",其攘夷之举主要体现为"城濮之战"败楚军。

(一)平定"王子带之乱"

王子带为周惠王之子、周襄王之异母弟。王子带曾引夷狄攻伐周襄王,失败后逃亡齐国,其后襄王召其回王城。公元前636年,王子带再次叛乱,将襄王驱逐。史籍载:"惠后欲立王子带,故以其党启狄人。狄人遂入,周王乃出居于郑,晋文公纳之。"③

关于迎纳周襄王,刚刚继位的晋文公有所迟疑,晋大夫们对文公进行了积极劝谏。狐偃言:"求诸侯,莫如勤王。诸侯信之,且大义也。继文之业,而信宣于诸侯,今为可矣。"④狐偃道出了春秋霸主尊王的实质,即令"诸侯信

---

① 江永:《群经补义》,《清经解》,上海:上海书店,1988年,第265页。
② 晋国六卿政治是先秦史研究的重点内容,学界多有集中论述,可参考李沁芳:《晋国六卿研究》,吉林大学古籍研究所博士学位论文,2012年。
③ 徐元诰:《国语集解》,北京:中华书局,2002年,第51页。
④ 杨伯峻:《春秋左传注》,北京:中华书局,1981年,第431页。

之"，若此则文公可以继承晋文侯助平王东迁之业，在诸侯中确立威信。晋臣郭偃卜筮之后，晋文公决心勤王。

晋文公勤王之举为其带来丰厚的政治利益。《国语·周语》记载晋文侯"请隧"而周襄王拒绝之事。①《左传·僖公二十五年》："晋侯朝王。王享醴，命之宥。请隧，弗许。"杜预引贾逵义，谓："阙地通路曰隧，王之葬礼也；诸侯皆县柩而下。"杨伯峻注："请隧者，晋文请天子允许于其死后得以天子礼葬己耳。"②请隧，为请求使用天子的葬礼，这是僭越之举。周襄王虽然拒绝了晋文公"请隧"之举，却赏赐给晋国诸多城邑。史籍载："与之阳樊、温、原、攒茅之田。晋于是始启南阳。"③

晋文公勤王并非本意，而是基于晋国及自身利益的考量。虽然晋文公"请隧"失败，但平定"王子带之乱"后，晋国不仅获得了阳樊、温、原、攒茅等土地，也获得了诸侯的信服。不仅如此，在前引晋文公"教其民"而"欲用之"时，正是文公"出定襄王"方使晋民知"义"，可见晋文公还通过平定"王子带之乱"，维护周王室正统从而教化了国内氏族。

(二)"城濮之战"败楚军

晋文公在继承晋国历史积淀的基础上改革内容，激发晋国的政治活力，使国家力量得到显著的提升。在维护周王室正统的同时，晋国国力进一步

---

① 《国语·周语》记载："晋文公既定襄王于郏，王劳之以地，辞，请隧焉。王不许，曰：'昔我先王之有天下也，规方千里以为甸服，以供上帝山川百神之祀，以备百姓兆民之用，以待不庭不虞之患。其余以均分公侯伯子男，使各有宁宇，以顺及天地，无逢其灾害，先王岂有赖焉。内官不过九御，外官不过九品，足以供给神祇而已，岂敢厌纵其耳目心腹以乱百度？亦唯是死生之服物采章，以临长百姓而轻重布之，王何异之有？今天降祸灾于周室，余一人仅亦守府，又不佞以勤叔父，而班先王之大物以赏私德，其叔父实应且憎，以非余一人，余一人岂敢有爱？先民有言曰：'改玉改行。'叔父若能光裕大德，更姓改物，以创制天下，自显庸也，而缩取备物以镇抚百姓，余一人其流辟旅于裔土，何辞之有与？若由是姬姓也，尚将列为公侯以复先王之职，大物其未可改也。叔父其懋昭明德，物将自至，余何敢以私劳变前之大章，以忝天下，其若先王与百姓何？何政令之为也？若不然，叔父有地而隧焉，余安能知之？'文公遂不敢请，受地而还。"徐元诰：《国语集解》，北京：中华书局，2002年，第51—54页。

② 杨伯峻：《春秋左传注》，北京：中华书局，1981年，第432—433页。

③ 杨伯峻：《春秋左传注》，北京：中华书局，1981年，第433页。

提升,且获得诸侯之信服,终于成为彼时诸夏最为强大的政治势力。与之相应,楚成王虽被齐桓公压制达成"昭陵会盟",但齐桓公去世后,楚国"泓水之战"力压宋襄公,一跃成为南方强国。因此,即便在晋文公流亡时受到过楚成王的恩惠,晋、楚两国的矛盾已在所难免。

晋、楚"城濮之战"既是晋文公"攘夷"之战,也是晋国奠定霸业的战争。实际上,即便晋国在晋文公执政后得到迅速的发展,但楚国的力量更为雄厚,且陈、蔡、曹、郑、卫等国均是楚国的盟国,清代学者顾栋高总结:"天下大势,盖楚十居八九矣。"[1]晋国则拉拢齐国、秦国与楚国围绕宋国问题展开一系列外交活动,并引发"城濮之战"。关于这场战争前后的细节,《左传·僖公二十八年》描述十分详尽,后文清华简亦有相关内容记载,于此不再细述。

此战晋军大胜,楚将子玉自尽,楚国虽然未伤元气,但不敢再与晋国交锋,晋文公旋即举行"践土之盟",标志着晋文公霸业的形成。会盟上,晋文公"献楚俘于王,驷介百乘,徒兵千",两日后周襄王命尹氏、王子虎、内史叔兴父为晋文公举行策命礼,赏赐器物,并转达周王勉励文公之语曰:"敬服王命,以绥四国,纠逖王慝。"[2]文公推辞后,接收王命。"践土之盟"的整体仪程与齐桓公"葵丘之盟"相似,都是周代天子对贵族策命的形式,因此春秋争霸活动在名义上仍是在王权制度下运行的。

晋文公亦以"尊王攘夷"之路径成就霸业,却与齐桓公霸业有所区别。其一,晋文公虽然也有"尊王"之举,但更有僭越的直接表达。晋文公先有"请隧"之举,其后晋文公更是"晋侯召王,以诸侯见,且使王狩"。此一举动引起孔子极大不满,孔子认为:"以臣召君,不可以训",并在《春秋》经文中为周天子讳言:"天王狩于河阳。"[3]正是因为晋文公"尊王"之举包藏僭越之心,孔子评价齐桓、晋文两位霸主"晋文公谲而不正,齐桓公正而不谲",[4]此一评价确为中肯。其二,与齐楚"昭陵会盟"而罢兵不同,晋国与楚国直接爆

① 顾栋高:《春秋大事表》,北京:中华书局,1993 年,第 1983 页。
② 杨伯峻:《春秋左传注》,北京:中华书局,1981 年,第 463 页。
③ 杨伯峻:《春秋左传注》,北京:中华书局,1981 年,第 450 页。
④ 何晏、邢昺:《论语注疏》,阮元:《十三经注疏》,北京:中华书局,1980 年,第 2511 页。

发了战争。"城濮之战"是一场"世界战争",彼时的春秋大国几乎都参与其中。楚军战败,元气尚存,为日后楚庄王霸业留下了国家实力。其三,晋文公成就了晋国霸业。不似郑庄公去世后郑国"小霸"之业的衰败、齐桓公去世后齐国霸业的陨落,晋文公执政九年,不仅实现了晋国霸业,在其去世后晋国仍为春秋霸国,这是春秋霸史中的首例。究其原因,当与晋国三军六卿制度激发出国内氏族的政治活力有所关系。

以上据传世文献勾勒晋文公霸业的基本情况,而新出清华简诸篇中有大量关于晋文公其人及其霸史的记载,极具价值,下文逐一介绍。

第二节　清华简《系年》所载晋文公霸史

前文已多次引用清华简《系年》的篇章内容,这部出土史书中也记载了有关于晋文公霸史的新史料。其中,简文第六章涉及晋文公流亡,第七章涉及"城濮之战",第八章涉及晋、秦围郑。由于第八章所载晋文公事迹较少,且与传世文献基本一致,下文着重介绍简文第六章、第七章所载的文公流亡与"城濮之战"两项史事。

一、清华简《系年》与晋文公流亡史迹

《系年》简文第六章、第七章均涉及晋文公流亡的经历,其中第六章内容最为直接:

> 文公奔狄……文公十又二年居狄,狄甚善之,而弗能入;乃适齐,齐人善之;适宋,宋人善之,亦莫之能入;乃适卫,卫人弗善;适郑,郑人弗善;乃适楚……秦穆公乃召文公于楚,使袭怀公之室……秦人起师以内文公于晋。①

---

① 李学勤主编,清华大学出土文献研究与保护中心编:《清华大学藏战国竹书(二)》,上海:中西书局,2011年,第150页。

楚成王曾说:"晋侯在外,十九年矣,而果得晋国。险阻艰难,备尝之矣;民之情伪,尽知之矣。"①然而,由于传世文献《左传》《国语》的相关记载有所差异,晋文公出亡路线成为学界热议的话题。② 目前为止,加上引简文内容,文献关于晋文公出亡路线竟有三种表述:

    (1)狄—卫—五鹿—齐—曹—宋—郑—楚—秦(《左传·僖公二十三年》)③

    (2)狄—五鹿—齐—卫—曹—宋—郑—楚—秦(《国语·晋语》)④

    (3)狄—齐—宋—卫—郑—楚—秦(《系年》第六章)⑤

引文中,(1)与(2)虽然次序有差异,但总量一致。(3)未提及"五鹿"和曹国,简文第七章却记载:"晋文公思齐及宋之德,乃及秦师围曹及五鹿,伐卫以脱齐之戍及宋之围。"⑥晋文公考虑齐国、宋国恩惠,显然就是记恨其在曹、五鹿、卫的遭遇,结合两章简文,《系年》关于文公流亡所去地点的总量与传世文献是一致的。

"五鹿"为卫国之地,此于各类文献中均有佐证。《左传·僖公二十三年》载:"过卫,卫文公不礼焉。出于五鹿。"⑦《史记·晋世家》载:"过卫,卫文公不礼。去,过五鹿。"⑧两则文献均记载文公离开卫国路过"五鹿",可知

---

  ① 杨伯峻:《春秋左传注》,北京:中华书局,1981 年,第 456 页。

  ② 详见李隆献《晋文公复国定霸考》,台北:台湾大学出版委员会,1988 年等。近年来,随着清华简《系年》的公布,诸多学者围绕简文亦对此问题进行了讨论,如刘丽:《重耳流亡路线考》,《深圳大学学报(人文社会科学版)》2012 年第 2 期;王少林:《晋文公重耳出亡考》,《南都学坛(人文社会科学学报)》2012 年第 3 期;王红亮:《清华简与晋文公重耳出亡系年及史事新探》,《史学月刊》2019 年第 11 期等。

  ③ 杨伯峻:《春秋左传注》,北京:中华书局,1981 年,第 404—411 页。

  ④ 徐元诰:《国语集解》,北京:中华书局:2002 年,第 321—346 页。

  ⑤ 李学勤主编,清华大学出土文献研究与保护中心编:《清华大学藏战国竹书(二)》,上海:中西书局,2011 年,第 150 页。

  ⑥ 李学勤主编,清华大学出土文献研究与保护中心编:《清华大学藏战国竹书(二)》,上海:中西书局,2011 年,153 页。

  ⑦ 杨伯峻:《春秋左传注》,北京:中华书局,1981 年,第 406 页。

  ⑧ 司马迁:《史记》,北京:中华书局,1959 年,第 1657 页。

"五鹿"当为卫国一个边境城邑。若将"五鹿"与卫国视为等同,忽视曹国的干扰,三则文献的差异体现为:(1)卫—齐—宋;(2)齐—卫—宋;(3)齐—宋—卫。其中,先齐国后宋国的次序并无争议,唯是晋文赴卫国的情况最为复杂。目前,学界关于此问题仍未能定论,在调和各类史料的基础上,结合卫国处于各国之间的地理位置,我们认为晋文公流亡的路线或为:狄—卫(五鹿)—齐—卫—宋—曹—卫—郑—楚—秦。①

清华简《系年》对晋文公出亡路线的记载,更丰富了我们对晋文公其人历史细节的认知,具有一定的史料价值。晋文公归国继位,励精图治,终于在"城濮之战"击败楚国,成就霸业。

二、清华简《系年》与晋、楚"城濮之战"

公元前 632 年,晋、楚"城濮之战"爆发,这是两国为争夺中原霸权的首次大战,也是决定晋文公称霸的关键一役。晋文公遵守了在流亡岁月与楚成王达成的"退避三舍"诺言,但楚将子玉不顾楚成王告诫,毅然率兵出战,最后楚军大败,子玉自尽,晋文公成就霸业。

关于此战,传世文献记载详细,史家述论亦为丰富,新出清华简《系年》第七章的记载与传世文献内容大致相同,却有值得关注的细节差异。简文载:

> 楚王舍围归,居方城。令尹子玉遂率郑、卫、陈、蔡及群蛮夷之师以交文公。文公率秦、齐、宋及群戎之师以败楚师于城濮,遂朝周襄王于衡雍,献楚俘馘,盟诸侯于践土。②

简文关于"城濮之战"及"践土之盟"的历史脉络与《左传》等传世文献记载大致相同,差异便在于晋、楚双方军事力量的表述,详见下表:

① 刘丽:《重耳流亡路线考》,《深圳大学学报(人文社会科学版)》2012 年第 2 期。
② 李学勤主编,清华大学出土文献研究与保护中心编:《清华大学藏战国竹书(二)》,上海:中西书局,2011 年,第 153 页。

国别 文献	晋国	楚国
《左传》	《僖公二十八年》夏四月戊辰,晋侯、宋公、齐国归父、崔夭、秦小子慭次于城濮。	《二十八年》己巳,晋师陈于莘北,胥臣以下军之佐当陈、蔡;陈、蔡奔,楚右师溃。乡役之三月,郑伯如楚致其师。
《国语》	《晋语四》文公立四年,楚成王伐宋,公率齐、秦伐曹、卫以救宋。	《晋语四》是楚一言而有三施,子一言而有三怨,怨已多矣,难以击人。(三:曹、卫、宋)
《史记》	《晋世家》:四月戊辰,宋公、齐将、秦将与晋侯次于城濮。	《晋世家》:初,郑助楚,楚败,惧,使人请盟晋侯。
《系年》	文公率秦、齐、宋及群戎之师以败楚师于城濮,遂朝周襄王于衡雍,献楚俘馘,盟诸侯于践土。	命(令)尹子玉遂率郑、卫、陈、蔡及群蛮夷之师以交文公。

通过比较,各类文献对城濮之战中晋国与楚国双方的参战国记载不尽一致,而《系年》的记载最为全面,且独载晋国阵营之"群戎"与楚国阵营之"群蛮夷",这是传世文献从未提及的。此种现象有两种可能:其一,简文记载为历史真实,其他文献或基于华夷观或因戎狄于两军并非主力而未予以记载;其二,简文是基于战国华夷融合后的一种历史书写。基于春秋时期晋与"群戎"之关系,①我们倾向于第一种说法。

晋国所处戎狄环伺之地。《国语·晋语》记载:"景霍以为城,而汾、河、涑、浍以为渠,戎狄之民实环之。汪是土也,苟违其违,谁能惧之。"②《左传·昭公十五年》亦云:"晋居深山之中,戎狄与之为邻。而远于王室。王灵不及,拜戎不暇。"③所以,晋国分封之始便采用"启以夏政,疆以戎索"的治理策

①　此一时期楚与周边诸侯及部落的主要关系就是征服,且齐桓晋文时代,楚本就被视为最强大的蛮夷。而在此之前,楚也素有"荆蛮"之称。于此便以晋国与"群戎"之关系予以说明。

②　徐元诰:《国语集解》,北京:中华书局 2002 年,第 288 页。

③　杨伯峻:《春秋左传注》,北京:中华书局,1981 年,第 1371 页。

略。至晋献公时期,晋国国力日盛,遂为"启土",其中"群戎"亦在征讨之列。史籍记载:"献公伐骊戎,克之,灭骊子,获骊姬以归。"①又载:"晋里克帅师,梁由靡御,虢射为右,以败狄于采桑。"②此均为献公对戎狄的征伐,且获得胜利。

除武力征伐外,晋国还采用怀柔政策对待群戎,晋惠公即有和睦"群戎"之举措。《左传·襄公十四年》记载范宣子与姜戎的对话:

> 将执戎子驹支,范宣子亲数诸朝,曰:"来!姜戎氏!昔秦人迫逐乃祖吾离于瓜州,乃祖吾离被苫盖、蒙荆棘以来归我先君,我先君惠公有不腆之田,与女剖分而食之。"对曰:"昔秦人负恃其众,贪于土地,逐我诸戎。惠公蠲其大德,谓我诸戎,是四岳之裔胄也,毋是翦弃。赐我南鄙之田,狐狸所居,豺狼所嗥。我诸戎除翦其荆棘,驱其狐狸豺狼,以为先君不侵不叛之臣,至于今不贰。"③

这段对话是春秋晚期晋国卿大夫范宣子对晋惠公接纳姜戎的追述。姜戎为秦国所驱赶,晋惠公纳之且赐其田,由此姜戎感激晋惠公恩德,从此追随晋国,成为晋国"不侵不叛之臣"。

至晋文公时,晋国与"群戎"关系更为紧密。晋献公"又娶二女于戎,大戎狐姬生重耳,小戎子生夷吾",④晋文公之母便是戎族,其后文公流亡又居狄十二年。史载:"狄人伐廧咎如,获其二女,叔隗、季隗,纳诸公子。公子娶季隗,生伯儵、叔刘,以叔隗妻赵衰,生盾。"⑤可知文公、赵衰都是因狄而婚。文公执政后,采纳狐偃谏言,"乃行贿于草中之戎与丽土之狄,以启东道。"⑥晋文公贿于草中之戎和丽土之狄,来为晋国启土安疆而谋取更有利的发展。

① 徐元诰:《国语集解》,北京:中华书局,2002 年,第 254 页。
② 杨伯峻:《春秋左传注》,北京:中华书局,1981 年,第 322 页。
③ 杨伯峻:《春秋左传注》,北京:中华书局,1981 年,第 1005—1006 页。
④ 杨伯峻:《春秋左传注》,北京:中华书局,1981 年,第 239 页。
⑤ 杨伯峻:《春秋左传注》,北京:中华书局,1981 年,第 405 页。
⑥ 徐元诰:《国语集解》,北京:中华书局,2002 年,第 351 页。

晋文公逝去后,"群戎"多有参与晋国军事行动的记载。《左传·僖公三十三年》"夏四月辛巳,晋人及姜戎败秦师于殽",①《左传·宣公八年》"八年春,白狄及晋平。夏,会晋伐秦",②《左传·成公二年》齐晋发生鞍之战中"入于狄卒,狄卒皆抽戈楯冒之"③等均体现了"群戎"与晋国的军事联动。戎子驹支回顾与晋国关系时说:"晋之百役,与我诸戎相继于时,以从执政",④意思是"晋有所战役,我诸戎无不按时与晋共同成事。"⑤

在晋的征伐与亲和政策下,"群戎"势力大概率是参加了晋、楚"城濮之战"的。有学者认为群戎参与晋联军未被《春秋》《左传》等记载的原因与《左传》的历史叙事深受儒家思想的影响有一定的联系,⑥此说可以采用。

清华简《系年》对晋文公流亡路线与"城濮之战"双方战力的记载与传世文献有所差异,为探索晋文公其人及其霸史提供了新史料。而清华简《子犯子余》《晋文公入于晋》两篇简文内容均不见于传世文献,其史料意义更为突出。

第三节　清华简《子犯子余》所载晋文公霸史

《子犯子余》载于清华简第七辑,共15支简,长45厘米,保存状况较好,简文有篇题,为"子(犯)子余"四字,书于第一简简背,与正文是同一书手。简的形制、字迹与下节《晋文公入于晋》相同,当为同时抄写。简文主体内容是围绕政治治理的对话,类于国语,属于"语"类文献。简文主要分为两部分内容,第一部分是秦穆公与子犯和子余的对话,面对秦穆公的诘难,子犯、子余不卑不亢,强调了晋文公的品行,获得秦穆公的认可;第二部分是秦穆公、晋文公分别问政于秦大夫蹇叔,蹇叔答秦穆公、重耳之问,互相应和,论说邦

---

① 杨伯峻:《春秋左传注》,北京:中华书局,1981年,第492页。
② 杨伯峻:《春秋左传注》,北京:中华书局,1981年,第695页。
③ 杨伯峻:《春秋左传注》,北京:中华书局,1981年,第795页。
④ 杨伯峻:《春秋左传注》,北京:中华书局,1981年,第1006页。
⑤ 杨伯峻:《春秋左传注》,北京:中华书局,1981年,第1006页。
⑥ 王坤鹏:《清华简〈系年〉相关春秋霸政史三考——兼说〈左传〉"艳而富"》,《殷都学刊》2015年第3期。

的兴衰存亡都决定于上位者,也是本篇简文的主旨。①

简文第二部分主要涉及蹇叔言论,属于秦穆公霸业的内容,故于下章详论,本节则对第一部分予以介绍。

一、子犯论晋文公政治品行

简文开篇交代了对话的背景,即"耳自楚跖秦处焉三岁,秦公乃召子犯而问焉"。② 在传世文献的记载中,秦穆公厌恨晋惠公、怀公父子的背信弃义,从楚国召来公子重耳,将其护送归国,此处却记载重耳在秦居三年之久,这是不见于其他文献的。前一节所引讨论晋文公流亡路线的论文中多有对此材料的关注,于此不复赘言。

随后,秦穆公问子犯,即狐偃:"子若公子之良庶子。胡晋邦有祸,公子不能止焉。而走去之,毋乃猷心实不足也乎?"③大意是,你们公子身为"良庶子",晋国有了祸事,他不能拯救,却出逃离开,莫非谋划不足吗? 秦穆公的提问具有倨傲的姿态,实际上是在质问公子重耳的能力。对此,狐偃作如下回答:

> 诚如主君之言。吾主好定而敬信,不秉祸利,身不忍人,故走去之,以节中于天。主如曰疾利焉不足,诚我主故弗秉。④

子犯认为重耳好定重信,不愿从祸乱中攫取利益,亦不忍心伤害他人,强调重耳"以节中于天",即符合天的意志。当然子犯的应答十分关照秦穆公的"面子",他先肯定"诚如主君之言",最后又说如果从追求利益的角度而言,重耳确实没有攫取利益。子犯之言可谓有理有节,不卑不亢。

---

① 李学勤主编,清华大学出土文献研究与保护中心编:《清华大学藏战国竹书(七)》,上海:中西书局,2017,第91页。

② 李学勤主编,清华大学出土文献研究与保护中心编:《清华大学藏战国竹书(七)》,上海:中西书局,2017年,第92页。

③ 李学勤主编,清华大学出土文献研究与保护中心编:《清华大学藏战国竹书(七)》,上海:中西书局,2017年,第92页。

④ 李学勤主编,清华大学出土文献研究与保护中心编:《清华大学藏战国竹书(七)》,上海:中西书局,2017年,第92页。

从传世文献所载晋文公的言行来看,其确实具备子犯所言的优良政治品性,符合周代政治伦理规范。《左传·僖公二十三年》记载晋献公攻重耳所避难的蒲城,蒲人欲抵抗,重耳则说:"保君父之命而享其生禄,于是乎得人。有人而校,罪莫大焉。吾其奔也。"①随后重耳出奔至狄。重耳的举措既尊重了君父之命,又使蒲人避免战祸。《左传·僖公二十三年》记载为答谢楚成王礼遇之恩,重耳许下"退避三舍"之约,"城濮之战"时晋公文实现诺言主动后退。《左传·僖公二十五年》记载晋文公"围原"时说:"信,国之宝也,民之所庇也,得原失信,何以庇之?"②这些史料均体现了晋文公"好定而敬信""身不忍人"等品质。

实际上,就是否"秉祸利",秦穆公早在晋献公病逝时,便派遣公子縶对重耳进行了试探,此事见于《国语·晋语》:

> 乃使公子縶吊公子重耳于狄,曰:"寡君使縶吊公子之忧,又重之以丧。寡人闻之,得国常于丧,失国常于丧。时不可失,丧不可久,公子其图之!"重耳告舅犯。舅犯曰:"不可。亡人无亲,信仁以为亲,是故置之者不殆。父死在堂而求利,人孰仁我?人实有之,我以侥幸,人孰信我?不仁不信,将何以长利?"公子重耳出见使者曰:"君惠吊亡臣,又重有命。重耳身亡,父死不得与于哭泣之位,又何敢有他志,以辱君义?"再拜不稽首,起而哭,退而不私。③

秦公子縶规劝重耳要趁着国内丧乱而有所作为。舅犯,即狐偃则告诫重耳此时不可图利,要"信仁以为亲",只有遵守伦理道德才符合长久利益。重耳听从了狐偃的谏言,对秦公子縶的规劝予以消极回应。狐偃对伦理与逐利关系的看法是深刻的。有趣的是,狐偃与晋文公的谏言与简文的内容有着高度的思想一致性。秦穆公所问乃是"疾利",狐偃则以"长利"为着眼,以伦理为表达。

---

① 杨伯峻:《春秋左传注》,北京:中华书局,1981 年,第 404 页。
② 杨伯峻:《春秋左传注》,北京:中华书局,1981 年,第 435 页。
③ 徐元浩:《国语集解》,北京:中华书局,2002 年,第 294—295 页。

二、子余论晋文公政治品性

秦穆公与狐偃谈完后,又招来子余,即赵衰谈话,其内容针对重耳之"左右"。秦穆公质问:"你们公子身为'良庶子',晋国有了祸事,他不能拯救,却出逃离开,莫非你们主君没有良臣吗?"赵衰回答曰:

> 诚如主之言。吾主之二三臣,不干良规,不敝有善,必出有□,□□于难,谔留于志。幸得有利不忻独,欲皆金之。事有过焉,不忻以人,必身擅之。吾主弱时而强志,不□□□顾监于祸,而走去之。主如此谓无良左右,诚緊独其志。①

此段简文略有残缺不清之处,但大概意思是明确的。赵衰回答道:"我们主君从不拒绝身边人有益的劝谏,不掩盖有才能之人,必定罢黜不善的人,虽然身在流亡,但正义的志向留在心中。如偶然获利也不会独享,自己全部占有,而是与人分享;遇灾祸之事则不会推卸责任与他人,而是自己承担。其具有强大的意志,虽无强大的依靠且身处险境,也不愿意承受祸乱所带来的好处。我们主君身处弱势时能保持心性,面对祸乱中的利害选择,能做到自我省视,因而选择离开国家流亡。您如果认为他身边无良臣,那是还不理解他的志向。"

秦穆公明着在质问重耳之"左右",实际上还是基于追求利益的功利政治视角,赵衰的回答亦从晋文公的政治品行为切入,强调其用人准则的伦理性。

从子余的描述中可见重耳是一个善于纳谏之人,此在诸多文献中有所印证。《左传·僖公二十三年》载:"出于五鹿,乞食于野人,野人与之块,公子怒,欲鞭之。子犯曰:'天赐也。'稽首,受而载之。"②《僖公二十五年》载:

---

① 李学勤主编,清华大学出土文献研究与保护中心编:《清华大学藏战国竹书(七)》,上海:中西书局,2017 年,第 92 页。

② 杨伯峻:《春秋左传注》,北京:中华书局,1981 年,第 406 页。

"晋侯问原守于寺人勃鞮,对曰:'昔赵衰以壶飧从,径,馁而弗食。'故使处原。"①寺人勃鞮是曾经刺杀重耳的仇人,但其也能听从他的建议。此外,晋文公遇大事前常有犹豫,对于是否迎接周襄王,在狐偃劝谏、郭偃占卜后,文公方行勤王之举。②"城濮之战"前,对于是否与楚军交战,文公也有所担忧:

> 楚师背鄯而舍,晋侯患之,听舆人之诵,曰:"原田每每,舍其旧而新是谋。"公疑焉。子犯曰:"战也!战而捷,必得诸侯。若其不捷,表里山河,必无害也。"公曰:"若楚惠何?"栾贞子曰:"汉阳诸姬,楚实尽之。思小惠而忘大耻,不如战也。"晋侯梦与楚子搏,楚子伏己而盬其脑,是以惧。子犯曰:"吉。我得天,楚伏其罪,吾且柔之矣。"③

文公担心战败,狐偃便以"表里山河"为劝;文公思虑楚成王恩惠,栾枝则提醒其不要思小惠而忘大耻;文公做噩梦,被楚王打倒,狐偃以"楚伏其罪"安慰文公。文公的犹豫出于忧患意识,良臣们的劝谏——无论是占卜、解梦,还是动情、说理,都能得到采纳,可见晋文公确实遵循着择善从之的用人之道。

子犯、子余的应对获得秦穆公的赞誉,简文载:

> 公乃召子犯、子余曰:"二子事公子,苟尽有心如是,天豊谋祸于公子。"乃各赐之剑带衣裳而善之,使还。④

与晋惠公、怀公背信弃义相比,晋文公集团坚持的伦理政治更能确保秦穆公的政治利益,从这个意义上讲,子犯、子余的对答最终促成了秦穆公对重耳的全力支持。清华简《系年》第六章载:"秦人起师以内文公于晋,晋人

---

① 杨伯峻:《春秋左传注》,北京:中华书局,1981 年,第 436 页。
② 杨伯峻:《春秋左传注》,北京:中华书局,1981 年,第 431—432 页。
③ 杨伯峻:《春秋左传注》,北京:中华书局,1981 年,第 458—459 页。
④ 李学勤主编,清华大学出土文献研究与保护中心编:《清华大学藏战国竹书(七)》,上海:中西书局,2017 年,第 92 页。

杀怀公而立文公,秦晋焉始会好,戮力同心。"①秦晋之好就此结成,两国之间迎来了短暂的外交蜜月期。

三、其他相关问题

前文已述,齐桓公、晋文公霸业的基础是国家实力,人才储备则是国家实力的一个重要指标。《史记·晋世家》记载:"晋文公重耳,晋献公之子也。自少好士,年十七,有贤士五人:曰赵衰;狐偃咎犯,文公舅也;贾佗;先轸;魏武子……从此五士,其余不名者数十人,至狄。"②晋文公从流亡到称霸,均离不开以狐偃、赵衰为代表的"良臣"。清华简有《良臣》,记载了历代明君之贤臣,其中言及晋文公曰:"晋文公有子犯,有子余",③亦可证明狐偃、赵衰在文公统治集团中的重要地位。

1992 年出土于山西闻喜的子犯编钟铭文也记载了狐偃的历史功绩。其铭文载,子犯及晋文公率师"搏伐楚荆",大胜而"克奠王位",周王赏赐子犯"辂车、四马、衣、裳、带、𫎸、冠"。④ 铭文记录的子犯在奠定周王室正统以及"城濮之战"中的贡献,与传世文献近乎一致,是了解狐偃其人的一个新史料。

以上,我们介绍了清华简《子犯子余》的第一部分,了解了晋文公集团的政治伦理观念,这是晋文公霸业的重要部分。下章会涉及简文的第二部分,下编亦会横向对春秋霸史中政治合法性构建的伦理因素进行进一步讨论。于此,还想谈谈简文整体呈现的伦理思想,并由此讨论其文献性质。

结合简文第二部分蹇叔所言"以德和民"等内容,清华简《子犯子余》整体伦理思想呈现"以节中于天""以德和民""信仁以为亲"等要素。"信""仁"是自身品行和待人之道,以此为政,必然能"愕留于志",择善而用。内在道德和外在为政的统一,是德性政治的要求,以此能实现"以德和民"。在

---

① 李学勤主编,清华大学出土文献研究与保护中心编:《清华大学藏战国竹书(二)》,上海:中西书局,2011 年,第 150 页。

② 司马迁:《史记》,北京:中华书局,1959 年,第 1656 页。

③ 李学勤主编,清华大学出土文献研究与保护中心编:《清华大学藏战国竹书(三)》,上海:中西书局,2012 年,第 157 页。

④ 刘雨、卢岩亚:《近出殷周金文集录》,北京:中华书局,2002 年,第 16—36 页。

商周时期,"德"的早期意涵为"政治行为",而"民"指向的是邦国联盟内的氏族成员。依据西周时期的政治伦理,统治者的权力来源是"天命","天命"流转的依据是"民"的状态,因此统治者为政要保护各氏族成员的利益,获取氏族的广泛拥护才能实现邦国联盟的稳固,是谓"敬德保民"与"以德配天"。子犯、子余所言的伦理政治行为是符合周代政治伦理的,亦符合时人所追求的"长利",而非秦穆公所求"疾利"。

细绎简文,其关于天、德、民、信等观念的论述与西周伦理思想并无二致,可见清华简《子犯子余》虽然书写于战国,却有着更为久远的思想流承。简文以"语"类文献的形式进行政治教化,亦保存了西周、春秋时期史事与思想的内核,对于探究晋文公霸史及早期政治伦理均有重要的价值。

第四节 清华简《晋文公入于晋》所载晋文公霸史

《晋文公入于晋》亦载于清华简第七辑,凡八简,简长约 45 厘米,宽 0.5 厘米。除第一、五简有残缺外,其他基本完整。原简无篇题、序号,当前篇题、简序系据简文内容拟定编排。简文叙述晋文公结束流亡返国之后,在晋国内颁布的各项命令,最终城濮一战而霸,大得河东诸侯之事。① 简文整体分为两部分内容,第一部分记载了晋文公实行的讼狱、祭祀、农业、国防、军事等内政改革举措,第二部分则专记晋文公军事改革的旗制。

一、简文所载晋文公的内政改革

简文第一部分内容与《左传》《国语》等传世文献多可印证,于本章第一节论述亦多有相合,于此简要介绍。简文记载如下:

> 晋文公自秦入于晋,端冕□□□□□□□□□□王母,毋察于好臧蝙斐皆见。明日朝,属邦黎老,命曰:"以孤之久不得由二三大夫以修晋邦之政。命讼狱拘执释折,滞责毋有,四封之内皆然。"或明日朝,命曰:

---

① 李学勤主编,清华大学出土文献研究与保护中心编:《清华大学藏战国竹书(七)》,上海:中西书局,2017 年,第 100 页。

"以孤之久不得,由二三大夫以修晋邦之祀。命肥蒭羊牛、蓑犬豕,具黍稷酒醴以祀,四封之内皆然。"或明日朝,命曰:"为稼啬故,命濬旧沟、增旧防,四封之内皆然。"或明日朝,命曰:"以吾晋邦之间处仇雠之间,命蒐修先君之乘式车甲,四封之内皆然。"①

简文第一句有所残缺,大概意思是晋文公从秦归国后,遍见国内群臣。其后,简文记载晋文公在讼狱、祭祀、农业、国防、军事等方面进行了改革举措。有学者认为《晋文公入于晋》对于强国之策的铺陈具有层次性和逻辑性。简文叙述改革措施的逻辑层次依次为:"晋邦之政"——释囚减债;"晋邦之祀"——农业祭祀;"为稼啬"——劝农稼穑;"晋邦处仇雠之间"——图谋争霸。② 此一分析可以参考。晋文公内政改革的指向是富国强兵,在政治稳定、经济发展、信仰坚固的基础上,改革的最后目标便是强化军事力量。

晋文公下令举行大蒐,修军车,饬甲兵,进行军事演练。大蒐是春秋时期诸侯变更军制、制定法令、进行军事改革的重要仪式。前文所述晋文公施行"三军六卿"改革时便引《左传·僖公二十七年》"蒐于被庐",其文载:"大蒐以示之礼,作执秩以正其官,民听不惑而后用之。"③大蒐是为了能够让晋人明军礼,整顿秩序,使氏族成员有更好的军事素养,为日后的争霸战争提供稳定的兵源。

晋文公的内政改革团结了氏族成员,使晋国拥有了丰富的兵源,加之军政制度改革与军事装备修整,通过反复的军事练习,晋国军事力量显著增强。

二、简文所载晋文公军旗改革

清华简《晋文公入于晋》中最具特色的是第二部分的军旗改革内容。军旗在冷兵器时代的两军作战中具有齐整军队、排兵布阵的作用。晋文公军

---

① 李学勤主编,清华大学出土文献研究与保护中心编:《清华大学藏战国竹书(七)》,上海:中西书局,2017 年,第 101 页。

② 原雅玲:《清华简〈晋文公入于晋〉整理研究》,东北师范大学历史文化学院硕士学位论文,2019 年。

③ 杨伯峻:《春秋左传注》,北京:中华书局,1981 年,第 447 页。

旗改革是其军事改革的一项内容,因不见于传世文献,简文内容极具价值,其载:

> 乃作为旗物,为升龙之旗师以进。为降龙之旗,师以退。为左□□□□□□□□□□□□□□为角龙之旗师以战,为交龙之旗师以豫。为日月之旗师以久。为熊旗大夫出,为豹旗士出,为莞采之旗侵粮者出。乃为三旗以成至:远旗死,中旗刑,近旗罚。成之以象于郊,因以大作。①

简文列举了升龙旗、降龙旗、攻击左方的旗、角龙旗、交龙旗、日月旗、熊旗、豹旗、莞采旗,分别代表前进后退、出战偃兵、持久作战、大夫出击、士出击、后勤行动等军事行动。并将旗帜分成远、中、近,如果不能按要求完成,将予以处罚。在大蒐中进行反复的练习,使士兵熟悉了旗制,加强了晋军集体作战的统一调度能力。

关于先秦旗制,先秦文献多有记载。《周礼·司常》载有"九旗"之说,即"日月为常,交龙为旂,通帛为旜,杂帛为物,熊虎为旗,鸟隼为旟,龟蛇为旐,全羽为旞,析羽为旌。"②《墨子·旗帜》记载:

> 守城之法,木为苍旗,火为赤旗,薪樵为黄旗,石为白旗,水为黑旗,食为菌旗,死士为仓英之旗,竟士为雩旗,多卒为双兔之旗,五尺男子为童旗,女子为梯末之旗,弩为狗旗,戟为旗,剑盾为羽旗,车为龙旗,骑为鸟旗。凡所求索,旗名不在书者,皆以其形名为旗。城上举旗,备具之官致财物,之足而下旗。③

此外,其他文献也有类似旗帜或图像的表达。如《礼记·曲礼上》载有

---

① 李学勤主编,清华大学出土文献研究与保护中心编:《清华大学藏战国竹书(七)》,上海:中西书局,2017年,第101页。

② 郑玄、贾公彦:《周礼注疏》,阮元:《十三经注疏》,北京:中华书局,1980年,826页。

③ 吴毓江:《墨子校注》,北京:中华书局,1993年,第903—904页。

"前有水,则载青旌。前有尘埃,则载鸣鸢。前有车骑,则载飞鸿。前有士师,则载虎皮。前有挚兽,则载貔貅……"①《管子·兵法》则言:"九章:一曰举日章则昼行。二曰举月章则夜行。三曰举龙章则行水。四曰举虎章则行林。五曰举鸟章则行陂。六曰举蛇章则行泽。七曰举鹊章则行陆。八曰举狼章则行山。九曰举韡章则载食而驾。九章既定,而动静不过。"②各种文献关于旗制的记载,既有相似的内容,但显然又不属于同一个系统。有学者指出:"旗帜的图像与形制本身带有因地因时表达意义的特质,虽然部分的旗帜材料仍具有其共通性,但自成系统仍是先秦旗帜展现的特色。"③

晋文公通过一系列改革,加强了晋国的军事力量,获得了对外战争的胜利,直至"城濮之战"战胜楚国,奠定霸业。简文最后总结了晋文公改革的成效:

> 元年克原,五年启东道,克曹、五鹿,败楚师于城濮,建卫,成宋,围许,反郑之陴,九年大得河东之诸侯。④

简文中的最后一句"大得河东之诸侯",其意为得到河东诸侯的大力拥戴。《左传》《国语》等传世文献均未有晋文公九年时所发生的晋国大事记。先秦文献中的"河东"有狭义与广义之分。狭义一般指今山西西南部地区。《孟子·梁惠王上》:"河内凶,则移其民于河东,移其粟于河内。河东凶亦然。"⑤广义则为黄河以东,泛指古黄河下游某段以东。《战国策·齐策四》:"有济西则赵之河东危。"⑥《韩非子·有度》:"魏安釐王攻赵救燕,取地河东。"⑦《尔雅·释山》:"河南华,河西岳,河东岱,河北恒,江南衡。"⑧晋文公

---

① 郑玄、孔颖达:《礼记正义》,阮元:《十三经注疏》,北京:中华书局,1980年,1250页。

② 黎翔凤:《管子校注》,北京:中华书局,2004年,第320页。

③ 洪德荣:《清华简(七)〈晋文公入于晋〉中的军旗考论》,《殷都学刊》2021年第1期。

④ 李学勤主编,清华大学出土文献研究与保护中心编:《清华大学藏战国竹书(七)》,上海:中西书局,2017年,第101页。

⑤ 赵岐、孙奭:《孟子注疏》,阮元:《十三经注疏》,中华书局,1980年,第2666页。

⑥ 缪文远:《战国策》,北京:中华书局,2012年,第333页。

⑦ 王先慎:《韩非子集解》,北京:中华书局,2003年,第32页。

⑧ 郭璞、邢昺:《尔雅注疏》,阮元:《十三经注疏》,北京:中华书局,1980年,第2617页。

时代,晋国疆域已经覆盖晋西南地区,因此简文所谓"河东之诸侯"即古黄河下游以东的诸侯,从地理上看至少包含这一带的曹、卫等国。[1]

清华简《晋文公人于晋》既印证了传世文献中晋文公改革的诸多举措,更补充了晋文公旗制改革细节,以及晋文公晚年"大得河东诸侯"之史事,为晋文公霸史研究提供了新史料,值得关注。

晋文公历经流亡坎坷,在赵衰、狐偃等贤臣的辅佐下,因于复杂的国际形势而归国为君。他继承的晋国虽然经骊姬之乱有所衰败,但依然凭借文侯定鼎、献公开拓、惠公改革而迅猛壮大,拥有较高的国际地位和雄厚的国家实力。晋文公进一步改革内政,团结国内氏族力量,以"三军六卿"制度激发国内氏族政治活力,增强国家军事战斗力。在此基础上,他延续齐桓公"尊王攘夷"的争霸路径,平定王子带之乱,维护周襄王正统地位,"城濮之战"击败楚军,会盟诸侯于践土,成就霸业。

其后,晋文公与秦国围攻郑国,在郑人烛之武高超的外交辞令下,秦人退兵,并帮助郑国抵御晋军,"秦晋之好"出现裂痕。晋文公去世后,秦国趁机东进,主力却被晋军歼于崤山。晋国的霸业仍在继续,而秦穆公也有了新的战略。

---

① 魏栋:《清华简〈晋文公人于晋〉校释拾遗》,《古文字研究》2022 年第 1 期。

第四章　秦穆、楚庄霸史及相关新史料

齐桓、晋文以诸夏身份为主体,以"尊王攘夷"为路径,创造并巩固了春秋霸制,使周礼为核心的政治秩序在形式上得以维系。实际上,与齐桓、晋文霸业赓续的同时,楚国与秦国亦在积蓄力量,积极参与诸夏争霸活动。秦穆公与楚庄王的霸业展现了不同于"尊王攘夷"经典模式的"夷狄之有君"①之特征,是春秋霸史的重要一环。

清华简中涉及秦穆公、楚庄王霸业的材料以零散的形式见于《系年》等文献,且与传世文献多为契合,唯清华简《子仪》篇内容与秦穆公霸业相关。为保持体例一致,并兼顾新史料之介绍,本章前两节以传世文献为主,穿插清华简相关史料分别介绍秦穆公与楚庄王霸业之概貌,第三节专题介绍清华简《子仪》的相关情况。

第一节　秦穆公霸史概述

不同于郑、齐、晋等与周族关系密切之诸夏邦国,秦先祖属东夷部落,并长期与商人结盟。《史记·秦本纪》对秦人历史有过系统之记载:

> 秦之先,帝颛顼之苗裔孙曰女修。女修织,玄鸟陨卵,女修吞之,生子大业……大费拜受,佐舜调驯鸟兽,鸟兽多驯服,是为柏翳。舜赐姓嬴氏……自太戊以下,中衍之后,遂世有功,以佐殷国,故嬴姓多显,遂为诸侯……蜚廉生恶来。恶来有力,蜚廉善走,父子俱以材力事殷纣。

---

① 何晏、邢昺:《论语注疏》,阮元:《十三经注疏》,北京:中华书局,1980 年,第 2466 页。

周武王之伐纣,并杀恶来……造父以善御幸于周缪王……徐偃王作乱,造父为缪王御,长驱归周,一日千里以救乱。缪王以赵城封造父,造父族由此为赵氏……非子居犬丘,好马及畜,善养息之。犬丘人言之周孝王,孝王召使主马于汧渭之闲,马大蕃息……邑之秦,使复续嬴氏祀,号曰秦嬴……周宣王即位,乃以秦仲为大夫,诛西戎……(秦仲)有子五人,其长者曰庄公……于是复予秦仲后,及其先大骆地犬丘并有之,为西垂大夫……秦襄公将兵救周,战甚力,有功。周避犬戎难,东徙雒邑,襄公以兵送周平王。平王封襄公为诸侯,赐之岐以西之地。曰:"戎无道,侵夺我岐、丰之地,秦能攻逐戎,即有其地。"与誓,封爵之。襄公于是始国,与诸侯通使聘享之礼,乃用骝驹、黄牛、羝羊各三,祠上帝西畤。十二年,伐戎而至岐,卒……十六年,文公以兵伐戎,戎败走。于是文公遂收周余民有之,地至岐,岐以东献之周。①

此段文献概况了秦族早期至两周之际的历史进程。其一,秦人诞生神话为女修吞玄鸟卵而创生秦人,此与商族"天命玄鸟,降而生商"②的传说一致,鉴于东夷族广泛存在鸟崇拜之传统,秦人与商人大概率同为东夷族群。其二,嬴姓族群产生较早,在新石器时代晚期就应该形成了自觉的族群认同。其三,秦人与赵人均为蜚廉、恶来之后,在商代及商周之际,此一族群为商人坚定的同盟,为周人惩处。其四,此一族群擅长养马,造父养良马协助周穆王解决徐偃王作乱,因而得赵城,立赵氏;非子善养马,周孝王"邑之秦,使复续嬴氏祀,号曰秦嬴"。③ 其五,秦仲为大夫,秦庄公为西陲大夫,秦襄公因在两周之际助平王东迁,被封为诸侯,其封地为西岐以西的周之旧地(此时岐、丰之地实为戎族占据,周平王对秦人的分封不过是一张"空头支票")。其六,秦文公击败戎族,实现对封地的真正占领。

清华简《系年》第三章也概括了秦人早期的历史,简文载:

---

① 司马迁:《史记》,北京:中华书局,1959 年,第 173—179 页。
② 郑玄、孔颖达:《毛诗正义》,阮元:《十三经注疏》,北京:中华书局,1980 年,第 622 页。
③ 司马迁:《史记》,北京:中华书局,1959 年,第 177 页。

……飞廉东逃于商盖氏,成王伐商盖,杀飞廉,西迁商盖之民于邾,以御奴之戎,是秦先人,世作周。周室既卑,平王东迁,止于成周。秦仲焉东居周地,以守周之坟墓,秦以始大。①

简文与《秦本纪》记载大致相近,更明确了秦人早期由东方迁徙到西部的过程。所谓"周之坟墓"即周人先祖之地,也就是传世文献记载的岐丰之地。秦人利用两周之际的政治变局,发展壮大,在秦文公的营建下,秦国国家体制逐渐完备。得岐丰之地与收周之余民,让秦国可以在春秋初期从一个小诸侯国逐渐发展成为霸主国家。一方面岐地是周人的故居,周围自然条件优越,利于发展农业生产,是关中最富庶的地区。另一方面周人是十分擅长农业的民族,秦对"周余民"的吸纳不仅增加了秦国的人口数量,也增强了农业经济的发展。与此同时,秦人与周旧地和周余民融合的过程中,吸纳了周人积淀已久的思想文化与精神文明,这极大地促进了秦国的华夏化。随着秦人向西扩张,周之礼乐文明也得以保存并在西戎地区传播开来,至此秦国开始由"夷狄"之国进入"华夏"的范围。秦文公其后,经宁公、武公、德公、宣公、成公而至秦穆公,秦国正式加入春秋争霸之中。

一、秦穆公的东方战略

秦穆公为德公之子,宣公、成公之弟。秦穆公上位之时,齐桓公的霸业开展得如火如荼,即便如此秦穆公仍然将目光投向了东方。秦穆公刚刚继位,便讨伐茅津(今山西平陆东)之戎,取得胜利。在位第四年,迎娶晋献公之女穆姬,借此获得百里奚与蹇叔两位贤臣辅佐。秦穆公的东方战略主要围绕晋国开展,他先后与晋惠公势力、晋文公势力、晋襄公势力展开合作与对抗,相关史迹如下。

(一)与晋惠公势力的合作与对抗

晋献公晚年发生"骊姬之乱",太子申生自尽,群公子出逃。献公去世

---

① 李学勤主编,清华大学出土文献研究与保护中心编:《清华大学藏战国竹简(二)》,上海:中西书局,2011年,第141页。

后,公子夷吾借助秦穆公的力量归国继位。清华简《系年》记载如下:

> 秦穆公乃内惠公于晋,惠公赂秦公曰:"我后果入,使君涉河,至于梁城。"惠公既入,乃背秦公弗予。①

《左传·僖公十五年》亦载:"晋侯许赂中大夫,既而皆背之。赂秦伯以河外列城五,东尽虢略,南及华山,内及解梁城,既而不与。"②晋惠公夷吾许诺,如秦穆公助其归国继位国君便赠予秦国城池与土地,但惠公归国后背信弃义,没有兑现承诺。秦穆公欲通过支持晋惠公而干涉晋国内政,其结果却遭晋惠公的背叛。不仅如此,晋惠公更直接引起了晋、秦"韩原之战"。

"韩原之战"近乎是一场"伦理之战"。公元前646年,晋国大饥,向秦国请求援助,《左传·僖公十三年》载:

> 秦伯谓子桑:"与诸乎?"对曰:"重施而报,君将何求。重施而不报,其民必携,携而讨焉,无众必败。"谓百里:"与诸乎?"对曰:"天灾流行,国家代有。救灾恤邻,道也。行道有福。"丕郑之子豹在秦,请伐晋。秦伯曰:"其君是恶,其民何罪?"秦于是乎输粟于晋,自雍及绛,相继。命之曰"泛舟之役"。③

秦穆公与子桑和百里奚两位大夫讨论之后,认为天灾流行,各个国家都不能幸免于难,救邻国于灾难是正道——行正道者可为国家积攒福祚,于是帮助了危难之中的晋国。翌年,秦国发生饥荒,希望晋国帮助秦国渡过难关,面对同样的情况,晋惠公却听从虢射谏言,竟然拒绝救济秦国以报恩。史籍记载:

---

① 李学勤主编,清华大学出土文献研究与保护中心编:《清华大学藏战国竹简(二)》,上海:中西书局,2011年,第150页。
② 杨伯峻:《春秋左传注》,北京:中华书局,1981年,第352页。
③ 杨伯峻:《春秋左传注》,北京:中华书局,1981年,第344—345页。

晋侯烝于贾君,又不纳群公子,是以穆姬怨之。晋侯许赂中大夫,既而皆背之。赂秦伯以河外列城五,东尽虢略,南及华山,内及解梁城,既而不与。晋饥,秦输之粟;秦饥,晋闭之籴,故秦伯伐晋。①

晋惠公与太子申生的妃子私通,不纳群公子归国,引起其姐穆姬的痛恨。惠公不履行与国内大夫和秦穆公的承诺,背信弃义。终于在"韩原之战"中,晋惠公战败被擒。经各方势力之周旋,晋惠公归国。其后,"夷吾献其河西地,使太子圉为质于秦。秦妻子圉以宗女。是时秦地东至河。"②晋国将河西八城让与秦国,秦国扩大了统治范围。

晋惠公归国进行了"作爰田"与"作州兵"改革,并施行和群戎的政策,晋国国力有所恢复。晋惠公死后,质子圉逃离秦国,归国为晋怀公。秦穆公遂支持公子重耳。

秦穆公在与晋惠公一脉合作与对抗中使"秦地东至河",并展现了施政的伦理性,秦国的影响力大增。如此反观前文所论清华简《子犯子余》中秦穆公"疾利"的言论,结合子犯、子余对重耳人品的宣传后秦穆公的反应,可以推断,简文穆公的倨傲姿态以及"疾利"言论是对重耳集团的考验。

(二)与晋文公的合作与对抗

在子犯、子余对重耳品性的充分介绍后,秦穆公全力帮助重耳,护送其回国为君,由是与晋结为秦晋之好。③ 前引清华简《系年》第六章记载:

(文公)乃适楚。怀公自秦逃归,秦穆公乃召文公于楚,使袭怀公之室。晋惠公卒,怀公即位。秦人起师以纳文公于晋。晋人杀怀公而立文公。秦晋焉始会好,戮力同心。二邦伐鄀,徙之中城,围商密,止申公

① 杨伯峻:《春秋左传注》,北京:中华书局,1981年,第352页。
② 司马迁:《史记》,北京:中华书局,1959年,第189页。
③ 《国语·晋语四》载:"秦伯见公子曰:'寡人之适,此为才。子圉之辱,备嫔嫱焉,欲以成婚,而惧离其恶名。非此,则无敌。不敢以礼致之,欢之故也。公子有辱,寡人之罪也。唯命是听。'"徐元诰:《国语集解》,北京:中华书局,2002年,第333页。

子仪以归。①

秦晋联合伐郡,击败楚军,由此秦穆公积极参与晋文公的军事活动。"城濮之战"中秦国更协助晋文公战胜楚军。可以说,晋文公的归国与霸业都离不开秦穆公的支持。秦国也在与晋文公的合作中获得更高的国际地位。此时的秦国颇有诸夏大国的风范了。

但是秦穆公亦有争霸之心,秦、晋合作中存在着竞争。秦穆公与晋文公心生芥蒂起因于"围郑"事件。关于此次事件,《左传·僖公三十年》所载著名的"烛之武退秦师"已广为人知,清华简《系年》第八章也言:"晋文公立七年,秦、晋围郑,郑降秦不降晋,晋人以不懋。"②烛之武之所以能挑拨秦、晋关系,正是因于两国的国家利益不同。

(三)与晋襄公的战争

晋文公去世后,秦穆公抓住机遇,试图进一步向东扩展势力,其目标便是郑国。《系年》第八章记载:

> ……秦人豫戍于郑,郑人属北门之管于秦之戍人,秦之戍人使归告曰:"我既得郑之门管也,来袭之。"秦师将东袭郑,郑之贾人弦高将西市,遇之,乃以郑君之命劳秦三帅。秦师乃复,伐滑,取之。③

秦穆公不顾蹇叔和百里奚的劝阻,派出秦国主力偷袭郑国,却遇"弦高犒师",秦军遂于返国时灭滑国。晋襄公则在崤山设伏,秦军主力尽遭歼灭,主将孟明视、西乞术、白乙丙被晋军所俘。《系年》第八章又载:

---

① 李学勤主编,清华大学出土文献研究与保护中心编:《清华大学藏战国竹简(二)》,上海:中西书局,2011 年,第 152 页。

② 李学勤主编,清华大学出土文献研究与保护中心编:《清华大学藏战国竹简(二)》,上海:中西书局,2011 年,第 155 页。

③ 李学勤主编,清华大学出土文献研究与保护中心编:《清华大学藏战国竹简(二)》,上海:中西书局,2011 年,第 155 页。

晋文公卒,未葬,襄公亲率师御秦师于崤,大败之。秦穆公欲与楚人为好,焉脱申公仪,使归求成。秦焉始与晋执乱,与楚人为好。①

"崤之战"使秦、晋关系彻底破裂,从此秦、楚建立良好的邦国关系。其后,秦穆公持续与晋襄公对抗,于"彭衙之战"败于晋军,于"王官之战"获胜。秦国由"崤之战"至"王官之战"胜,离不开秦穆公内政外交的举措,这在清华简《子仪》中有较集中的体现,后文详述。秦穆公争霸的"东方战略"有所成就,但面对强晋抵阻,未能有根本的突破。穆公晚年更将精力用于西戎方面。

二、秦穆公"霸西戎"

秦穆公霸业的着力点在于东方,但是最终实现霸业之地却在西戎。《史记·秦本纪》对秦穆公"霸西戎"有所记载:

三十四年……戎王使由余于秦。由余,其先晋人也,亡入戎,能晋言。闻缪公贤,故使由余观秦。秦缪公示以宫室、积聚。由余曰:"使鬼为之,则劳神矣。使人为之,亦苦民矣。"缪公怪之,问曰:"中国以诗书礼乐法度为政,然尚时乱,今戎夷无此,何以为治,不亦难乎?"由余笑曰:"此乃中国所以乱也。夫自上圣黄帝作为礼乐法度,身以先之,仅以小治。及其后世,日以骄淫。阻法度之威,以责督于下,下罢极则以仁义怨望于上,上下交争怨而相篡弑,至于灭宗,皆以此类也。夫戎夷不然。上含淳德以遇其下,下怀忠信以事其上,一国之政犹一身之治,不知所以治,此真圣人之治也。"

于是缪公退而问内史廖曰:"孤闻邻国有圣人,敌国之忧也。今由余贤,寡人之害,将奈之何?"内史廖曰:"戎王处辟匿,未闻中国之声。君试遗其女乐,以夺其志;为由余请,以疏其间;留而莫遣,以失其期。戎王怪之,必疑由余。君臣有间,乃可虏也。且戎王好乐,必怠于政。"

---

① 李学勤主编,清华大学出土文献研究与保护中心编:《清华大学藏战国竹简(二)》,上海:中西书局,2011 年,第 155 页。

缪公曰："善。"因与由余曲席而坐，传器而食，问其地形与其兵势尽察，而后令内史廖以女乐二八遗戎王。戎王受而说之，终年不还。于是秦乃归由余。由余数谏不听，缪公又数使人间要由余，由余遂去降秦。缪公以客礼礼之，问伐戎之形。

......三十七年，秦用由余谋伐戎王，益国十二，开地千里，遂霸西戎。天子使召公过贺缪公以金鼓。①

秦穆公"霸西戎"的关键人物便是由余。由余是晋人，流亡至西戎为官。由余受到戎王派遣，来访秦国，与秦穆公进行了关于为政的交谈。秦穆公十分欣赏由余的才华，听从内史廖的计谋，使由余诱降于秦。秦穆公正是采用由余的计谋，"伐戎王，益国十二，开地千里，遂霸西戎。"②

于此，有个问题需要予以说明，即秦穆公"霸西戎"是否意味着其为春秋霸主呢？我们认为答案是肯定的。其一，秦穆公对由余称"中国以诗书礼乐法度为政"，以此说明戎夷无"诗书礼乐法度"，在秦穆公的语境中秦国已然为"中国"。秦穆公为政多遵循伦理，展现了霸主应有的德性政治。其二，周天子派召公赏赐秦穆公"金鼓"，可见秦穆公"霸西戎"之事获得了周王室的认可。其三，秦穆公执掌的秦国具有霸主的国家实力，秦穆公拥有百里奚、蹇叔等贤臣辅佐，能在与晋国多位国君合作、对抗中长期影响晋国国政，并有实力击败西戎，解决长期困扰诸夏的强大戎夷势力威胁。其四，秦穆公协助晋文公平定"王子朝之乱"有"尊王"之举，《史记·秦本纪》记载："二十五年，周王使人告难于晋、秦。秦缪公将兵助晋文公入襄王，杀王弟带。"③可见，秦穆公霸业路径侧重于东方，失败后向西扩展而"霸西戎"。在此过程中秦穆公仍然有"尊王攘夷"之举，其确乎为一代春秋霸主。

---

① 司马迁：《史记》，北京：中华书局，1959 年，第 192—194 页。
② 司马迁：《史记》，北京：中华书局，1959 年，第 194 页。
③ 司马迁：《史记》，北京：中华书局，1959 年，第 190 页。依据《左传·僖公二十五年》记载，秦师本想纳周襄王，"晋侯辞秦师而下。三月甲辰，次于阳樊。右师围温，左师逆王。"如此记载，则为晋文公私自迎纳周襄王，而秦师并未参与。两者孰是孰非，尚未可考，但秦穆公有勤王之意图，当是必然。

三、清华简《子犯子余》所载蹇叔论政

清华简《子犯子余》的第一部分是子犯、子余对重耳政治品质的赞扬,第二部分是秦穆公、晋文公分别与蹇叔关于如何为政的对话,反映了秦穆公统治集团的施政伦理。

蹇叔本是宋国人,曾在齐国施救百里奚,经过百里奚之推荐,终为秦穆公重用,为秦国上大夫。蹇叔为政,重于伦理,协助秦穆公使秦国国家实力得到很大的发展。在秦穆公执意偷袭郑国之际,蹇叔认为:"劳师以袭远,非所闻也。师劳力竭,远主备之,无乃不可乎? 师之所为,郑必知之。勤而无所,必有悖心。且行千里,其谁不知?"[①]可惜,秦穆公未听从劝谏,贸然出兵,终兵败崤山。蹇叔之子西乞术、白乙丙被晋军所俘。

清华简《子犯子余》蹇叔之言论不见于传世文献。相关简文见于下:

公乃问于蹇叔曰:"夫公子之不能居晋邦,信天命哉? 曷有仆若是而不果以国,民心信难成也哉!"蹇叔答曰:"信难成也,是又易成也。凡民秉度端正僭忒,在上之人,上绳不失,斤亦不僭。"

公乃问于蹇叔曰:"叔! 昔之旧圣哲人之敷政令刑罚,使众若使一人,不榖余敢问其道奚如。犹叔是闻遗老之言,必当语我哉! 宁孤是勿能用? 譬若从雉然,吾当观其风。"蹇叔答曰:"凡君之所问莫可闻。昔者成汤以神事山川,以德和民,四方夷莫后,与人面见汤若溥雨方奔之而漉膺焉,用果念政九州而朝君之。后世就纣之身,杀三无辜,为炮为烙,杀某之女,为桎梏三百,殷邦之君子,无小大,无远迩,见纣若大山将具崩,方走去之,惧不死,刑以及于厥身,邦乃遂亡。用凡君所问莫可闻。"

公子重耳问于蹇叔曰:"亡人不逊,敢大胆问:天下之君子,欲起邦奚以? 欲亡邦奚以?"蹇叔答曰:"如欲起邦,则大甲与盘庚、文王、武王,

---

如欲亡邦,则桀及纣、历王、幽王,亦备在公子之心已,奚劳问焉。"①

秦穆公询问了蹇叔两个问题,第一个问题是晋文公为何不能"居晋邦",第二个问题是关于"使众若使一人"的历史经验。晋文公询问蹇叔"欲起邦奚以?欲亡邦奚以?"秦穆公与晋文公问题的实质均为治理国家的相关内容。对于三个问题,蹇叔的回答是一以贯之,其核心便是"德"与"民"的关系。秦穆公言"民心信难成",蹇叔则说"在上之人",将民心所向归于统治者之为政。秦穆公所问"使众若使一人",还是再说如何可以更为高效地管理"民",调度"民"。蹇叔举商代历史,还是将问题指向了"以德和民",即强调统治者的政治行为。重耳所问,蹇叔亦以历史为答,指出"备在公子之心",即统治者的想法、做法。前文已述,清华简《子犯子余》所反映的政治伦理与西周"天·德·民"的结构一致,蹇叔之言体现了秦穆公统治集团对于周代天命观与伦理观的继承。

《史记·秦本纪》记载了秦穆公去世后有包括秦之良臣在内的 177 人陪葬之事。立足儒家伦理的史家评论道:"秦缪公广地益国,东服强晋,西霸戎夷,然不为诸侯盟主,亦宜哉。死而弃民,收其良臣而从死。且先王崩,尚犹遗德垂法,况夺之善人良臣百姓所哀者乎?是以知秦不能复东征也。"②学界也有观点认为《秦本纪》记载有误,即秦穆公并未有殉葬之举。实际上,秦穆公后的秦国在春秋之世再无突出的作为,穆公殉葬之事史籍凿凿,无须辩论,但这不影响其为春秋霸主的历史地位,儒家的评价基于自身的伦理学说却不符合历史实际。

第二节　楚庄王霸史概述

与秦穆公"霸西戎"的昙花一现相比,楚国与晋国的长期对峙构成了春秋争霸的主题。相传楚人为颛顼之后,其先祖重黎为"火正",被帝喾命为

---

① 李学勤主编,清华大学出土文献研究与保护中心编:《清华大学藏战国竹简(七)》,上海:中西书局,2017 年,第 92—93 页。

② 司马迁:《史记》,北京:中华书局,1959 年,第 194—195 页。

"祝融",因此楚人也自称为祝融之后。殷周之际,楚人熊绎协助周人灭商,获封为子爵。关于楚人的族属问题,学界观点有异,但楚人却自认为"蛮夷",西周中期的熊渠便称:"我蛮夷也,不与中国之号谥。"①周代铜器铭文中常有讨伐楚(荆)的记载,传世文献里也有周昭王伐楚而不复的故事。两周之际,在熊仪(若敖)、熊眴(蚡冒)、楚武王、楚文王的积极开拓之下,楚国国力大增,至楚成王时,楚国已然成为诸夏最强大的敌人。前引《公羊传·僖公四年》"南夷与北狄交,中国不绝若线"②之"南夷"正是楚国。齐桓公、宋襄公、晋文公、秦穆公都在不同程度上与楚成王有过对抗和战争。有趣的是,这样一个长期被春秋霸主"攘夷"的邦国,竟然也在楚庄王时摇身一变,成为春秋霸主。

一、整合内部势力

楚庄王为楚成王之孙、楚穆王之子,是楚国历史上最负盛名的楚君之一。《国语·楚语上》言:"庄王方弱。"韦昭注曰:"方弱,未二十。"③在其继位之初,天有异象,周内史叔服预言道:"不出七年,宋、齐、晋之君皆将死乱。"④果然,齐昭公、齐懿公、晋灵公、宋昭公相继被弑,宋、齐、晋等国陷入内乱。而此时楚国的内部也是暗藏波云。楚贵族公子燮与斗克(子仪)因个人境遇,心生不满,遂趁令尹子孔与太师潘崇二人东伐群舒国之时占据郢都发起叛乱。据《左传·文公十四年》:"八月,二子以楚子出,将如商密,庐戢黎及叔麇诱之,遂杀斗克,及公子燮",⑤叛乱虽然被镇压,但是公子燮与斗克竟然挟持楚庄王出逃,可见此时楚庄王所面临形势的险恶。

虽然王子燮与斗克之乱得到平定,但是其时楚国政坛形势尚不明朗,于是楚庄王选择以静制动,分辨忠奸。《史记·楚世家》载:

> 庄王即位三年,不出号令,日夜为乐,令国中曰:"有敢谏者死无

---

① 司马迁:《史记》,北京:中华书局,1959 年,第 1692 页。
② 何休、徐彦:《春秋公羊传注疏》,阮元:《十三经注疏》,中华书局,1980 年,第 2249 页。
③ 徐元诰:《国语集解》,北京:中华书局,2002 年,第 490 页。
④ 杨伯峻:《春秋左传注》,北京:中华书局,1981 年,第 604 页。
⑤ 杨伯峻:《春秋左传注》,北京:中华书局,1981 年,第 604 页。

赦！"伍举入谏。庄王左抱郑姬，右抱越女，坐钟鼓之闲。伍举曰："愿有进隐。"曰："有鸟在於阜，三年不蜚不鸣，是何鸟也？"庄王曰："三年不蜚，蜚将冲天；三年不鸣，鸣将惊人。举退矣，吾知之矣。"居数月，淫益甚。大夫苏从乃入谏。王曰："若不闻令乎？"对曰："杀身以明君，臣之愿也。"于是乃罢淫乐，听政，所诛者数百人，所进者数百人，任伍举、苏从以政，国人大说。①

楚庄王表面上沉溺于声色犬马，不理政事，实则暗中察辨忠奸，在摸清政局形势后，旋即整顿内政。其重用了对自己忠诚的伍举、苏从，诛杀了数百"二心之臣"，整合了国内势力。实际上，早就在楚庄王即位之前，若敖氏就已垄断楚国政坛。若敖氏是楚国芈姓公族，其祖先为楚国国君熊仪（若敖），故其后人采用熊仪的谥号"若敖"作为族称。若敖氏内部又分斗氏和成氏两个支系。若敖族的成员斗伯比、斗廉、斗祁、斗勃、斗谷於菟（斗子文）、斗般、成得臣、成大心、成嘉等人在楚武王至楚庄王时代长期担任军政要职。楚庄王"三年不鸣"以暗中观察若敖氏家族的动向，同时聚集起忠于楚王室的力量。楚庄王理政之后，将忠心于自己的伍举、苏从拔用为相，削弱了斗氏家族首领斗越椒的权力，肃清反叛势力，为其霸业奠定国内统治根基。

二、从"蛮夷"到"诸夏"霸主

西周、春秋早期以来，楚人一向被视为"蛮夷"，楚人也以之自称，至楚庄王时期楚国完成了从"蛮夷"到"诸夏"的转变，这是楚庄王可以成为春秋霸主的政治合法性基础。那么楚庄王是如何完成这一转型的呢？

楚庄王整合内部势力后，便继承了其先祖的扩张之路，史载"是岁灭庸。六年，伐宋，获五百乘。"②庸是春秋初期南方颇具实力的诸侯国，其势力范围最大的时候，北抵汉水，西跨巫江，南接长江，东越武当，称雄于巴、楚、秦之间，亦曾多次击败楚国的入侵。楚庄王三年（前611年），楚国遇到天灾，遭遇饥荒，楚庄王此时正在韬光养晦。楚之四邻诸国趁此机会群起攻楚。庸

① 司马迁：《史记》，北京：中华书局，1959年，第1700页。
② 司马迁：《史记》，北京：中华书局，1959年，第1700页。

国国君遂引兵东进,并率领南蛮附庸各国的军队齐聚到选(今枝江)欲大举伐楚,楚国危在旦夕。楚庄王火速派使者疾驰巴、秦以求联合攻庸。同年,楚与秦、巴三国联军大举破庸,实现了"一鸣惊人"的壮举。其后伐宋,亦为胜利。楚庄王八年,讨伐"陆浑戎",兵至洛邑时在周王城郊举行阅兵仪式。周天子派贵族王孙满前去犒师,于是引出了"问鼎中原"的典故。《左传·宣公三年》记载:

> 楚子伐陆浑之戎,遂至于雒,观兵于周疆。定王使王孙满劳楚子。楚子问鼎之大小轻重焉。对曰:"在德不在鼎。昔夏之方有德也,远方图物,贡金九牧,铸鼎象物,百物而为之备,使民知神奸。故民入川泽山林,不逢不若。螭魅罔两,莫能逢之,用能协于上下以承天休。桀有昏德,鼎迁于商,载祀六百。商纣暴虐,鼎迁于周。德之休明,虽小,重也。其奸回昏乱,虽大,轻也。天祚明德,有所底止。成王定鼎于郏鄏,卜世三十,卜年七百,天所命也。周德虽衰,天命未改,鼎之轻重,未可问也。"[①]

鼎是三代王权的象征,楚庄王问九鼎的"大小轻重",是凭借强大的武力公然挑衅周天子的权威,至此楚人的蛮夷行径可谓造极。然而,随着王孙满的一番言论,楚庄王的为政理念大为转变,促使楚国由蛮夷之邦转型为遵守诸夏政治伦理之邦国。

王孙满言论的核心是"在德不在鼎"和"周德虽衰,天命未改"。据上,西周时期的"天·德·民"伦理政治体系中,统治者"敬德保民""以德配天"方能获得天命,实现政权的建立以及统治的巩固。王孙满一方面强调统治者为政的核心在"德",而不在于王权象征的器物——鼎,另一方面又在说明周王室虽然失去了为政之"德",但天命尚未改变。王孙满以剥离天与德关系的方式,在承认周王室衰败的同时,维护了天命在周与"在德不在鼎"两个命题。王孙满的劝言是成功的,史载"楚王乃归",[②]可见其成功地说服了楚庄

---

① 杨伯峻:《春秋左传注》,北京:中华书局,1981 年,第 669—672 页。
② 司马迁:《史记》,北京,中华书局,1959 年,第 1700 页。

王。其后,诸夏政治伦理准则成为楚庄王对外霸政中考量的一个重要因素。"复陈""服郑""围宋"便是典型的例证。

《史记·楚世家》对楚庄王"复陈"有如下记述:

> 十六年,伐陈,杀夏徵舒。徵舒弑其君,故诛之也。已破陈,即县之。群臣皆贺,申叔时使齐来,不贺。王问,对曰:"鄙语曰:'牵牛径人田,田主取其牛。'径者则不直矣,取之牛不亦甚乎?且王以陈之乱而率诸侯伐之,以义伐之而贪其县,亦何以复令于天下!"庄王乃复国陈后。①

楚庄王灭陈的理由是陈大夫夏徵舒弑君,可谓师出有名,而后"复陈"展现楚国为政为兵不只考虑现实利害,也重视长久为诸夏认同的政治伦理性。"服郑"一事亦是如此。从庄王十五年至十七年,庄王两次大规模攻郑,第一次郑被晋所救②,而第二次郑国顽强抵抗三个多月,楚国才将其攻克。郑襄公"肉袒牵羊"以迎楚王,向其请罪求和。面对群臣所劝"勿许",楚庄王说:"其君能下人,必能信用其民,庸可绝乎",于是"引兵去三十里"。③ 楚庄王二十年,由于宋人杀楚使,楚庄王围攻宋国数月,史籍载宋国"城中食尽,易子而食,析骨而炊",④宋大夫华元出城如实向楚庄王宣告城中的情况,楚庄王称赞华元为"君子",遂退兵。

从王孙满论"德"到楚庄王"复陈""服郑""围宋",可知楚人已由蛮夷认同转向为诸夏认同。楚庄王正是在诸夏认同的基础上,将楚国带入春秋争霸的序列之中。

楚庄王奠定霸业的标志性决定性事件便是晋、楚"邲之战"。此战记载于《左传·宣公十二年》,战争导火线是上文"服郑"一事。晋景公以荀林父为中军元帅,率军救郑。晋军抵达黄河岸边时,荀林父得知郑已臣服于楚,出兵相救已没有意义,因此想要撤军。而晋中军佐先縠执意与楚交战以维

① 司马迁:《史记》,北京,中华书局,1959 年,第 1701—1702 页。
② 《左传·宣公十年》:"楚子伐郑。晋士会救郑,逐楚师于颖北。诸侯之师戍郑。"杨伯峻:《春秋左传注》,北京:中华书局,1959 年,第 709 页。
③ 司马迁:《史记》,北京,中华书局,1959 年,第 1702 页。
④ 司马迁:《史记》,北京,中华书局,1959 年,第 1702 页。

护晋国霸业,并擅自率领所部兵马渡过黄河。荀林父只得下令全军渡河,在邲地与楚军对峙。郑国企图策动晋楚两国交兵,使自己能够追随胜者,免遭两国交替征伐。于是,郑国派使者到晋军,表明郑国降楚是迫不得已,请其发兵击楚救郑。晋军内部再次就是否开战发生分歧。楚军先是两度派使者到晋军阵营求和,就在晋国答应会盟之后,楚国又派小股部队袭扰晋军。其后,晋国将领魏锜、赵旃违抗军令,擅自向楚军发起攻击。楚军在追击过程中发现晋军前来接应的部队,误以为晋军向楚军发起进攻。楚国令尹孙叔敖命令早已严阵以待的楚军摆成三个方阵,全线出击。晋军猝不及防,阵形大乱,荀林父仓促之间下令抢渡黄河以躲避楚军攻击,晋军争船渡河,自相残杀。邲之战以楚国大胜而告终。[①]

"邲之战"后,楚庄王灭萧(宋的与国)、围宋,诸侯皆背晋向楚,楚国成为彼时最强大的政治势力。与齐桓"昭陵"后有"葵丘"、晋文"城濮"后有"践土"不同,楚庄王并未有确立霸业的会盟。因此,学界对其是否为春秋霸主是有所质疑的,有学者认为尽管楚在对陈、郑、宋等国的战役中取得了辉煌战果,但是其从始至终未曾独霸中国,且当时仍有大部分诸侯国以晋马首是瞻,"其功业是将晋的霸权夺取了一部分,使之由文襄之兴旺而中衰,从而为其子孙争霸成功奠定了国力基础和社会心理基础——中原诸侯虽或私下仍鄙称楚为"蛮夷",但已经产生了接受强楚为伯的心理定势",[②]此观点虽有一定道理,但是我们更认为楚庄王确应为春秋霸主,理由如下:

其一,"邲之战"虽为一场遭遇战,战争胜负有偶然因素,不是国家实力的全部展现,但是此战仍体现了楚国上下一心、军力强悍之实事,在楚庄王的治理下楚国"并国二十六,开地三千里",[③]可见楚国拥有为霸的国家实力。

其二,楚庄王在"问鼎"事件后重视政治伦理,对外活动多遵循诸夏政治伦理观,除上文所述"复陈""服郑""围宋"外,"邲之战"后楚庄王拒绝了用晋军尸体建造"京观"以宣扬武功,创造性地提出了"止戈为武",认为"禁暴、戢

---

① 《史记·楚世家》:"晋救郑,与楚战,大败晋师河上,遂至衡雍而归。"司马迁:《史记》,北京:中华书局,1959 年,第 1702 页。

② 陈筱芳:《"春秋五霸"质疑与四霸之成功》,《西南民族学院学报(哲学社会科学版)》1992 年第 5 期。

③ 王先慎:《韩非子集解》,北京:中华书局,1998 年,第 31 页。

兵、保大、定功、安民、和众、丰财"①是"武德"的内容。正因为楚庄王遵循政治伦理,亦获得诸夏邦国的认同。"邲之战"前,作为敌方的士会也称赞楚庄王"其君之举也,内姓选于亲,外姓选于旧,举不失德,赏不失劳,老有加惠,旅有施舍,君子小人,物有服章,贵有常尊,贱有等威,礼不逆矣。德立刑行,政成事时,典从礼顺"②。甚至传说孔子也曾赞誉楚庄王"轻千乘之国,而重一言之信"③。其三,楚庄王病逝后,其子楚共王继位,在令尹子重的辅佐下,楚国召集了"蜀之盟",《春秋·成公二年》记载:"公及楚人、秦人、宋人、陈人、卫人、郑人、齐人、曹人、邾人、薛人、鄫人盟于蜀"④,参与此会盟的诸侯众多,是楚庄王霸业之延续体现。

三、清华简《系年》中的楚庄王史事

清华简《系年》中亦有关于楚庄王史事之记载,《系年》所涉楚庄王史事如下:

> (1)穆王即世,庄王即位,使申伯无畏聘于齐,假路于宋,宋人是故杀申伯无畏,夺其玉帛。庄王率师围宋九月,宋人焉为成,以女子与兵车百乘,以华孙元为质。(第十一章)⑤

> (2)楚庄王立十又四年,王会诸侯于厉,郑成公自厉逃归,庄王遂加郑乱。晋成公会诸侯以救郑,楚师未还,晋成公卒于扈。(第十二章)⑥

> (3)……楚庄王围郑三月,郑人为成。晋中行林父率师救郑,庄王遂北……楚人盟。赵旃不欲成,弗召,席于楚军之门,楚人被驾以追之,

---

① 杨伯峻:《春秋左传注》,北京:中华书局,1981 年,第 744—746 页。

② 杨伯峻:《春秋左传注》,北京:中华书局,1981 年,第 725 页。

③ 陈士珂:《孔子家语疏证》,南京:凤凰出版社,2017 年,第 69—70 页。

④ 杨伯峻:《春秋左传注》,北京:中华书局,1981 年,第 786 页。

⑤ 李学勤主编,清华大学出土文献研究与保护中心编:《清华大学藏战国竹简(二)》,上海:中西书局,2011 年,第 160 页。

⑥ 李学勤主编,清华大学出土文献研究与保护中心编:《清华大学藏战国竹简(二)》,上海:中西书局,2011 年,第 163 页。

遂败晋师于河上……（第十三章）①

　　（4）楚庄王立，吴人服于楚。陈公子徵舒取妻于郑穆公，是少，庄王立十又五年，陈公子徵舒杀其君灵公，庄王率师围陈。王命申公屈巫适秦求师，得师以来。王入陈，杀徵舒，取其室以予申公。连尹襄老与之争，敚之少。连尹止于河滩，其子黑要也又室少。庄王即世，共王即位。黑要也死，司马子反与申公争少，申公曰：“是余受妻也。”取以为妻。司马不顺申公。王命申公聘于齐，申公窃载少以行，自齐遂逃适晋，自晋适吴，焉始通吴晋之路，教吴人叛楚。（第十五章）②

　　《系年》所载四件史事并非依据时间顺序进行。引文（1）发生在楚庄王二十年之“围宋”，引文（3）发生于楚庄王十七年的“邲之战”，此两事件于前文已述，简文与传世文献记载大致相同。

　　引文（2）不见于《史记·楚世家》，分散记于《左传·宣公九年》与《宣公十一年》。《宣公九年》载：“楚子为厉之役故，伐郑。晋郤缺救郑，郑伯败楚师于柳棼。国人皆喜，唯子良忧曰：‘是国之灾也，吾死无日矣。’”③《宣公十一年》载：“厉之役，郑伯逃归。自是楚未得志焉。郑既受盟于辰陵，又徼事于晋。”④缘何一次“厉之役”，《左传》分两年记述呢？有一种观点认为：“这当是由于左氏节录材料所致。他在作宣九、宣十一两传时节录的材料中有‘厉之役’这一提法，却忽略了在前面的传文中并不曾对‘厉之役’作过明确的记述，因此显得前后有失照应了。倘传文都是左氏自作，这一类的问题本是很容易避免的。”⑤据简文可明知，所谓“厉之役”并非指楚人在“厉”地与郑国进行战争，而是在“厉”地举行会盟，由此杨伯峻的解释是合理的，即“反役，自盟会之事返国。”⑥

<hr>

①　李学勤主编，清华大学出土文献研究与保护中心编：《清华大学藏战国竹简（二）》，上海：中西书局，2011年，第165页。
②　李学勤主编，清华大学出土文献研究与保护中心编：《清华大学藏战国竹简（二）》，上海：中西书局，2011年，第171页。
③　杨伯峻：《春秋左传注》，北京：中华书局，1981年，第703页。
④　杨伯峻：《春秋左传注》，北京：中华书局，1981年，第716页。
⑤　赵伯雄：《〈左传〉无经之传考》，《文史》1999年第4期。
⑥　杨伯峻：《春秋左传注》，北京：中华书局，1990年，第930页。

引文(4)记载的时间跨度很大,从楚庄王十六年灭陈、"复陈"到楚共王时期申公屈巫出逃至晋,并助吴崛起。简文中的"申公屈巫"即传世文献中的"巫臣","少"即为夏姬。夏姬可谓是春秋历史乃至中国历史中最为传奇的一位女性了,春秋晚期晋国大夫叔向欲娶巫臣和夏姬之女为妻,遭到其母的反对,其理由便是夏姬"杀三夫,一君,一子,而亡一国、两卿矣"。① 关于夏姬的事迹,《左传》《国语》记载详备,简文与之大致相同——唯有关于夏姬身份的记载有所差异,传世文献认为夏姬乃是陈公子夏征舒之母,而简文则记为其妻,此问题亦引起学界热议。总之,由夏姬诱发的巫臣出逃使晋楚争霸的格局引入了新的因素——吴国的崛起,下章将重点论及。

清华简所涉楚庄王事迹不多,《系年》之记载与传世文献内容大体一致,故不以专节介绍。清华简《子仪》则是关于秦穆公在"崤之战"后霸业战略转型的重要文献。

第三节　清华简《子仪》所载相关问题研究

《子仪》篇收录在《清华大学藏战国竹简》第六辑中,据整理者介绍"《子仪》现存二十支简,简长一般在41.5厘米至41.7厘米之间,宽约0.6厘米,简背无编号,无篇题。每简保存基本完整,经编联,内容大致相贯,惟第十五至十六简、第十九至二十简之间跳跃较大,疑有缺简。"② 由于简文背后并无编号,因此简文编连有所争议。学界普遍认为,第十五简应在第一、二简之间。③ 关于简文的性质,其大体当为秦史官所记,由战国人整理,是秦人作品,④简文内容以记言为主,系先秦"语"类文献,可以作为秦穆公霸史研究之新材料。

---

① 冯梦龙:《智囊全集》,南京:江苏古籍出版社,1986年,第511页。

② 清华大学出土文献研究与保护中心编,李学勤主编:《清华大学藏战国竹简(六)》,上海:中西书局,2016年,第127页。

③ 可参见陈美兰:《清华简〈子仪〉札记》,中国古文字研究会编:《古文字研究》第三十二辑,北京:中华书局,2018年,第355—360页;马楠:《清华简〈子仪〉相关史事与简文编连释读》,武汉大学简帛研究中心编:《简帛》第二十辑,上海:上海古籍出版社,2020年,第31—38页。

④ 赵平安:《〈子仪〉歌、隋与几个疑难字的释读——兼及〈子仪〉的文本流传》,《新出简帛与古文字古文献研究续集》,北京:商务印书馆,2018年,第101—108页。

前引《系年》第六章载："秦人起师以纳文公于晋。晋人杀怀公而立文公。秦晋焉始会好，戮力同心。二邦伐鄀，徙之中城，围商密，止申公子仪以归。"①《系年》第八章载："晋文公卒，未葬，襄公亲率师御秦师于崤，大败之。秦穆公欲与楚人为好，焉脱申公仪，使归求成。秦焉始与晋执乱，与楚为好。"②秦穆公与晋文公交好之时曾共同出兵伐鄀，抓申公子仪，"崤之战"后秦晋关系破裂，秦穆公欲与楚国修好，便释申公子仪归楚。清华简《子仪》所载内容即秦穆公与子仪的对话，由于简文内容较为复杂，为便于讨论，本书引用清华简《子仪》文本以王荣《清华简〈子仪〉整理与研究》③为主要参考。

简文大体可分为两部分内容，第一部分为"崤之战"败后，秦穆公的改革举措，亦为秦穆公与子仪对话的背景。据简文记载，"崤之战"后，秦穆公担心民心不稳，在谋臣的辅佐下，秦国土地都得到整饬，氏族民众都服从秦穆公的统治。由于官吏不能安守其职导致氏族民众不能长久安置，于是严格区分官员等级以能力任之，获得很好的政治效果。秦穆公与辅助的谋臣对官吏进行考核奖励。记录秦国的乡贤及羡卒（非正规军），在夏秋之间进行军事战备。累积了七年时间，秦军"车逸于旧数三百，徒逸于旧典六百"，④国力得到了恢复。在此背景下，秦穆公与子仪进行了会见。由简文"既败于崤"与"聚及七年"可知此次会见发生于"崤之战"的七年之后，也就是秦穆公三十九年，即生命的最后一年。在此期间，秦穆公通过内政改革，积极恢复国家实力，不仅完成了"霸西戎"，"王官之战"亦压制了晋军。然而，由于强晋的存在，秦穆公欲实施其"东方战略"，便不得不与晋国的宿敌楚国结为盟友。此次见面或为秦穆公释放子仪归国，或为再次与身为楚使的子仪相见。前文已述，子仪与斗氏因为政治上的失意，才发起政变挟持楚庄王，可知其在楚穆王时期是不被重视的，因此我们倾向于前一种观点，即此次对话

①　李学勤主编，清华大学出土文献研究与保护中心编：《清华大学藏战国竹简（二）》，上海：中西书局，2011 年，第 150 页。

②　李学勤主编，清华大学出土文献研究与保护中心编：《清华大学藏战国竹简（二）》，上海：中西书局，2011 年，第 155 页。

③　王荣：《清华简〈子仪〉整理与研究》，东北师范大学历史文化学院硕士学位论文，2023 年。

④　李学勤主编，清华大学出土文献研究与保护中心编：《清华大学藏战国竹简（六）》，上海：中西书局，2016 年，第 128 页。

发生在秦穆公送归子仪之时,时间应该发生在穆公三十九年,即"崤之战"后的第七年。①

　　简文第二部分即秦穆公与子仪的几次对话。穆公先表明心意,言"专心戮力以左右诸侯"。② 此时的秦穆公已为暮年,更为急迫地想要实现"东方战略"以完成其霸主梦。其后,"乃张大侯于东奇之外,礼子仪,无礼隋货,以赣。"③大意为张设帐幕,在东奇之外举行"大蒐礼",即盛大的军事校阅活动。秦穆公以如此盛大的仪式送别子仪,达到了向楚国全面展示秦国武力的外交目的。春秋之时,"大蒐礼"已经演变为纯粹的军事检阅和演习活动,成为统治者军事部署、耀武扬威、夺取政治霸权的一种工具。④ 在"大蒐礼"进行时,秦穆公与子仪相互和歌,以进行政治诉求的暗示。歌赋内容过于隐晦,于此不细展开。从其大意可体会秦与晋之关系令秦哀恸,秦希望与楚进行更紧密的结盟。

　　次日,秦穆公送子仪时,更明确地表达了自己的政治意图。穆公言:"岂曰奉晋君以相南面之事",表达了秦国不愿意服从于晋国的态度。穆公提及了"秦晋之好"的破裂曰:"仪父! 嬴氏多联婚而不续",⑤认为秦晋两国关系的破裂是晋国欺骗"我秦邦"⑥而致。秦穆公对子仪所言为外交辞令,秦晋关系破裂的根本原因乃是秦穆公"东方战略"与晋国核心利益之间的矛盾,实际上两国由"秦晋之好"到相互交恶,多是秦穆公的政治决策的结果。秦穆公的直言与委婉表达相互交织,既体现了其在暮年对争霸的急迫心境,又遵循礼乐规范下的外交辞令。子仪反复言"臣其归而言之",给予秦穆公以积

---

　　① 赵平安:《秦穆公放归子仪考》,《新出简帛与古文字古文献研究续集》,北京:商务印书馆,2018 年,第 295—305 页。

　　② 李学勤主编,清华大学出土文献研究与保护中心编:《清华大学藏战国竹简(六)》,上海:中西书局,2016 年,第 128 页。

　　③ 李学勤主编,清华大学出土文献研究与保护中心编:《清华大学藏战国竹简(六)》,上海:中西书局,2016 年,第 128 页。

　　④ 范常喜:《清华简所记"大蒐"事考析》,《出土文献》2020 年第 4 期。

　　⑤ 李学勤主编,清华大学出土文献研究与保护中心编:《清华大学藏战国竹简(六)》,上海:中西书局,2016 年,第 128 页。

　　⑥ 李学勤主编,清华大学出土文献研究与保护中心编:《清华大学藏战国竹简(六)》,上海:中西书局,2016 年,第 129 页。

极回应。

秦国的"东方战略"由于晋国霸业的形成而被阻断。清华简《子仪》所载秦穆公与子仪的对话围绕着"崤之战"后秦国"东方战略"的转型,即从控制晋国到联楚抗晋,揭示了春秋争霸格局的新走向。

春秋中期,诸侯争霸逐渐呈现以晋楚两强为核心,齐国、秦国、郑国的霸业昙花一现,已然成为晋楚争霸所拉拢和征伐的对象。春秋晚期,吴越争霸在晋楚争霸宏观背景下展开,开创了春秋霸史的新局面。

第五章　吴越霸史及相关新史料

　　春秋时期,王纲解纽,霸权迭兴,"礼乐征伐自诸侯出"的局面渐成常态。中原各国首先角逐,齐、晋霸业先后建立,而后地处边鄙之秦、楚相继兴起。而时至春秋晚期,长期偏居东南一隅的吴国与越国逐渐发展起来,在吴之阖闾、夫差,越之勾践几位英主的经营之下,逐渐参与到春秋争霸的进程中来。吴越争霸成为春秋晚期至战国早期的重大历史事件,对此传世文献多有所载,前辈学人所作相关研究成果丰硕。而以《清华大学藏战国竹简》(下文简称"清华简")《越公其事》等新出材料为代表,记载了与传世文献不尽相同的吴越相争以及越国复兴崛起的历史信息,为弥合、丰富史籍阙佚的部分提供了新材料、新视角与新契机,使得吴越史研究的继续深入成为可能。本章第一节将以传世文献记载为主,简述吴越争霸的相关内容,第二节分别以清华简《系年》《越公其事》等新史料为主,对所涉吴越争霸相关问题展开论述。

第一节　吴越霸史概述

　　据传世文献,吴国自周初太伯立国到夫差失国,存续约六七百年。历史进程大致可以分为太伯奔吴、寿梦称王、诸王继兴、阖闾称霸与夫差失国五个阶段。① 自太伯始,经数代吴王励精图治发展国力,在阖闾时期破楚入郢,夫差时期"南服越人"、与晋争锋,吴国霸业达于顶峰。越国,与吴毗邻而居。因不敌吴国势力,以太湖为中心的周边广大疆域被吴国蚕食,越国由此南下开拓疆土。经过数年韬光养晦,越国国力逐渐强盛,虽在檇李之战大败吴

---

① 戈春源、叶文宪:《吴国史》,北京:人民出版社,2001年,第115页。

军,其后也因实力不敌吴国,兵败夫椒。战后经勾践励精图治,越国国富兵强,最终灭吴,自此越国声名远扬,霸业始兴。

吴越两国关系,正如《国语·吴语》中子胥所言:"夫吴之与越也,仇雠敌战之国也;三江环之,民无所移。有吴则无越,有越则无吴。"①两国势同水火、攻伐不断。本节就春秋时期,从吴国和越国两个维度将两国霸业作以简要陈述。

一、吴国霸业的基础与进程

在吴王阖闾时期,吴国发展壮大,经历伐楚大胜之后,阖闾转而攻伐越国,双方爆发吴越之间争霸的第一次大战"槜李之战",此战中吴国兵败,阖闾重伤身死,于是吴王夫差继位,吴越之间的世代纷争正式拉开帷幕。

《左传·定公十四年》载夫差继位后,"使人立于庭,苟出入,必谓己曰:'夫差,而忘越王之杀而父乎?'则对曰:'唯,不敢忘!'三年,乃报越。"②如是依旧强大的吴国在一心复仇的夫差的励精图治之下,其继位次年便趁机兴兵伐越,使越国兵败于夫椒,勾践无奈派大夫种向夫差行成,尽管伍子胥极力反对,但夫差还是同意行成,在越国表示臣服之后撤军归国,如是吴越争霸进入吴强越弱的阶段。关于吴王夫差从会稽撤军的原因,《国语·吴语》载:"吴王夫差乃告诸大夫曰:'孤将有志于齐,吾将许越成,而无拂吾虑。若越既改,吾又何求? 若其不改,反行,吾振旅焉'。"③《史记·越王句践世家》云:"句践乃以美女宝器令种间献吴太宰嚭。嚭受,乃见大夫种于吴王。种顿首言曰:'愿大王赦句践之罪,尽入其宝器。不幸不赦,句践将尽杀其妻子,燔其宝器,悉五千人触战,必有当也。'嚭因说吴王曰:'越以服为臣,若将赦之,此国之利也。'"④《越绝书·外传纪策考》载:"虽夫差骄奢,释越之围。"⑤《新书·耳痹》云:"大夫种附心嗥啼,沬泣而言信,割白马而为栖,指九天而为证,请妇人为妾,丈夫为臣,百世名宝,因闲官为积,孤身为关内诸

---

①　徐元诰:《国语集解》,北京:中华书局,2002 年,第 568—569 页。
②　杨伯峻:《春秋左传注》,北京:中华书局,1981 年,第 1596 页。
③　徐元诰:《国语集解》,北京:中华书局,2002 年,第 539 页。
④　司马迁:《史记》,北京:中华书局,1959 年,第 1741 页。
⑤　李步嘉:《越绝书校释》,北京:中华书局,2013 年,第 152 页。

侯,世为忠臣。吴王不忍,缩师与成。"①如是在传世文献中夫差从会稽撤军的原因可以分为四种:第一,吴国改变战略目标,谋划进攻齐国;第二,吴王夫差听信太宰嚭谗言,行成条件丰厚,如不能达成则吴越死战对吴国是为损失;第三,吴王夫差在战胜越国后骄傲;第四,大夫种苦心行成,吴王夫差不忍心拒绝行成。

总之,夫椒之战虽然是吴国获胜,其击败越国一举制霸东南,但最终由于吴越行成,越国得以保存。而此战之后,夫差在越国臣服、以为后方安定的情况下随即开始大举对外征伐,以至于北上中原逐鹿、召开黄池之会,最终因穷兵黩武导致国力大减,为吴国的灭亡埋下伏笔。

二、越国霸业的基础与进程

越国的壮大稍后于吴国,至越王勾践时期,越国发展起来,而其要想崛起首先便要面对阖闾、夫差父子两代经营的新兴强国吴国,故此吴越争霸势所难免,于是"檇李之战"爆发。《左传·定公十四年》载:

> 吴伐越。越子勾践御之,陈于檇李。勾践患吴之整也,使死士再,禽焉,不动。使罪人三行,属剑于颈……遂自刭也。师属之目,越子因而伐之,大败之。灵姑浮以戈击阖庐,阖庐伤将指,取其一屦。还卒于陉,去檇李七里。②

此战中,勾践面对已经破楚入郢、几为南方霸主的吴王阖闾,利用"越之死士"的战斗力及巧妙果决的计策以弱胜强,在春秋争霸的历史上开始崭露头角。但由于越军意外击杀了阖闾,导致吴越之间结下世仇,故越国经此一役虽然在吴越争霸的初期勉力保持了对吴的均势,但也因此暂时降低了越国对于吴国的戒备与估计,埋下了不久之后险些灭国的祸根。

如上文言,吴王夫差为报父仇对越国发起了"夫椒之战",勾践战败、退守会稽山上,以图作最后的抵抗。而面对吴军势大及谋臣的"行成"之谏下,

---

① 阎振益、钟夏:《新书校注》,北京:中华书局,2000 年,第 270 页。
② 杨伯峻:《春秋左传注》,北京:中华书局,1981 年,第 1595—1596 页。

越王勾践选择"行成",而关于"吴越行成"的原因,如前文般结合传世文献与出土文献,下面再对越国方面的原因进行分析。传世文献关于此次"吴越行成"得以实现的原因,大致有三个层次的叙述。第一,越国使臣向吴国求和时尽力表现出臣服的诚意,提出向吴国称臣纳贡的丰厚条件。如《国语·吴语》中勾践请盟之词:"一介嫡女,执箕帚以晐姓于王宫。一介嫡男,奉槃匜以随诸御;春秋贡献,不解于王府。天王岂辱裁之? 亦征诸侯之礼也"。①《国语·越语》记载,越国"愿以金玉、子女赂君之辱,请句践女女于王,大夫女女于大夫,士女女于士。越国之宝器毕从,寡君帅越国之众,以从君之师徒,唯君左右之"②。又如范蠡向勾践提出了"卑辞尊礼,玩好女乐,尊之以名。如此不已,又身与之市"的求和方针,派遣使臣先是以"请士女女于士,大夫女女于大夫,随之以国家之重器"诱之,在吴人不许之后又诱之以"请委管籥属国家,以身随之,君王制之"。③《史记·吴太伯世家》中记述"请委国为臣妾"。④《越绝书》中勾践入辞"亡臣孤句践,故将士众,入为臣虏。民可得使,地可得有"⑤等等。第二,不卑不亢申明吴国灭掉越国的危害,吴国执意灭越会遭到越国的顽强抵抗,将付出巨大的代价,如《国语·越语》所言:"若以越国之罪为不可赦也,将焚宗庙,系妻孥,沈金玉于江,有带甲五千人,将以致死,乃必有偶。是以带甲万人事君也,无乃即伤君王之所爱乎。"⑥而且灭越还不利于吴王的霸业,《国语·吴语》所谓"天王既封殖越国,以明闻于天下,而又刈之,是天王之无成劳也。虽四方之诸侯,则何实以事吴?"⑦是也。越国使臣向吴王夫差分析了存、灭越国的利害,最终促使吴国"秉利度义",同意媾和。

在"吴越行成"后,越国虽然得以保存,但国内外局面也是相当艰难,所谓"委管籥属国家,以身随之,君王制之""委国为臣妾"等形容当大体属实,

---

①　徐元诰:《国语集解》,北京:中华书局,2002 年,第 539 页。
②　徐元诰:《国语集解》,北京:中华书局,2002 年,第 568 页。
③　徐元诰:《国语集解》,北京:中华书局,2002 年,第 577 页。
④　司马迁:《史记》,北京:中华书局,1959 年,第 1469 页。
⑤　李步嘉:《越绝书校释》,北京:中华书局,2013 年,第 225 页。
⑥　徐元诰:《国语集解》,北京:中华书局,2002 年,第 568 页。
⑦　徐元诰:《国语集解》,北京:中华书局,2002 年,第 539 页。

越国已然完全成为吴国之附庸。然由于吴王夫差一心称霸,长期劳师在外、穷兵黩武,对于自以为安定的吴越之地的管理缺乏重视,使得勾践得以趁机重新发展破败的故国以求复仇,进而以弱胜强灭吴称霸。传世文献中对越王勾践复仇灭吴之前的准备多有记载,而关于勾践所实行的强国之策的具体内容各有其说,其中当以《国语·越语》的记载为代表:

> 令壮者无取老妇,令老者无取壮妻。女子十七不嫁,其父母有罪;丈夫二十不娶,其父母有罪。将免者以告,公令医守之。生丈夫,二壶酒,一犬;生女子,二壶酒,一豚。生三人,公与之母;生二人,公与之饩。当室者死,三年释其政;支子死,三月释其政。必哭泣葬埋之,如其子。令孤子、寡妇、疾疹、贫病者,纳宦其子。其达士,洁其居,美其服,饱其食,而摩厉之于义。四方之士来者,必庙礼之。句践载稻与脂于舟以行,国之孺子之游者,无不铺也,无不歠也,必问其名。非其身之所种则不食,非其夫人之所织则不衣,十年不收于国,民俱有三年之食……进则思赏,退则思刑,如此则有常赏。进不用命,退则无耻,如此则有常刑。①

就对越王勾践所实行政策的记载来看,内容大致有以下几点:第一,鼓励百姓生育,恢复人口;第二,重视人才,加以优待,知人善任,令各得其所;第三,提倡洁身自律,勤于耕织,大力发展生产;第四,轻民征赋;第五,缓刑薄罚,军中用刑等等。

总的来看,勾践卧薪尝胆使越国重新强大绝非偶然,而夫差的穷兵黩武则是又给了他一个灭吴称霸的绝佳机会。终于,勾践趁夫差北上参加黄池之会、国内空虚之时袭击吴国。俘获了吴太子友、攻破吴都姑苏,迫使夫差回国求和。由于此时勾践感到尚无胜吴的把握,就答应了吴国的请求。但公元前476年越国再次起兵,打败吴师,围吴都三年后吴国灭亡,夫差自杀,随着吴国的灭亡,吴越争霸以越国的彻底胜利而告终。而在越王勾践灭吴

---

① 徐元诰:《国语集解》,北京:中华书局,2002年,第570—571页。

一事中吴王夫差也曾派人请和,如《国语·吴语》载:

> 吴王惧,使人行成,曰:"孤无奈越之先君何,畏天之不祥,不敢绝祀,许君成,以至于今"越王曰:"昔天以越赐吴,而吴不受;今天以吴赐越,孤敢不听天之命,而听君之令乎?"乃不许成。①

越国在取得绝对优势之际,吴国求和提出的"天命不当绝"的理由,以"天命赐吴"予以回绝,这便已经是在利用"天命"作为其"灭吴"的合法性依据,而在春秋到战国的过渡时期里,"天命"观念也彻底被大国霸主作为构建霸制合法性的一种因素。

第二节　清华简所见吴越争霸史事

清华简《系年》第十二、十五、二十章内容讲述了吴与楚、晋关系的变化历程,同时也是吴国霸业肇始、兴盛与衰亡的全过程,其中诸多记载是不见于传世文献的新史料,弥足珍贵。至于越国霸业发展兴盛、吴越相争史事则主要在清华简《越公其事》中得以展现,与《系年》一般,其中诸多内容亦是不见于传世古书。下文就从《系年》《越公其事》内容出发,对吴越称霸以及争霸史事进行介绍。

一、清华简《系年》《越公其事》所见吴国霸业盛衰

(一)"巫臣适吴"与吴国崛起

清华简《系年》第十五章简文载:"自晋适吴,焉始通吴晋之路,教吴人叛楚。"②及《左传·成公七年》载:"乃通吴于晋,以两之一卒适吴,舍偏两之一

---

① 徐元诰:《国语集解》,北京:中华书局,2002年,第561页。
② 李学勤主编,清华大学出土文献研究与保护中心编:《清华大学藏战国竹简(二)》,上海:中西书局,2011年,第170页。

焉。与其射御，教吴乘车，教之战阵，教之叛楚。"①由"叛"可知，《系年》与《左传》均认定"巫臣适吴"之前的吴国臣服于楚国。但《左传·宣公八年》即楚庄王十三年却有："楚为众舒叛，故伐舒蓼，灭之。楚子疆之。及滑汭，盟吴、越而还。"②明确记载楚庄王时期的楚吴两国是为盟国关系。若要厘清楚吴关系，关键在于廓清楚庄王时期楚国势力扩张的重点区域。据《左传·昭公二十三年》中沈尹戌曰："……无亦监乎若敖、蚡冒至于武、文，土不过同，慎其四竟，犹不城郢。"③其中"土不过同"，说明到楚文王时期，楚国的疆域是以江南汉北之地为核心，不超过方圆百里的区域。其后楚穆王趁晋国内乱北上抢夺江淮地区，再到楚庄王平定内忧外患后再度北进扩张，均是为了与以晋国为首的北方势力争夺淮北地区的控制权。由此可知，在楚庄王时期，楚国势力扩张的核心地区是淮北区域，对于远在长江下游的吴国、楚国应是无暇顾及。在灭舒蓼后，即便是楚国疆域扩至滑汭，也未曾攻伐吴、越，许是楚军战后力量不足以灭吴、越，或是吴、越被楚军兵力威慑，结果是楚国盟吴、越而还。利用盟约将诸侯国变成楚之属国，是楚人在力量有限的情况下，有效整合地区资源的一贯手段。故此，清华简《系年》所言："楚庄王立，吴人服于楚"之楚吴关系，④与《左传》所载楚与吴、越的盟约关系，两种关系实质上并不矛盾，皆是吴国顺服于楚国的附属关系。需注意的是，这种关系极易受到外来力量的干预，或是因自身国力增强而发生转变，具有不稳定性。如"巫臣适吴"这一历史事件，就是吴楚顺服关系发生本质性转变的转捩点。

申公巫臣，是晋国联吴制楚的重要人物，其事迹见于传世文献《春秋》《左传》《国语》《史记》等。韩席筹在《左传分国集注》一书中，认为申公巫臣通吴只是揣二国之情势，顺应了吴晋相通的趋势，沟通吴晋是为了发泄私愤。⑤ 梁葆莉、赵晓辉与韩席筹的观点相似，在《春秋后期巫臣使吴及〈左传〉

① 杨伯峻：《春秋左传注》，北京：中华书局，1981 年，第 835 页。
② 杨伯峻：《春秋左传注》，北京：中华书局，1981 年，第 696 页。
③ 杨伯峻：《春秋左传注》，北京：中华书局，1981 年，第 1448 页。
④ 李学勤主编，清华大学出土文献研究与保护中心编：《清华大学藏战国竹简（二）》，上海：中西书局，2011 年，第 170 页。
⑤ 韩席筹：《左传分国集注》，南京：江苏人民出版社，1963 年，第 731 页。

的历史叙述》一文中认为巫臣使吴的本质原因是"个人对时代风云的顺应与利用""实质上是当时晋国重新整合力量的需要",同时还提到《左传》的叙述手法是"主要呈现巫臣的个人婚姻和个人恩仇,而把国家之间力量的相互牵制等实质原因放在后台。"①侯文学、宋美霖在《〈左传〉与清华简〈系年〉关于夏姬的不同叙述》一文中,从夏姬的角度出发,阐述了《左传》《系年》作者对申公巫臣不同的形象塑造,认为申公巫臣在《左传》中是典型的爱美人不爱江山的人物,而在《系年》中是较为无辜的形象。② 结合《系年》,申公巫臣出奔原因有二,一是按《左传》记载是因为谏言阻止楚庄王将申、息二县赏赐给令尹子重作其封邑,二是按《系年》记载阻止司马子反娶夏姬。《系年》补充了《左传》中未曾提及申公巫臣为何娶夏姬的原因,乃是"王命申公屈巫适秦求师,得师以来。王入陈,杀征舒,取其室以予申公。"明确连尹襄老、黑要、子反等人见色起意,与申公巫臣争夺夏姬,才促使申公巫臣借出使齐国之机"窃载少以行"。③ 最终,因子重、子反泄愤杀了申公巫臣在楚国的族人,并瓜分了他们的财产,才彻底激怒了申公巫臣,也才有了申公巫臣"自晋适吴,焉始通吴晋之路",利用吴国称霸之心复仇楚国的举动。

从申公巫臣谏言楚庄王不赐子重申、息之地,到申公巫臣劝言莒国国君修固城墙,再到适吴教其叛楚,不难看出此人聪明睿智富有远见卓识,且对春秋时局有着深刻见解。至于申公巫臣适吴时间,《左传》记录为成公七年,然杨伯峻对此质疑,认为"当年使吴,当年教之车战,吴当年伐楚、入州来,使楚七奔命,未必见效如此之快。或巫臣使吴在去年。"④即巫臣适吴时间或在成公六年。清华简《系年》第二十章载"晋景公立十又五年,申公屈巫自晋适吴,焉始通吴晋之路,二邦为好,以至晋悼公。"⑤晋景公十五年即鲁成公六

①　梁谋莉、赵晓辉:《春秋后期巫臣使吴及〈左传〉的历史叙述》,《江西社会科学》2011年第7期。

②　侯文学、宋美霖:《〈左传〉与清华简〈系年〉关于夏姬的不同叙述》,《吉林师范大学学报(人文社会科学版)》2015年第4期。

③　李学勤主编,清华大学出土文献研究与保护中心编:《清华大学藏战国竹简(二)》,上海:中西书局,2011年,第170页。

④　杨伯峻:《春秋左传注》,北京:中华书局,1981年,第834—835页。

⑤　李学勤主编,清华大学出土文献研究与保护中心编:《清华大学藏战国竹简(二)》,上海:中西书局,2011年,第186页。

年,证实了杨伯峻的猜测。史事证明"巫臣适吴"效果显著,吴人陆战能力得以急剧提升,遂有成公七年"吴始伐楚、伐巢、伐徐,子重奔命。马陵之会,吴入州来"。① 概言之,"巫臣适吴"后吴国势力迅速崛起,称霸征途快速展开。

(二)晋国干预下的吴国争霸轨迹

《左传·成公七年》记:"春,吴伐郯,郯成。"②郯国,晋国的盟友,鲁国的姻亲。吴国攻打郯国触犯了晋国的利益,故有成公八年"晋士燮来聘,言伐郯,以其事吴故"。③ 此后在晋国的干预下,吴国势力对外扩张方向转向楚及其附属国。据统计,春秋时期晋国为将吴国拉入中原集团,争取吴国势力共同对抗楚国,传世文献共计有四次晋吴会盟,除第一次会盟地点靠近晋国,吴国因道远未至,后三次晋国都将会盟地点定在晋吴中间偏吴的地方,以便吴国参加会盟。甚至为了保证吴国能够顺利与会,还出动武力保证晋吴道路畅通。在晋国的暗中扶持下,吴国开始了与楚国长期的争疆之战。从鲁成公七年到鲁襄公二十七年第二次弭兵会盟间近四十年中,据高锐统计,吴楚两国交战十次,其中吴胜五次,楚胜三次,楚师无功而返二次。④ 第二次弭兵会盟后,吴楚两国维持了八年的短暂和平局面。

至鲁昭公四年秋,楚国以讨伐出奔吴国的齐大夫庆封为由,率领诸侯出兵朱方"执齐庆封而尽灭其族"。⑤ 同年冬,吴国入棘、栎、麻,以报复朱方之役。次年,楚灵王再次率领蔡、陈、许、顿、沈、徐、越等诸侯国伐吴,"以报棘、栎、麻之役",⑥即《系年》十八章:"灵王先起兵,会诸侯于申,执徐公,遂以伐徐,克赖、朱邡,伐吴,为南怀之行。"⑦楚灵王在位期间,相较于第二次弭兵会盟之前的两国战事频繁,会盟后至鲁昭公四年里的吴国相对安分守己,没有主动向楚寻衅挑起战争。加之楚灵王南怀之行时,吴王派遣其弟蹶由犒赏

---

① 杨伯峻:《春秋左传注》,北京:中华书局,1981 年,第 835 页。
② 杨伯峻:《春秋左传注》,北京:中华书局,1981 年,第 832 页。
③ 杨伯峻:《春秋左传注》,北京:中华书局,1981 年,第 840 页。
④ 高锐:《中国上古军事史》,北京:军事出版社,1995 年版,第 259 页。
⑤ 杨伯峻:《春秋左传注》,北京:中华书局,1981 年,第 1253 页。
⑥ 杨伯峻:《春秋左传注》,北京:中华书局,1981 年,第 1255、1270 页。
⑦ 李学勤主编,清华大学出土文献研究与保护中心编:《清华大学藏战国竹简(二)》,上海:中西书局,2011 年,第 180 页。

楚军,以及蹶由被楚人抓后对楚灵王提问的应答之辞等种种表现,使楚人误以为吴人又一次顺服于楚,才有《系年》十五章"灵王伐吴,为南怀之行,执吴王子蹶由,吴人焉又服于楚"的错误认定。① 对于"吴人焉又服于楚"的说法,正如刘光所说:"这种认识符合作者自身的历史意识,不能过分地拘泥于其表述与史实是否密合无间。"②需注意的是,简文两次叙述吴人服于楚并非强调吴国从属楚国的状态,而是强调楚才流失至吴,导致吴国因这些人才的效力军事势力突飞猛进,最终造成与楚国相争的局面。在长期的两国对峙与拉锯形势下,吴国将楚国的兵力分散在淮河流域,使楚国陷入两线作战的不利地位,更是无法全力北进与晋争霸,大大缓解了晋国的战略压力,圆满实现了晋国干预吴国争霸轨迹的初衷。

(三)伍氏兄弟与吴国霸业

1. 伍鸡与鸡父之战

《系年》十五章:"少师无极谗连尹奢而杀之,其子伍员与伍之鸡逃归吴。伍鸡将吴人以围州来,为长壑而洍之,以败楚师,是鸡父之洍。景平王即世,昭王即位。伍员为吴太宰,是教吴人反楚邦之诸侯,以败楚师于柏举,遂入郢。昭王归随,与吴人战于析。吴王子晨将起祸于吴,吴王阖卢乃归,昭王焉复邦。"③按简文解,伍奢被杀后,逃归吴国的不仅有流传于世的名臣伍员(即伍子胥),还有其兄弟伍子鸡。关于伍子胥奔吴,《左传·昭公二十年》记有:"员如吴,言伐楚之利于州于。"④而《史记·伍子胥列传》:"伍子胥者,楚人也,名员。员父曰伍奢,兄曰伍尚,其先曰伍举,以直谏事楚庄王有显,故其后世有名于楚……建有子名胜,伍胥惧,乃与胜俱奔吴。"⑤指出奔吴的除却伍子胥,还明言有楚太子建之子胜。但关于伍鸡的记载,还出现在清华简

---

① 李学勤主编,清华大学出土文献研究与保护中心编:《清华大学藏战国竹简(二)》,上海:中西书局,2011 年,第 170 页。

② 刘光:《清华简〈系年〉"南怀之行"考论——兼说楚灵王时期的吴楚关系》,《三峡大学学报(人文社会科学版)》2016 年第 5 期。

③ 李学勤主编,清华大学出土文献研究与保护中心编:《清华大学藏战国竹简(二)》,上海:中西书局,2011 年,第 170 页。

④ 杨伯峻:《春秋左传注》,北京:中华书局,1981 年,第 1409 页。

⑤ 司马迁:《史记》,北京:中华书局,1959 年,第 2171、2173 页。

《越公其事》第二章中："昔吾先王盍庐所以克入郢邦，唯彼鸡父之远荆，天赐衷于吴，右我先王。"①据此，李守奎经过梳理分析后确认"伍之鸡又称伍鸡、鸡父，是伍员之弟，据《系年》与《越公其事》所载，确有其人，史书失传。"认为"很多历史信息的存废都带有偶然性，很多重要的历史人物和时间失传。出土文献研究总是期望得到传世文献的佐证，有时难免牵强附会。"②按《越公其事》夫差之言，可推知伍鸡应是吴王僚与吴王阖闾时期名臣，在吴楚对抗战事中立下赫赫功劳，但不知为何英年早逝，致使其人其事湮没于历史记载，他的部分事迹也被附会到伍员身上，得以流传于世。而以"鸡父之汜"得地名的"鸡父"，也就失去了与伍鸡之间的联系。③

至于鸡父之战，是吴楚相争史上的著名战役，是吴楚实力强弱转换的关键，是吴人入郢的重要一环。鸡父之战见于《春秋·昭公二十三年》："（秋七月）戊辰，吴败顿、胡、沈、陈、蔡、许之师于鸡父。胡子髡、沈子逞灭，获陈夏啮。"④相对于《左传》中对吴国对外战争的详细记载，鸡父之战的记录因《春秋》经故，记载笔法极其简练，鸡父地理位置更是语焉不详不知所在。据《左传》杜预注："鸡父，楚地，安丰县南有鸡备亭。"晋之安丰在今河南固始县东，《中国历史地图集》等据此定位。⑤ 杜预以鸡父在安丰县，理由是该县之南有"鸡备亭"。但是据"鸡备亭"与"鸡父"中有一字相同，便断为一地，证据薄弱难以使人信服。台湾三军大学编著的《中国历代战争史》第十四章专论"鸡父"之战，言说楚平王派使者会六国于鸡父，⑥不知依据为何亦难以让人信服。另，据《越公其事》记载阖庐之所以能够入郢，鸡父之远荆起到了重要的作用，故吴夺鸡父之地以对楚"则不仅可驱逐楚国在淮颍地区之势力而控制其周围诸小国，且可由此进入大别山区，而为日后破楚入郢之起点"。⑦

清人顾栋高指出"昭二十三年鸡父之战，楚师大奔，州来遂失，自是入郢

---

① 李学勤主编，清华大学出土文献研究与保护中心编：《清华大学藏战国竹简（七）》，上海：中西书局，2017 年，第 119 页。

② 李守奎：《清华简中的伍之鸡与历史上的鸡父之战》，《中国高校社会科学》2017 年第 2 期。

③ 李守奎：《清华简中的伍之鸡与历史上的鸡父之战》，《中国高校社会科学》2017 年第 2 期。

④ 杨伯峻：《春秋左传注》，北京：中华书局，1981 年，第 1440 页。

⑤ 谭其骧主编：《中国历史地图集》第一册，北京：中国地图出版社，1982 年，第 29—30 页。

⑥ 台湾三军大学编：《中国历代战争史》第二册，北京：中信出版社，2012 年，第 20—27 页。

⑦ 李守奎：《清华简中的伍之鸡与历史上的鸡父之战》，《中国高校社会科学》2017 年第 2 期。

之祸兆矣"，①刘伯骥亦认为"楚先胜吴，吴后复胜楚，于是由长岸之战，鸡父之战，而终至有柏举之战也"。② 可见鸡父之战在吴国争霸史上具有重要的战略意义。虽此战是吴军以少胜多的著名战役，但却未对楚军实力造成重创。如《春秋·昭公二十三年》言："吴败顿、胡、沈、陈、蔡、许之师于鸡父"；与《左传·昭公二十三年》云："吴师击之，三国败，获胡、沈之君及陈大夫""楚师大奔"，③可知在这场战争中，吴师击败重创的是楚所率领的联军，楚军实力并未受到太大损失。故而鸡父之战的战略意义在于吴军经此战夺取了军事重镇州来，将州来变成吴军攻打楚军的桥头堡，楚吴两军攻守也至此易势，吴国势力趁机迅速进军淮北地区。

总之，鸡父通过鸡父之湄夺得州来，吴王率军击溃楚国联军取得钟离之战胜利，再乘胜入鄎掳楚太子建母，自此控制淮河沿岸的陆路和淮水、颍水、汝水等水路，不断侵占楚之淮泗地区势力，为后来的阖闾入郢奠定了基础。据清华简《系年》可知，楚平王去世楚昭王即位后，晋与吴会合伐楚，攻打方城。而吴人入郢，就是沿着淮河水系北上，突破方城入郢的。④ 因此《中国历代战争史》认为鸡父之战是"实为吴楚战争胜败之一之大关键"的评价是中肯的，但这场战争的重要战略意义不是吴军进入大别山区，而是从此打开了进军淮北的门户。次年，吴灭居巢、钟离，完全掌控淮南大片土地，就是明证。

2. 伍子胥与阖庐入郢

伍子胥，楚人也。《系年》第十五章谓："伍员为吴太宰，是教吴人反楚邦之诸侯，以败楚师于柏举，遂入郢。"⑤明言伍子胥在吴军败楚入郢事件中，起到了重要的作用。然即使如此，《左传·定公四年》却言："伍员为吴行人以谋楚。……伯州犁之孙嚭为吴太宰以谋楚。"⑥此处伍子胥官职是吴行人而

　　① 顾栋高：《春秋大事表》，北京：中华书局，1993 年，第 1012—1013 页。
　　② 刘伯骥：《春秋会盟政治》，台北：中华丛书编审委员会，1977 年，第 133 页。
　　③ 杨伯峻：《春秋左传注》，北京：中华书局，1981 年，第 1446 页。
　　④ 李守奎：《清华简〈系年〉与吴人入郢新探》，《中国社会科学报》2011 年 11 月 24 日。
　　⑤ 李学勤主编，清华大学出土文献研究与保护中心编：《清华大学藏战国竹简（二）》，上海：中西书局，2011 年，第 170 页。
　　⑥ 杨伯峻：《春秋左传注》，北京：中华书局，1981 年，第 1542 页。

不是吴太宰,推测其官职变化应与当时吴国争霸目标转向有关。

伍子胥因其父兄被楚平王杀害,助吴称霸就是为了向楚国复仇。初逃吴时,向吴王僚进言伐楚之利,却未得重用。后因助吴公子光夺得王位,吴王阖庐在稳定局势后便开始谋划伐楚。伍子胥的复仇渴望与阖庐的政治需求若合符节,其伐楚计谋被阖庐采用后对楚发动一系列军事行动,伍子胥也因此被吴王重视,直至阖庐入郢期间,伍子胥在吴国担任的官职应为太宰而非行人。从昭公三十年到定公四年间,吴国对外争霸攻伐的重点对象是楚国,但在破楚入郢、楚几亡国后,吴国的政治重心转移。从清华简《越公其事》与传世文献《国语》可见,吴王争霸目标由谋楚逐渐转向北上与齐晋争锋,因此在许越请成与北上伐齐等重大问题上,伍子胥与夫差的意见相左,以致备受冷落,以致吴国担任太宰官职的不再是伍子胥,而是伯嚭。①

至于伍子胥在阖庐入郢后是否对楚平王尸体(坟墓)进行鞭打,以报楚平王杀伍父之仇。《系年》中仅言伍子胥教吴反楚,败楚柏举以及入郢,未曾有只言片语提及伍子胥泄愤侮辱楚平王尸体(坟墓)。又者,上博简四《昭王与龚之脽》云:"天加祸于楚邦,君吴王身至于郢",可见楚人把对于吴人入郢事件的不满与愤恨宣泄在了吴人身上,②也未曾提及教吴反楚入郢的伍子胥。再者,睡虎地西汉墓葬竹简记载:"□胥,胥勇且智,君必内之。昭公乃令人告五子胥曰:昔者吾……有智,今子率众而报我,亦甚矣,然而寡……丘虚宗庙社稷乎?吾请与子中分国矣……□贵为名,名成则昌,必入之矣。五子胥报于使者……之矣,杀其父而臣子非是君之臣也,父死焉,子食焉非……□行次也。"(J130 – 129 – 128 – 127 – 109 – 110)③其中,虽然楚昭王言说伍子胥复仇有过分之处,但"杀其父而臣子非是君之臣也,父死焉,子食焉非"则表明楚昭王尊重"礼父"而非"礼君",换言之,若伍子胥真有侮辱楚平王尸体(坟墓),依楚昭王重"礼父"观念,怕也是不会派人请伍子胥回国,更何况重许"请与子中分国"之诺了。不唯如此,最早记录春秋事的《春秋》

---

① 刘光:《清华简〈系年〉所见伍子胥职官考》,《管子学刊》2017 年第 3 期。

② 陈剑:《上博竹书〈昭王与龚之脽〉与〈柬大王泊旱〉读后记》,http://www.jianbo.sdu.edu.cn/info/1011/1667.htm,2005 年 2 月 15 日。

③ 熊北生:《云梦睡虎地 77 号西汉墓出土简牍的清理与编联》,《出土文献研究》第九辑,北京:中华书局,2010 年,第 40—41 页。

《左传》《国语》等古书,以及时人孔子,这位不仅有适楚经历也是阖庐破楚入郢事件的当世人,也未曾对此事有所提及。楚人屈原还在楚辞《九章》中,对伍子胥倾心颂扬并自拟为其人,如有《涉江》:"忠不必用兮,贤不必以。伍子逢殃兮,比干菹醢。"《惜往日》:"吴信谗而弗味兮,子胥死而后忧。"《悲回风》:"浮江淮而入海兮,从子胥而自适。"①是故,身为楚国忠臣的屈原对伍子胥都没有责备之辞,还在其作品中凡所提及必是称赞。鉴于以上例证,皆可证明伍子胥没有侮辱楚平王尸体(坟墓)。

(四)晋吴邦交破裂与吴国霸业的衰亡

据传世文献,申公巫臣主动请缨出使晋国,是两国建立邦交的前奏,其实不尽然。早在巫臣适吴前,吴国国力早已积蓄多年,尤其军事实力不容小觑,在巫臣适吴后,吴军陆战能力大幅提升,次年就发动了伐郯、楚、巢、徐等一系列军事行动,②至此吴国国力展现于世人面前。关于吴伐郯,王晖认为从地缘上看"郯国与柤邑接近,吴寿梦这次伐郯国后,结盟而退,大概只是为了胁服郯国以巩固吴北方柤邑一带的领地罢了",③此说有理。但伐郯也可看作是吴国势力北扩的首次尝试。童书业、吴承恩认为,吴伐郯是为了沟通与晋国的通路。④ 实则不然,据《左传·成公八年》:"晋侯使申公巫臣如吴,假道于莒……晋士燮来聘,言伐郯也,以其事吴故。"⑤其中,晋侯正式派遣申公巫臣出使吴国,是基于吴国实力,欲拉拢吴国加入中原集团联合抗楚,派遣晋大夫士燮到鲁国,通知出兵攻打郯国,是郯国因败于吴而弃晋事吴故。可见,晋国联吴抗楚,给吴国提供帮助,是因为吴能牵制楚国势力北进,减轻晋国因楚造成的战略压力。但是,晋国作为中原霸主,也不会容忍他国军事扩张侵犯自身的利益。对于吴国,在实力不足以强大到可以同时对抗晋楚两个劲敌时,配合晋国攻伐楚国,就成为吴国称霸征途中不得不作出的政治抉择。

---

①　洪兴祖:《楚辞补注》,北京:中华书局,1983 年,第 131、151、161 页。
②　据杨伯峻论证,以及清华简《系年》简文记载"巫臣适吴"的时间应在鲁成公六年,前文已证。
③　王晖:《西周春秋吴都迁徙考》,《历史研究》2000 年第 5 期。
④　童书业:《春秋左传研究》,上海:上海人民出版社,1980 年,第 79 页。
⑤　杨伯峻:《春秋左传注》,北京:中华书局,1981 年,第 840 页。

清华简《系年》第二十章记:"从晋景公立十又五年,申公屈巫自晋适吴,焉始通吴晋之路,二邦为好,以至晋悼公。悼公立十又一年,公会诸侯,以吴王寿梦相见于虢。晋简公立五年,与吴王阖卢伐楚。阖卢即世,夫差王即位。晋简公会诸侯,以与夫秦差王相见于黄池。越王勾践克吴,越人因袭吴之与晋为好。"①简明扼要地记述了晋吴邦交关系的发展变化过程,弥足珍贵。其中,从晋景公到晋悼公,是晋吴建交和联盟时期;从晋平公到晋顷公,晋吴关系总体走向疏远,两国虽未有会盟,但还保持互通,尽管多是吴国主动;到晋定公时期,晋虽有联吴伐楚,却也是晋国止步于方城,便转头盟诸侯于召陵,伐中山。经过第二次弭兵,晋国对争霸战争已不再热忱,然在淮河流域已然独大的吴国,必然会北上与晋国争夺霸权,这是晋国不愿意看到的局面。再至黄池会盟吴争晋锋,两国邦交关系便确已破裂。是故,在越灭吴时,晋国未援手救吴,反而在越灭吴后与越会盟,共同抗齐。

二、清华简《越公其事》所见越国霸业征程

据传世文献记载,春秋晚期吴越两国霸业发展,实为相互交织、此消彼长的关系。关于吴越争霸,《系年》侧重于记载与楚有着密切联系的吴国霸史发展始末,关于越国霸业征程则是记载不多,故以专记吴越争霸与越国振兴灭吴的《越公其事》,显然是《系年》中阙失越国霸史内容的有益补充。下面以《越公其事》为主要研究对象,对其所涉吴越争霸内容展开详细讨论。

(一)从《越公其事》看"吴越行成"

1. 勾践请成

《越公其事》一到三章记载越国方面能够顺利"行成"提供的原因解释则与传世文献记载相似,越使赴吴,向夫差转述勾践的求和之辞,也以利弊两方面予以陈说。其利,简文第一章中通过使臣之口,转述了勾践对吴越两国交战的回顾,并提出求和之意,言道:吴王"如为惠,徼天地之福,毋绝越邦之命于天下,亦使句践继纂于越邦",越王勾践便会"率越庶姓,齐滕同心,以臣

---

① 李学勤主编,清华大学出土文献研究与保护中心编:《清华大学藏战国竹简(二)》,上海:中西书局,2011年,第186页。

事吴,男女服",即如果吴国可以让越王勾践保存社稷,越国将在勾践的带领下向吴国臣服。此外,吴国如果同意越国的请成,还将获得"四方诸侯其或敢不宾于吴邦"①的收益。从吴越两国关系上来讲,越国臣服吴国,吴国得利;从当时的诸侯争霸格局来讲,越国的臣服对吴国来说,无疑会起到一种示范作用以利于吴国的霸业。此外,在简文第三章中载:"余其与吴播弃怨恶于海济江湖。夫妇交接,皆为同生,齐势同力,以御仇雠。"②此言也是越王的求和之辞,向吴国陈述越国愿意与吴国捐弃仇怨,两国百姓联姻,促进相互往来,共同生活,越国听从吴国指挥跟从作战。其弊,言"君乃陈吴甲□,□□□旆旌,王亲鼓之,以观勾践之以此八千人者死也",③意在表明如果吴国执意灭越,越王勾践将率领残部与吴国决一死战,且拿出了看起来尚有余力的"底牌"。因此,越国陈说利弊在成功求和中起到了重要作用。

总之,越国依靠求和的态度与条件,以及自身尚存之力量,在会稽之围的不利局面下尽可能地保存了国家,虽然在这一阶段的吴越争霸中遭遇惨败,但此次躲过灭国危机的越国总算得到了韬光养晦、等待复兴的机会,越国得以趁吴国北上争霸之际发展壮大,为最终灭吴奠定了基础。

2. 夫差许成

传世文献中夫差许越成的原因,前文已作归纳。但不论是因吴国战略目标转向,还是夫差个人认知主导,许成这一历史事件展现出的夫差形象,皆为负面。而《越公其事》中"吴越行成"部分,则是塑造了相异于传统认知的君主形象,既刻画了夫差谦逊恭谨、思虑周全的人物性格,也将勾践果敢、勇毅的性格特征跃然于纸上。

在两国媾和过程中,夫差劝说子胥接受越国请成时提及未见于传世文献的两点原因,简文如下:

---

① 李学勤主编,清华大学出土文献研究与保护中心编:《清华大学藏战国竹简(七)》,上海:中西书局,2017 年,第 119 页。

② 李学勤主编,清华大学出土文献研究与保护中心编:《清华大学藏战国竹简(七)》,上海:中西书局,2017 年,第 122 页。

③ 李学勤主编,清华大学出土文献研究与保护中心编:《清华大学藏战国竹简(七)》,上海:中西书局,2017 年,第 114 页。

吴王闻越使之柔以刚也,思道路之修险,乃惧,告申胥曰:"孤其许之成"……吴王曰:"……天赐中于吴,右我先王,荆师走,吾先王逐之走,远夫勇残,吾先王用克入于郢。今我道路修险,天命反侧,岂庸可知自得? 吾始践越地以至于今,凡吴之善士将半死矣……"申胥乃惧,许诺。①

此处清华简《越公其事》中记载的吴王夫差从会稽撤军,一是,由于吴伐越的道路险阻,吴国士兵在夫椒之战中已然伤亡较重、不宜再战,表现了吴王夫差伐越的艰险和代价,有研究也据此认为夫差许成是在客观评估己方实力后,因没有必胜的把握而许成于越。② 二是,吴王夫差伐越大胜、几乎灭越之际之所以允和,抛开对于政治、军事力量的考量,重点提到了"天命"的概念,夫差认为如果实行"灭国绝祀"之举自身也会"天命反侧"。三是,夫差并未意识到所处时代战争性质已发生改变,已然从"争霸"走上"兼并",不论是之前阖闾破楚入郢却并未灭楚,还是败越于夫椒却并未灭越一般,夫差的战略决策的逻辑起点已滞后于时代。四是,从季札周游列国可看出,夫差深受华夏文化之影响,其称霸思维还停在效仿齐晋称霸路径——"尊王攘夷"这一争霸模式上。正如上博简《吴命》中吴使臣向周王告之辞:

楚人为不道,不思亓(其)先君之臣事先王,法(废)亓(其)(贡)献,不共丞(承)王事。我先君盍(阖)□[庐]……(原第9简)……迹(来)先王之福、天子之霝(灵)! 孤也,可(何)劳力之又(有)安(焉)? 孤也,敢至(致)先王之福、天子之霝(灵)! 吴人□……于周:"寡君昏(问)左右:(孰)为帀(师)徒践履陈地,以陈非也(他),先王姑每(母)大妃(姬)之邑! ……(原第8简)……[或]又(有)轩(冕)之赏,或又(有)釜(斧)戊(钺)之(赐),以此前后之猷,不能以牧民,而反志下之相(挤)也。几(岂)不左才(哉)? 敢居我江完(岸),曰:'余必要攼(干)丧尔社

---

① 李学勤主编,清华大学出土文献研究与保护中心编:《清华大学藏战国竹简(七)》,上海:中西书局,2017 年,第119页。

② 李守奎:《〈越公其事〉与句践灭吴的历史事实及故事流传》,《文物》2017 年第 6 期。

禝(稷),以(广)东海之表。'天不刃(其)中,阜(俾)周先王佾……"(原第5简)"……寿(州)逑(来)吏(使)一介吏(使),(亲)于桃(表)劳兀(其)夫=(大夫),(且)青(请)兀(其)行。(荆)为不道,胃(谓)余曰:'女(汝),周之(刖)子……'"(第4简)"……赛,才(在)(波)(涛)之间,咎(舅)生(甥)之邦。聂周孙=(子孙),隹(唯)(余)一人所豊(礼)。宁心(抒,抛也)忧,亦隹(唯)吴白(伯)父、晋……"(第6简)①

以上正是吴国效仿齐晋"尊王攘夷"称霸策略的生动写照。其中"以陈非也(他),先王姑每(母)大肥(姬)之邑",则言明陈国与周先王有姻亲关系,如是以太伯后人自居的吴王,便有了出兵陈国劝退楚兵的正当理由。同时,吴国将自己划归姬姓诸侯国,团结甥舅异姓之国,亦是吴国筑夯霸国基业的手段。若周王因吴出兵救陈而嘉奖于吴,则对于吴国在诸侯国中博取号召力与影响力,或提升自身政治地位皆有裨益。职是之故,阖闾破楚入郢、夫差派兵援陈都是吴国攘夷军事行动,都是打着尊王旗号,实则为了加强本国在姬姓诸侯国或姻亲诸侯国中的政治地位。对于吴国而言,大败楚、越却不灭其国,才能更好地彰显出吴王作为霸主的胸襟与气度,为霸权的进一步争夺奠定基础。

(二)从《越公其事》看勾践"入宦于吴"

《越公其事》第五章有"王思邦之游民三年",②子居认为《越公其事》将勾践入宦于吴的经历进行了美化,用"游民三年"一语带过。③ 然同样未曾提及勾践入吴为宦的传世文献,还有《左传·哀公元年》仅记"越及吴平。吴入越,不书,吴不告庆,越不告败也。"④以及《史记·越王句践世家》:"于是举国政属大夫种,而使范蠡与大夫柘稽行成,为质于吴。二岁而吴归蠡。句践

---

① 王晖:《楚竹书〈吴命〉主旨与春秋晚期争霸格局研究》,《人文杂志》2012 年第 3 期。

② 李学勤主编,清华大学出土文献研究与保护中心编:《清华大学藏战国竹简(七)》,上海:中西书局,2017 年,第 130 页。

③ "子居":《清华简七〈越公其事〉第五章解析》,http://www.360doc.com/content/18/0606/08/34614342_760046274.shtml,2018 年 6 月 5 日。

④ 杨伯峻:《春秋左传注》,北京:中华书局,1981 年,第 1607 页。

自会稽归七年,拊循其士民,欲用以报吴。"①言勾践自会稽归,而为质后归的是范蠡。然,载有勾践入吴为宦的传世文献,有《国语·越语》"(勾践)令大夫种守于国,与范蠡入宦于吴。三年,而吴人遣之"②;与《韩非子》卷七《喻老》:"勾践入宦于吴",③但未载及年月;以及《越绝书》内传、外传皆云勾践入吴三年,④可见勾践兵败后是否入吴为宦,在先秦两汉时期的文献中就已存在诸多争议。

关于勾践入宦三年,"子居"用简文"游民三年"与其联系,看似合理,实则牵强。首先其认为《越公其事》与传世文献相较,多有饰美勾践之处。然《越公其事》第一章谓:"孤其率越庶姓,齐膝同心,以臣事吴,男女服。"⑤明言勾践带领臣子一起下跪(或膝行)这一投降请罪时常见的举措,表示完全顺服吴国,其中并无饰美勾践词字。再者,《越公其事》第十章:"王乃试民。乃窃焚舟室……死者三百人,王大喜",⑥塑造出一个仅为试民,便牺牲越人三百性命的勾践,是个为达目的不择手段的人,且"大喜"二字更是凸显了勾践冷酷无情的人物性格。由是观之,简文在塑造勾践人物形象时并未有饰美之举,否则就如枣纸简《吴王夫差起师伐越》般,将同一事件饰美为"王乃焚旧宫室,……死者上千人。王大戚,哭泣若丧三"⑦了,是故,"子居"的观点并不可信。

虽《国语·越语》中有勾践入宦于吴三年记载,但前引《吴语》却言:"勾践请盟:一介嫡女,执箕帚以眩姓于王宫;一介嫡男,奉槃匜以随诸御;春秋贡献,不解于王府。"其中并无勾践入质于吴的记载,可见即便是同为《国语》内容,彼此之间亦是矛盾丛生,说法不一。并且前引《左传》记录夫椒之战结

① 司马迁:《史记》,北京:中华书局,1959 年,第 1742—1743 页。
② 徐元诰:《国语集解》,北京:中华书局,2002 年,第 577 页。
③ 王先慎:《韩非子集解》,北京:中华书局,1998 年,第 164 页。
④ 李步嘉:《越绝书校释》,北京:中华书局,2013 年,第 127、229 页。
⑤ 李学勤主编,清华大学出土文献研究与保护中心编:《清华大学藏战国竹简(七)》,上海:中西书局,2017 年,第 114 页。
⑥ 李学勤主编,清华大学出土文献研究与保护中心编:《清华大学藏战国竹简(七)》,上海:中西书局,2017 年,第 145 页。
⑦ 赵晓斌:《荆州枣纸简〈吴王夫差起师伐越〉与清华简〈越公其事〉》,《清华战国楚简国际学术研讨会》,北京:2021 年 11 月,第 11 页。

果谓:"越及吴平。吴人越,不书,吴不告庆,越不告败也。"未见有勾践入宦三年,而与《吴语》"吴王乃许之,荒成不盟"①的说法大致相同。至于《越绝书》《吴越春秋》,虽亦载有勾践入吴为宦经历,然东汉距春秋毕竟久远,偶有讹记在所难免。如是,综合出土文献《越公其事》与传世文献《左传》《国语·吴语》记载内容,勾践应是没有入吴三年为宦经历。

(三)从《越公其事》看越国"五政"

《越公其事》重点记载了勾践复国期间的核心举措——"五政"。李学勤认为:"(《越公其事》)中间的六章,详细记载了越王勾践励精图治、富国强兵的奋斗过程。其中提出的'五政',即'好农,好信,征人,好兵,饬民',很好地体现了治国的理念,有较高的政治思想价值。"②据简文而言,其中具体记录了勾践实行"五政"的前提条件、施政范围、施政内容等方面的内容,与传世文献相比,有颇多不同之处。首先,"五政"的实施,是在战后恢复措施取得一定成效的基础上进行的。简文曰:

> 兹使民暇自相,农功得寺时,邦乃暇安,民乃蕃滋。至于三年,越王句践焉始作纪五政之律。③

其次,施政范围上,随越国疆域的逐渐扩张,勾践施政的地域也日益扩大。从"东夷、西夷、古蔑、句吴四方之民乃皆闻越地之多食、政薄而好信,乃颇往归之,越地乃大多人"④来看,随着越国"好农""好信""征人"之政的实施,越国吸引了东夷、西夷、古蔑、句吴之民。因此,简文的叙述,在地域空间上,越国国土的扩张与越王之政的实施是相辅相成的。

---

① 徐元诰:《国语集解》,北京:中华书局,2002年,第540页。
② 李学勤:《在〈清华大学藏战国竹简(七)〉成果发布会上的讲话》,《出土文献》2017年第2期。
③ 李学勤主编,清华大学出土文献研究与保护中心编:《清华大学藏战国竹简(七)》,上海:中西书局,2017年,第127页。
④ 李学勤主编,清华大学出土文献研究与保护中心编:《清华大学藏战国竹简(七)》,上海:中西书局,2017年,第137页。

再者,"五政"的施政内容更有层次性和逻辑性。简文第五章至第九章每一章分别对应一个主题,前后承继,以先"好农",其次"好信",而后"征人",然后"好兵",最后"饬民"的顺序展开叙述,每一项治国之政实施以后方进行下一项,条理明晰。其一,如"凡王左右大臣,乃莫不耕,人又私畦。举越庶民,乃夫妇皆耕,至于边县小大远迩,亦夫妇皆耕……越邦乃大多食",是为"好农"以致"大多食"之政;其二,如"凡此类也,王必亲见而圣听之,察之而信,其才在邑司事及官师之人则废也",是为立制以使民"好信"之政;其三,如简文"举越邦乃皆好征人,方和于其地。东夷、西夷、古蔑、句吴四方之民乃皆闻越地之多食、政薄而好信,乃波往归之,越大多人",是为"征人"以致"大多人"之政;其四,如"举越邦至于边县城市乃皆好兵甲,越乃大多兵",是为"好兵"以致"大多兵"之政;其五,如"敕民""修令""审刑"等,是为立制以"饬民"之政等。①

此外,对于勾践"五政"的思想内涵,学界普遍认为这一以休养生息为核心的兴国之策有着浓厚的黄老思想的色彩,②进而有学者推论黄老之学起源于吴越相争时期的越国。③

三、清华简《越公其事》文献性质

清华简《越公其事》收录于《清华大学藏战国竹简(七)》,于 2017 年 4 月面世,全篇共有竹简 75 支,经整理分为 11 章内容,载有大量吴越争霸后期的相关史事,详细记叙了勾践兴越灭吴的过程。④ 自简文刊布以来,学界相关研究成果颇丰,于文字释读、文本考辨、史事研究及思想蕴含等方面广有建树。

但是,由于清华简本身并非一般经考古发掘所得,加之简文载录史事多有别于传世文献的记述,故对《越公其事》的文本性质及其流传问题的考证

---

① 李学勤主编,清华大学出土文献研究与保护中心编:《清华大学藏战国竹简(七)》,上海:中西书局,2017 年,第 130、133、137、140、141 页。
② 彭华:《清华简〈越公其事〉研究述评》,《地方文化研究》2020 年第 5 期。
③ 刘成群:《清华简〈越公其事〉与黄老之学的源起》,《华中国学》2018 年第 2 期。
④ 李学勤主编,清华大学出土文献研究与保护中心编:《清华大学藏战国竹简(七)》,上海:中西书局,2017 年,第 112 页。

甚多。关于《越公其事》的文本性质,清华简整理者认为《越公其事》和《国语·吴语》《越语上》以及《越语下》"都是以勾践灭吴为主题的历史故事",属于以叙述故事为主、以总结历史经验教训为旨的"语类文献"。① 目前学界对此也多表认同,也有学者进一步指出该文献带有明显的历史化倾向。② 此外,还有学者指出《越公其事》虽非吴越恩仇全部实录,但其基本史实应有其真实素地,具有"春秋"类史书的"记录性"特征,对研究春秋时期军事思想与文化大有裨益。③ 但亦有学者认为《越公其事》"是一篇具有鲜明国君立场和典型资政特色的政论性语类文献",其"五政"特别之处是"借'勾践灭吴'故事推行县制、强化王权的战国国家统治思想。"④

关于《越公其事》的成书年代,学界普遍认为《越公其事》的原始文本成书早于《国语》中所载的《吴语》和《越语上》以及《越语下》等文献,⑤且基于对《越公其事》语言文字类研究成果,如整理者提出的"文辞华丽,描写细致,使用了大量的双音节词,与清华简《系年》简约精练的文句形成鲜明对比。有些词语一度失传,在较晚的文献里再度出现"的观点,⑥也大体反映了其成书年代较早的信息。

关于《越公其事》的文献流传情况,由于清华简《越公其事》出土于楚地,且用字风格有楚系文字特征,有可能为楚人所作;但同样有研究指出从晋系文体风格来看,结合《晋文公入于晋》等篇章,也不排除《越公其事》出自晋人之手,经流传为楚人所保存的可能。⑦ 故对此有学者指出,清华简所见的文

---

① 李学勤主编,清华大学出土文献研究与保护中心编:《清华大学藏战国竹简(七)》,上海:中西书局,2017 年,第 112 页。

② 李守奎:《〈越公其事〉与句践灭吴的历史事实及故事流传》,《文物》2017 年第 6 期。

③ 谢乃和、罗云君:《清华简〈越公其事〉辑释与文本研究》,哈尔滨:黑龙江人民出版社,2023 年,第 523 页。

④ 李健胜:《清华简〈越公其事〉的文本性质及其所见战国国家统治思想》,《湖南师范大学社会科学学报》2023 年第 7 期。

⑤ 李守奎:《〈越公其事〉与句践灭吴的历史事实及故事流传》,《文物》2017 年第 6 期。

⑥ 李学勤主编,清华大学出土文献研究与保护中心编:《清华大学藏战国竹简(七)》,上海:中西书局,2017 年,第 113 页。

⑦ 李守奎《〈越公其事〉与句践灭吴的历史事实及故事流传》(《文物》2017 年第 6 期)一文提出"三晋文字羼入是清华简文本中的突出特点",其认为包括《越公其事》在内,清华简中的文献很有可能是"来自三晋文化圈,到楚国后经过逐渐楚化"的产物。

本可视作原始文本的传抄本,而原始文本极有可能出自越国的国史系统。①
更有学者进一步提出,依据《越公其事》带有明显的"抑吴扬越"叙事立场,原
作者很有可能为"越人"的观点。②

---

　　① 谢乃和:《试论清华简〈越公其事〉的思想主题及其文本性质——兼说殷周之际兵学观念的流变》,《杭州师范大学学报(社会科学版)》2020 年第 6 期。
　　② 黄爱梅:《〈越公其事〉的叙事立场及越国史事》,《社会科学战线》2020 年第 8 期。

新视角

第六章　政治思想史视角下的春秋霸史

政治思想史为政治史与思想史之交叉,亦是历史学研究经久不衰的话题。随着政治思想领域的不断扩展,国家柔性治理、共同体意识、政治合法性等话题也逐渐成为先秦史研究的新视角。实际上,春秋霸史亦成为这些新视角的研究舞台。本章以政治合法性和共同体意识为视角,初步探索春秋霸业的政治合法性构建问题和春秋争霸对于共同体意识形成的促进问题。

第一节　论春秋霸政政治合法性的构建

作为政治学里一重要概念,"政治合法性"最先由马克斯·韦伯提出,[①]并在之后的社会科学领域产生了广泛影响。参鉴这一理论,综合分析中国早期政权政治合法性构建是一个重要的学术问题,学界已有诸般涉及。[②] 春

---

① 马克斯·韦伯在其著作《经济与社会》(上卷)(北京:商务印书馆,1997年,第241页)中提出了"政治合法性"之概念,也称"政权合法性"等。在该书中,韦伯表示构建"政治合法性"是自人类社会有政治生活开始便已存在的一种政治诉求,是能让被统治者服从并信仰某种统治的必要因素,而他依据不同国家或政权统治的"合法性"来源的不同,将历史上各类型的统治划分为三种:1.法制型统治,即合法性建立在平等公正的法律之上;2.传统型统治,即统治的合法性源于某种一直存在着的权威性存在;3.魅力型统治,即合法性建立在统治者个人的非凡品质和人格魅力上面。另外,韦伯还强调了这三种类型的统治在人类社会的历史上往往是以混合状态出现的这一现象。

② 关于"先秦时期国家政治合法性"的问题,学界研究主要集中于"三代鼎革",尤其是"商周迭代"这个方面,探讨新旧政权交替、新王朝建立的合法性等问题,可参见:朱光磊:《天道论与天数论——先秦时期政权合法性理论的两种范式》,《学术评论》2012年第6期;李培健:《天命与政权:先秦天命观演进的逻辑路径》,《武汉理工大学学报(社会科学版)》2016年第2期;谢乃和:《从〈尚书〉"三誓"看三代早期国家的正统性观念构建》,《军事历史》2019年第2期;彭华:《王朝正统论与政权合法性——以商周鼎革为例》,《四川大学学报(哲学社会科学版)》2021年第6期;林国敬:《论周初政权合法性的系统建构——以〈尚书〉为中心》,《温州大学学报(社会科学版)》2021年第1期。

秋时代作为中国早期历史的重要转折期,政治生态已从"礼乐征伐自天子出"向"自诸侯出""自大夫出"乃及"陪臣执国命"①之转变,以强权政治为基础的春秋霸政是如何构建政权政治合法性的,尚未被学界所重视。② 系统分析春秋霸政的政治合法性构建,不仅有助于春秋霸史的深入探索,亦可在政治思想与政治实践的交织中总结中国早期政权政治合法性构建之要素。

一、天命未改:春秋霸政合法性构建中的天命因素

天命观念是周代政治思想中的重要内容,其不仅是西周王朝统治的基础,也是春秋霸政政治合法性构建的重要依据。《尚书·召诰》所谓"皇天上帝,改厥元子",③揭示出周王朝克商建国之基是天命观念。天命观是维护国家政权的一种重要的理论工具,其为政权合法性提供了超验性依据和宗教性阐释。④ 故此,周人自代商立国伊始便极力打造"受命于天"的形象,如《天亡簋》记载:"王祀于天室,降。天亡佑王。殷祀于王丕显考文王,事糦上帝。文王在上。"⑤又《尚书·多士》曰:"旻天大降丧于殷,我有周佑命,将天明威,致王罚,敕殷命终于帝。"⑥对此有学者指出:殷诉诸天命,即其"最高政治权力的正当与合理不是依据理性的逻辑推理、论证和证明,而是依赖于神祇的庇护",而周人秉承殷人的这一思想。⑦

至春秋时代,天命信仰这一政治传统事实上仍在延续,有研究表明:自西周末至于春秋时代,传统的天命观念虽饱受质疑,但"天"本身的地位及对

---

① 何晏、邢昺:《论语注疏》,阮元:《十三经注疏》,北京:中华书局,1980 年,第 2521 页。

② 目前学界关于"春秋时期霸主统治政治合法性"问题的研究主要是基于该时期"天命观"所作的阐释,而专论春秋霸主政治合法性的系统化研究实为罕见,可参见罗新慧:《春秋时期天命观念的演变》,《中国社会科学》2020 年第 12 期;谢乃和:《商周时期国家治理中天命观念的演变》,《中国高校社会科学》2023 年第 2 期。

③ 孔安国、孔颖达:《尚书正义》,阮元:《十三经注疏》,北京:中华书局,1980 年,第 212 页。

④ 李培健:《天命与政权:先秦天命观演进的逻辑路径》,《武汉理工大学学报(社会科学版)》2016 年第 2 期。

⑤ 马承源:《商周青铜器铭文选》第三册,北京:文物出版社,1988 年,第 14 页。

⑥ 孔安国、孔颖达:《尚书正义》,阮元:《十三经注疏》,北京:中华书局,1980 年,第 219 页。

⑦ 葛荃:《传统中国的政治合法性思维析论——兼及恩宠政治文化性格》,《文史哲》2009 年第 6 期。

其之信仰并未遭到根本性打击。① 故从延续与继承的角度来看,春秋时期天命观的基本特点可以概括为"天命未改"。据载:

> 楚子伐陆浑之戎,遂至于洛,观兵于周疆。定王使王孙满劳楚子。楚子问鼎之大小、轻重焉。对曰:"在德不在鼎。昔夏之方有德也,……用能协于上下,以承天休。桀有昏德,鼎迁于商,载祀六百。商纣暴虐,鼎迁于周。德之休明,虽小,重也。其奸回昏乱,虽大,轻也。天祚明德,有所底止。成王定鼎于郏鄏,卜世三十,卜年七百,天所命也。周德虽衰,天命未改,鼎之轻重,未可问也。"②

对于这次楚王问鼎事件,从周王室一方来看,王室代表"王孙满"一方面努力宣扬"天命未改"的观念,另一方面也承认"周德"已衰的现状。首先,在周德已衰的现实面前,只有剥离"德"与"天命"的关联,才能保留天命在周的合理性,其次强调王系相承,又使得东周嗣王可以继续在周德已衰的同时保持天命。③ "周德虽衰"与"天命未改"并不冲突。王孙满承认周之统治者德衰,但在一定限度内,仍不承认周天子"无德",故"德衰"的周人,并不一定丧失天命。④ 此一事件的结果是,雄心勃勃的楚庄王退兵而还,这是对天命在周认可的表现。而作为大夷之邦的楚国犹能认可天命在周,说明在王室衰微的春秋时代,"天命未改"的观念当是内外华夷各国之共识。

然而,在王纲解纽、霸主继起的时代,各阶层的统治者们也开始突破传统天命观的范畴,进而从中为各自的政权寻找合法性,如相关研究所讲,春秋时期有着诸侯所受天命与周王室拥有天命并存并行之现象。⑤ 除承认周王"天命未改"外,春秋时期各阶层贵族亦常宣扬各自的天命。春秋晚期晋国的晋公盆铭文载:"唯王正月初吉丁亥,晋公曰:'我皇祖唐公膺受大命,左

---

① 罗新慧:《春秋时期天命观念的演变》,《中国社会科学》2020 年第 12 期。
② 杨伯峻:《春秋左传注》,北京:中华书局,1981 年,第 669—672 页。
③ 谢乃和:《商周时期国家治理中天命观念的演变》,《中国高校社会科学》2023 年第 2 期。
④ 李渊:《〈左传〉中的楚庄王事迹与楚人的华夏认同意识》,《史学史研究》2017 年第 1 期。
⑤ 罗新慧:《春秋时期天命观念的演变》,《中国社会科学》2020 年第 12 期。

右武王,教威百蛮,广辟四方。'"(《铭续》①10342)铭文中记述晋国先祖受命,协助武王平定四方的事迹。春秋晚期的蔡侯尊铭文载:"元年正月初吉辛亥,蔡侯申虔共大命,上下陟否,攉敬不惕,肇佐天子。"(《集成》②06010)春秋晚期已然处于覆灭之际的蔡国同样宣扬天命,咏怀"肇佐天子"的过往,可见协助周王治理天下而受天命的理念在当时是深入人心的。更能展现"礼崩乐坏"时代特征的,则如春秋时期的秦国积极宣扬天命,为自己的发展与霸权建立合法性的举动:

(1)丕显朕皇祖受天命,鼏宅禹迹,十又二公,在帝之坏,严恭夤天命,保业厥秦。(《集成》04315)

(2)秦公曰:我先祖受天令,商宅受国……公及王姬曰:余小子,余夙夕虔敬朕祀……秦公其畯令在位,膺受大命,眉寿无疆,敷有四方,其康宝。(《集成》00267)

(3)……天命,曰:肇敷蛮夏,極(亟)事于秦,即服……③

(1)为秦襄公时期的"秦公簋"铭文,(2)为秦武公时期的"秦公镈"铭文,(3)为秦景公时器"秦公石磬"铭文。由上可见,从春秋早期至中晚期,秦人长期宣扬自己和祖先受天命的事迹,但其表达中并未提及协助文武或后代周王的情况,已是僭越,称蛮夷华夏"事于秦"更将其称霸之心暴露无遗。秦国通过宣扬受天命的事迹,标榜霸业合法性的举动在春秋大国争霸的环境中并非异类,时人常有"齐、晋亦唯天所授"(《左传》成公二年)、"天方授楚"(《左传》桓公六年、宣公十五年)及吴越亦为"唯天所授"(《国语·吴语》)等言论,可知诸侯受天命而霸已成为春秋时期天命观的一种新内涵。

春秋诸霸在继承周王室"天命未改"的同时,宣扬本族群接受天命,从天命信仰方面构建其政权合法性。同时在意识观念中春秋诸霸受天命而霸也

---

① 吴镇烽:《商周青铜器铭文暨图像集成续编》,上海:上海古籍出版社,2016 年。

② 中国社会科学院考古研究所:《殷周金文集成》,北京:中华书局,2007 年。

③ 王辉等:《秦公大墓石磬残铭考释》,《"中央研究院"历史语言研究所集刊》第六十七本,1996 年。

成为一种"公共知识",为"他者"所称道。

二、尊王循礼:春秋霸政合法性构建中的礼制因素

在春秋时期的政治实践中,王室衰微导致的以周天子为核心的周礼遭到破坏,诸侯、卿大夫僭越之举频出,因此"礼崩乐坏"似乎成为这一时代之主题。实际上,春秋时期各级贵族在政治活动与生产生活中都十分重视礼制,在继承西周天命观念的基础上,周王室的"天下共主"地位仍为时人所尊崇,致使春秋诸霸在"尊王"的旗帜下,积极履行西周方伯制度的权利与义务,展现出其霸政中的礼制因素。

在管仲改革的支持下,齐桓公成为春秋首霸,也确立了春秋霸政中的"尊王"旗帜。管仲建言齐桓公道:"君有此士也三万人,以方行于天下,以诛无道,以屏周室,天下大国之君莫之能御。"[1]管仲之言道出春秋霸政的两个核心要素:"三万人"代表的是国家硬实力;"方行于天下""诛无道""屏周室"均是政治合法性构建的内容,属于政权柔性治理的范畴。其中,"屏周室"正是"尊王"的体现。

史籍多载有春秋霸主"尊王"的事例,其中当以齐桓、晋文二霸会盟之事迹为典型:

> (1)葵丘之会,天子使宰孔致胙于桓公,曰:"余一人有事于文、武,使孔致胙。"且有后命曰:"以尔自卑劳,实谓尔伯舅,无下拜。"桓公召管子而谋,管子对曰:"为君不君,为臣不臣,乱之本也。"桓公惧,出见客曰:"天威不违颜咫尺,小白余敢承天子之命曰'尔无下拜',恐陨越于下,以为天子羞。"遂下拜,升受命。赏服大辂,龙旗九旒,渠门赤旂,诸侯称顺焉。(《国语·齐语》)[2]
>
> (2)献楚俘于王,驷介百乘,徒兵千。郑伯傅王,用平礼也。王命尹氏及王子虎、内史叔兴父策命晋侯为侯伯。赐之大辂之服,戎辂之服,

---

① 徐元诰:《国语集解》,北京:中华书局,2002 年,第 225 页。
② 徐元诰:《国语集解》,北京:中华书局,2002 年,第 237—238 页。

彤弓一,彤矢百,玈弓矢千,秬鬯一卣,虎贲三百人。曰:"王谓叔父,敬服王命,以绥四国,纠逖王慝。"晋侯三辞,从命。曰:"重耳敢再拜稽首,奉扬天子之丕显休命。"受策以出,出入三觐……是会也,晋侯召王,以诸侯见……壬申,公朝于王所。(《左传·僖公二十八年》)①

引文(1)"葵丘之会"是齐桓公霸业的标志,《国语·齐语》载:"唯能用管夷吾、甯戚、隰朋、宾胥无、鲍叔牙之属而伯功立。"②引文(2)"践土之盟"是晋文公霸业的标志,《国语·晋语》载:"遂伐曹、卫,出谷戍,释宋围,败楚师于城濮,于是乎遂伯。"③所谓"伯",杨倞注《荀子·成相》"子胥见杀百里徒。穆公任之,强配五伯六卿施"曰:"伯,读曰霸。"④在先秦典籍中,"伯""霸"相通,上引"为侯伯""伯功立""于是乎遂伯"均指齐桓、晋文霸业的确立。在确立霸主地位的仪程中,先"会盟尊王",后"受命为伯",表明春秋霸主政治是在王政的政治框架内开展的。

《说文》曰:"伯、长也。"⑤《史记》郑玄云"方伯"一词曰:"长诸侯为方伯。"⑥春秋霸制与西周时期的"方伯制"关系密切。《礼记·王制》记载:

天子百里之内以共官,千里之内以为御,千里之外设方伯。五国以为属,属有长。十国以为连,连有帅。三十国以为卒,卒有正。二百一十国以为州,州有伯。八州,八伯,五十六正,百六十八帅,三百三十六长。八伯各以其属,属于天子之老二人,分天下以为左右,曰二伯。⑦

"方伯"在西周时期便是上受天子之命、治理畿外地方的诸侯之长。西周时期"方伯制"的实质就是以武力征服天下,再以血缘为纽带管理四方的

---

① 杨伯峻:《春秋左传注》,北京:中华书局,1981年,第463—473页。
② 徐元诰:《国语集解》,北京:中华书局,2002年,第241页。
③ 徐元诰:《国语集解》,北京:中华书局,2002年,第364页。
④ 王先谦:《荀子集解》,北京:中华书局,1988年,第459页。
⑤ 许慎:《说文解字注》,北京:中华书局,1980年,第367页。
⑥ 司马迁:《史记》,北京:中华书局,1959年,第150页。
⑦ 郑玄、孔颖达:《礼记正义》,阮元:《十三经注疏》,北京:中华书局,1980年,第1325页。

制度。① 史载："诸侯赐弓矢,然后征。赐鈇钺,然后杀,赐圭瓒,然后为鬯。"②其中"弓矢""鈇钺""圭瓒""鬯"等赐物皆为天子赏赐诸侯级别贵族之象征,同时代表着征伐四方、藩屏周室等职权的下放,而西周时期的"方伯"就是在如此受命的前提下,代替天子治理一方的大国诸侯。③ 齐桓、晋文"受命为伯"与西周"方伯制"渊源匪浅,其所受"大辂""龙旗""弓矢""秬鬯"等赐物正与西周方伯制度一脉相承。另外,从相关"职权"的执行方面来看,"方伯"的征伐之权则似乎对应了春秋争霸过程中常与"尊王"并行的另一政治行为——"攘夷"。《左传·僖公四年》载:"昔召康公命我先君大公曰:'五侯九伯,女实征之,以夹辅周室!'"④这是齐桓公伐楚时管仲之语,核心便是在强调齐国先君曾领受过类似"方伯"之职权,即能够合法地"讨伐不臣"以"夹辅周室"。楚乃"蛮夷之国",齐国此次伐楚正是借执行"方伯之权"来进行"攘夷"的。管仲利用方伯制度的"攘夷"之权伐楚,实现了传统与现实的双向有利互动。

西周之"伯"与春秋之"霸"二者不仅是字音、字义上的相通,而是从制度的"外在形式"到"具体职权"有着承续关系。换言之,春秋时期如齐桓、晋文这类"霸主"本质与西周时的"方伯"相同,都是礼制的"捍卫者",如有学者言:"霸在此是褒义,应有三方面的贡献:一是霸存其政,指保护周天子的政纲;二是正天下之化,也就是兴复华夏。三是攘除夷狄。"⑤春秋霸制本身在很大程度上继承了西周方伯制的传统,⑥借此形式确立霸权合法性的实践路径也是与之相对应的。

然而,需要明确的是"霸制"与"方伯制"虽然有着种种关联,但二者还是有着本质上的区别,反映着不同的时代特征。方伯制是西周王权强盛、保有"天下共主"地位时设立的制度,霸制是春秋王纲解纽、诸霸迭兴后的产物,

---

① 黄锦前:《晋楚曾霸,齐鲁燕灭——周代方伯的发展与演变》,《西南大学学报(社会科学版)》2021 年第 1 期。

② 郑玄、孔颖达:《礼记正义》,阮元:《十三经注疏》,北京:中华书局,1980 年,第 1332 页。

③ 陈恩林:《先秦两汉文献中所见周代诸侯五等爵》,《历史研究》1994 年第 6 期。

④ 杨伯峻:《春秋左传注》,北京:中华书局,1981 年,第 289 页。

⑤ 闫明恕:《论"五霸"之一的楚庄王》,《贵州师范大学学报(社会科学版)》1994 年第 2 期。

⑥ 邵蓓:《西周伯制考索》,《中国史研究》2008 年第 2 期。

核心差别在于其权力的来源。西周方伯乃是由王室进行选择性任命,而春秋霸主往往是诸侯先以实力争之,后由王室及其他诸侯共同予以名义上的认可,权力的来源从西周时期的"王权"转移到春秋时代的"霸权",这一情况从晋文公召开"践土之盟"一事便见端倪。《春秋·僖公二十八年》载"天王狩于河阳",《左传》解释曰:"是会也,晋侯召王,以诸侯见,且使王狩。仲尼曰:'以臣召君,不可以训。故书曰:'天王狩于河阳'。"①晋文公举行践土之盟意在称霸,其间邀请周天子前来威慑诸侯,其本质并非尊王,而是诸侯霸主建立霸权合法性的政治手段。王室的任命沦为形式上的追认,诸侯的霸权源于更本质的强大实力,诸侯在对周王室及传统礼乐秩序长期挑战中实现了"霸权"对"王权"的夺取,已形成一种权力与制度上的突破。

总之,春秋霸主的"尊王"举措以及对方伯义务的履行在形式上保留了西周礼制,但于本质而言是构建霸权政治合法性的法理依据。

三、姬姓为伯:春秋霸政合法性构建中的血统因素

春秋是血缘氏族社会逐步崩解的时代,但血缘氏族仍旧是维系社会生产生活的纽带,在此基础上的政权组织形式也依然是以某氏族或邦国为核心的邦国联盟。在这种政治框架中,血统是极为重要的因素。西周晚期,史伯曾经有过如下言论:

> 夫齐,姜姓,伯夷之后也,伯夷佐尧典礼。秦,嬴姓,伯翳之后也,伯翳佐舜怀柔百物。及楚之先,皆尝有功于天下。而周武王克纣后,成王封叔虞于唐,其地阻险,以此有德与周衰并,亦必兴矣。②

就史伯对西周末年各诸侯国的论说来看,齐、秦、晋、楚等在之后春秋争霸中崭露头角的国家均有各自不俗的出身,分别代表着先秦时代各大血缘氏族团体,他们普遍拥有着丰厚的"政治资产",这种资产不仅表现在土地、

---

① 杨伯峻:《春秋左传注》,北京:中华书局,1981年,第473页。
② 司马迁:《史记》,北京:中华书局,1959年,第1757—1758页。

人口上,更包括潜在的政治影响力,并以血缘为纽带向后代传递。有学者指出:周人塑造本族为"帝"之后裔,发挥"血统论"的影响。① 同样,在春秋时期各国也会基于各自的"血统"进行发挥,利用本国的"政治遗产"以为争霸之举营建有利态势。

周王室的"姬姓同宗"之国在诸夏联盟中有着血统优势,这一优势可为其争霸提供天然的合法性依据。历史上晋、吴两个姬姓霸国便曾充分利用血统优势进行争霸活动。

晋国的始封之君为西周成王之弟叔虞,作为姬姓诸侯,晋国在争霸过程中善于利用血缘论。晋、楚"城濮之战"前,晋文公因受恩于楚成王而犹豫是否要与之开战,晋国贵族栾贞子劝说道:"汉阳诸姬,楚实尽之。思小惠而忘大耻,不如战也。"②楚国在向北扩张的时候吞灭诸多姬姓诸侯国,作为姬姓大国,晋国理应向楚国复仇,维护同姓诸侯是晋国发动战争的重要依据。城濮一战,晋国获胜,奠定了晋文公的霸业。

"崤之战"是秦晋争霸的决定性战役。当时,晋文公刚刚去世,秦穆公妄图偷袭郑国进而东扩,建立霸业。秦军在偷袭的过程中被郑商弦高发现,便放弃偷袭计划返于秦国,途经崤山被晋国设伏,秦军主力几近覆灭。《左传·僖公三十三年》记载晋军主帅先轸在"崤之战"前的言论曰:"秦不哀吾丧,而伐吾同姓,秦则无礼,何施之为? 吾闻之:'一日纵敌,数世之患也。'谋及子孙,可谓死君乎?"③所谓"不哀吾丧"指晋文公刚去世,"伐吾同姓"指秦国伐郑国(姬姓),这是秦国"无礼"的体现,也是晋国发动"崤之战"的口实。"崤之战",晋军大胜,秦国从此退出诸夏争霸的舞台,晋文公之子襄公继续晋国霸业。

实际上,城濮之战是晋、楚两强争霸矛盾不可调和的结果,崤之战的前三年,晋文公还曾与秦穆公联合围攻郑国,后因"烛之武退秦师",④晋国方才

---

① 彭华:《王朝正统论与政权合法性——以商周鼎革为例》,《四川大学学报(哲学社会科学版)》2021 年第 6 期。
② 杨伯峻:《春秋左传注》,北京:中华书局,1981 年,第 459 页。
③ 杨伯峻:《春秋左传注》,北京:中华书局,1981 年,第 497 页。
④ 杨伯峻:《春秋左传注》,北京:中华书局,1981 年,第 478—482 页。

作罢——"汉阳诸姬"与"伐吾同姓"不外是晋国发起争霸战争从而确立霸权的政治合法性构建而已。

在春秋晚期的"黄池之会"上,晋国在与吴国争夺盟主之位时故伎重施,《左传·哀公十三年》载:"吴、晋争先……晋人曰:'于姬姓,我为伯。'"①晋国以其为"姬姓国家之首"的理由与吴国争当盟主,便是沿用重申姬姓血统的手段,为其霸主身份的获取提供政治合法性。

然而,这次的晋国遇到了同为姬姓的吴国。据《史记·吴太伯世家》记载,吴国名义上为吴太伯之后,虽然身处蛮夷却仍是姬姓诸侯。春秋晚期,吴王夫差打败越王勾践,在西破楚、北败徐、齐、鲁之后成为东南一霸,为实现其霸业与晋国在黄池进行会盟。在会盟的最后,晋国与吴国争先为龇,吴国便说:"于周室,我为长。"②吴太伯在周王室中有特别的地位,他是周文王的长兄。于是有了上引晋人语"于姬姓,我为伯"。

晋、吴两姬姓诸侯以血统论宣扬其霸业的政治合法性,非姬姓诸侯亦然。齐人为"四岳"之后,楚人为"祝融"之后,越人为禹夏之后,其所宣扬的高贵血统或为史实或为虚构,却均展现了血缘因素在氏族社会中的政治意义。

四、德性政治:春秋霸政合法性构建中的伦理因素

时至春秋,传统的氏族伦理转型于社会伦理、家庭伦理与个人道德,传统的孝、友、敬、义等旧德目内涵发生变化的同时,忠、信、仁等新伦理德目也得以发生。在政治层面上,后者的意义越发重要。为政是否符合道德准则是时人评判其政权合法性的重要标准,在诸侯争霸的过程中时常会涉及"政治德性"的问题。

首先以"忠"为例。"忠"字不见于春秋以前文献,学界普遍认为即便"忠君思想"可能出现较早,但"忠"的概念应产生于春秋时代。在春秋争霸的大环境下,霸主对"忠"德多有利用。以楚庄王灭陈国为例。清华简《系

---

① 杨伯峻:《春秋左传注》,北京:中华书局,1981年,第1677页。
② 司马迁:《史记》,北京:中华书局,1959年,第1474页。

年》第十五章载："楚庄王立,吴人服于楚。陈公子徵舒取妻于郑穆公,是少,庄王立十又五年,陈公子徵舒杀其君灵公,庄王率师围陈。王命申公屈巫适秦求师,得师以来。王入陈,杀徵舒,取其室以予申公。"①楚国灭陈本为"非正义"战争,但当被讨伐者有违伦理道德时,便可师出有名了。陈国公子徵舒弑杀国君而篡逆,虽事出有因却违背传统忠君伦理,楚庄王的讨伐便可被视作是对"不臣者"合理的惩罚,是维护"忠"的行为,从而具备了政治上的合法性。此举也在评论"春秋大义"的《公羊传》中得到肯定。《公羊传·宣公十一年》载:"冬十月,楚人杀陈夏征舒……上无天子,下无方伯,天下诸侯有为无道者,臣弑君,子弑父,力能讨之,则讨之可也。"②儒家对楚国的僭越行为多有贬斥,但也认为在"上无天子,下无方伯"而陈国出现"臣弑君"的特殊情况下,楚国出兵伐陈是符合政治伦理的。当然,楚庄王"伐陈"的目的就是吞灭陈国,维护"忠"德只是其霸权扩张的合法理据。

再以"信"为例。"信"之思想至迟于西周时期就已萌生,春秋时期随着诸侯会盟的频繁,"信"成为重要的政治伦理德目。春秋争霸的核心环节便是盟誓,前引齐桓公的"葵丘之盟"、晋文公的"践土之盟",以及楚庄王称霸的"蜀之盟",吴、晋争霸的"黄池之盟"等,均是霸主取得绝对的政治势力后,建立霸权的标志。在春秋盟誓中,盟誓诸方达成共识后,由霸主带头举行"歃血"仪式,以确保盟誓诸侯遵守信用,服从霸主,履行义务——"信"德便是其中最为重要的内涵。面对失信的诸侯,霸主会对其进行武力征伐。春秋中期开始,晋楚争霸致使夹于其间的郑、宋等国"朝晋暮楚",反复背信,征伐背信的诸侯是晋、楚争霸的表现。

以"忠""信"为代表的春秋伦理德目深刻影响着春秋时代的政治,作为"德性政治"的具体要求,维护、遵从这些伦理规范便能为其时的争霸行为提供政治合法性。当这些伦理德目落实到霸主个人层面,便会形成君主的"个人魅力",即马克斯·韦伯所言"魅力型统治"——政治合法性建立在统治者

---

①　李学勤主编,清华大学出土文献研究与保护中心编:《清华大学藏战国竹简(二)》,上海:中西书局,2011 年,第 170 页。

②　何休、徐彦:《春秋公羊传注疏》,阮元:《十三经注疏》,北京:中华书局,1980 年,第 2284 页。

个人的非凡品质和人格魅力之上。在春秋争霸的过程中,霸主个人因素的影响也确实是不容忽视的。《左传·昭公四年》载:"齐有仲孙之难,而获桓公,至今赖之。晋有里、丕之难,而获文公,是以为盟主。"①春秋霸主个人素质、人格魅力的塑造,体现在对内营造和对外宣扬两个方面。

对内营造重点在于霸主作为本国"国君"的作为,包括处理国事、招揽人才及君臣相处等方面。首先在处理国事上,秦穆公在"崤之战"战败后的举动可为一证,《吕氏春秋·先识览·悔过》载:

> 公兴师以袭郑,蹇叔谏曰:"不可。臣闻之,袭国邑,以车不过百里。以人不过三十里,皆以其气之趫与力之盛,至,是以犯敌能灭,去之能速。今行数千里,又绝诸侯之地以袭国,臣不知其可也。君其重图之。"缪公不听也……先轸遏秦师于崤而击之,大败之,获其三帅以归。缪公闻之,素服庙临,以说于众曰:"天不为秦国,使寡人不用蹇叔之谏,以至于此患。"此缪公非欲败于崤也,智不至也。智不至则不信。言之不信,师之不反,也从此生。故不至之为害大矣。②

虽然"崤之战"中秦国大败,但秦穆公勇于承担责任并表示悔过的处理态度无疑大大削减此事在秦国的负面影响,既肯定了以谏言未成的"蹇叔"为代表的一众骨干臣子的贡献,安抚了全国上下因战败而动摇的人心,又挽回了个人的威信,营造了"贤明君主"的形象,使秦国重新振作,才能有之后"称霸西戎"的成就。

贤才的辅佐是诸侯成就霸业的关键。清华简《良臣》篇载:"晋文公有子犯,有子馀,有咎犯,后有叔向。齐桓公有鲍夷吾,有宾须亡,有隰朋。吴王光有伍之胥。越王勾践有大夫种,有范蠡。秦穆公有殺大夫。"③霸主之所以能得到贤才的辅佐,在于君臣的相处之道。以晋文公流亡时的故事为例,

---

① 杨伯峻:《春秋左传注》,北京:中华书局,1981年,第1247页。
② 许维遹:《吕氏春秋集释》卷十六,北京:中国书店,1985年。
③ 李学勤主编,清华大学出土文献研究与保护中心编:《清华大学藏战国竹简(三)》,上海:中西书局,2012年,第157页。

《国语·晋语》载:"晋公子亡,长幼矣,而好善不厌,父事狐偃,师事赵衰,而长事贾佗……此三人者,实左右之。公子居则下之,动则谘焉,成幼而不倦,殆有礼矣。树于有礼,必有艾。"①晋文公能时刻保持谦恭守礼,对臣子"以礼相待",故而才能在长期流亡的情况下始终保持住自己的人才团队并不断壮大,为之后的归国称霸打下基础。

对外宣扬重点在于霸主在处理各种国际事务时的表现。首先是处理与盟国的关系。齐桓公"救燕"一事可谓典范,《史记·齐太公世家》载:

> 二十三年,山戎伐燕,燕告急于齐。齐桓公救燕,遂伐山戎,至于孤竹而还。燕庄公遂送桓公入齐境。桓公曰:"非天子,诸侯相送不出境,吾不可以无礼于燕。"于是分沟割燕君所至与燕,命燕君复修召公之政,纳贡于周,如成康之时。诸侯闻之,皆从齐。②

齐桓公伐山戎是为"攘夷","救燕"是为"扶弱","赠土"是为"守礼",这一系列举动既维护小国的利益,又符合礼制与道义。由此齐国的名声与齐桓公的霸主形象均得以提升,成功树立起一位"仁义之君"的形象。另外齐桓公"存邢救卫"之举亦是如此。《国语·齐语》载:"狄人攻邢,桓公筑夷仪以封之……狄人攻卫,卫人出庐于曹,桓公城楚丘以封之……天下诸侯称仁焉。"③

再者关于处理与敌国的关系。楚庄王"拒筑京观"一事可鉴,《左传·宣公十二年》:

> 楚重至于邲,遂次于衡雍。潘党曰:"君盍筑武军而收晋尸以为京观? 臣闻克敌必示子孙,以无忘武功。"楚子曰:"非尔所知也。夫文,止戈为武……夫武,禁暴、戢兵、保大、定功、安民、和众、丰财者也。故使子孙无忘其章。今我使二国暴骨,暴矣;观兵以威诸侯,兵不戢矣。暴

---

① 徐元诰:《国语集解》,北京:中华书局,2002 年,第 329 页。
② 司马迁:《史记》,北京:中华书局,1959 年,第 1488 页。
③ 徐元诰:《国语集解》,北京:中华书局,2002 年,第 238—239 页。

而不戢,安能保大? 犹有晋在,焉得定功? 所违民欲犹多,民何安焉? 无德而强争诸侯,何以和众? 利人之几,而安人之乱,以为己荣,何以丰财? 武有七德,我无一焉,何以示子孙? 其为先君宫,告成事而已。武非吾功也。古者明王伐不敬,取其鲸鲵而封之,以为大戮,于是乎有京观以惩淫慝。今罪无所,而民皆尽忠以死君命,又可以为京观乎?"祀于河,作先君宫,告成事而还。①

楚国在"邲之战"大胜晋国,楚庄王一战而定霸主地位。面对臣下"收晋尸以为京观"的建议,楚庄王理性地提出"止戈为武"的战争观,并认为晋楚两军将士"皆尽忠以死君命",不可以"京观"。楚庄王的言行维护了晋国将士的尊严,充分地展现霸主应有的道义与格局。

综上,春秋霸主以德性政治要求为准则进行争霸活动,并以"魅力型统治"的方式团结国内势力,化解与敌对邦国的矛盾,为其霸业积累政治合法性的伦理因素,从而强化其国家治理的粘连性。

春秋霸权的本质是王权衰落导致的以邦国硬实力为基础的诸侯权力竞争,但其政治合法性构建的过程往往利用天命观念、西周礼制、血统延续、德性政治等思想观念方面的内容。春秋诸霸在继承西周天命观念、遵循周王室"天命未改"的同时,积极营造自身族群受命于天,为其争霸张本。春秋霸制源于周代方伯制度,以齐桓、晋文为代表的春秋霸主以"尊王"为旗帜积极履行方伯的权利与义务,使其霸权具有法理依据。春秋霸主常将血统论之于战争与盟誓以确保霸权利益,并在内政、外交领域遵循忠、孝为代表的道德准则,塑造其个人魅力以宣扬霸业的伦理性。

当然所谓的天命、礼制、血统、伦理等因素在概念上并非绝对地排他,而是相互兼容的。天命观念既是周礼的基础,也是周礼的内容,遵循"天命未改"本质上就是"尊王"。以血统论营造政治合法性也多以礼制的问题呈现,晋军主帅先轸将秦人"伐吾同姓"归于"无礼",晋、吴利用姬姓血统为争也是外化于诸侯的盟誓礼。广义而言,除个人魅力和伦理德目,符合当时政治理

---

① 杨伯峻:《春秋左传注》,北京:中华书局,1981 年,第 743—747 页。

念的天命信仰、礼制规范、血统认同等亦是"德性政治"的表达。造成概念边界不清晰的原因是西周以前的早期中国是"混沌粘滞"①的氏族社会，春秋霸政政治合法性构建中体现的天命、礼制、血统、伦理等因素的相互"粘滞"，是其"早期性"的体现。

不同于西周王朝政权合法性构建中强调"建中"，齐、晋、秦、楚、吴、越等春秋霸国地处诸夏边缘，其政权合法性中鲜有"地缘"因素的表达。此外，夏、商、西周三代政权合法性的构建主体与对象是一致的，而春秋霸政政权合法性构建的主体是霸主，对象则是"王室·霸主"为表里，这都是其"特殊性"的体现。正是政治合法性构建对象表里的分离，促使政治思想得以摆脱政治实践而独立存在，这为诸子时代政治思想的多元产生提供了可能。

第二节　春秋争霸与中华民族共同体意识的构筑

共同体意识是国家认同中的重要因子，早在先秦时期中华民族共同体意识便已萌生。远古时代，氏族、部落散落华夏大地，苏秉琦将数以千计的新石器时期遗址分为六大板块，认为文化遗址以"满天星斗"②的形态分布，后又提出中华文明多元一体模式的概念。费孝通指出："在新石器时期在黄河中下游及长江中下游都有不同的文化区。这些文化区逐步融合出现汉族的前身，华夏的初级统一体。"③至三代时期，夏、商、西周政权以"复合制"④的模式建立的国家体制将统治区域的氏族进行统合，逐步形成了中华民族共同体的前身——诸夏共同体。"天下诸邦国、部落对于中心权力和中央王朝的认同，亦即我们所说的国家认同，是天下一家局面出现的前提；反过来说，天下一家局面的出现，也正是天下邦国、部落'国家认同'的结果。"⑤西周王朝以宗法制、分封制为核心的周礼构造了早期共同体意识的三大认同，即

---

① 阎步克：《春秋战国时"信"观念的演变及其社会原因》，《历史研究》1981 年第 6 期。
② 苏秉琦：《中国文明起源新探》，北京：生活·读书新知三联书店，2019 年，第 102 页。
③ 费孝通：《中华民族多元一体格局形成的特点》，《群言》1989 年第 3 期。
④ 王震中：《从复合制国家结构看中华民族的形成》，《中国社会科学》2013 年第 10 期。
⑤ 晁福林：《论中华民族国家行程中的国家认同》，《北京师范大学学报（社会科学版）》2022 年第 5 期。

天子至上的政治认同、华夷之辨的民族认同和尊尚礼乐的文化认同。① 至春秋时期,随着王纲解纽、诸侯并起、夷狄相交,以周礼维系的诸夏共同体出现了空前的危机,正如《公羊传》所谓:"南夷与北狄交,中国不绝若线。"②在此背景下,齐桓公、晋文公、秦穆公、楚庄王、吴王夫差、越王勾践相继为霸,③他们或以"尊王"为旗帜凝结诸夏共同体意识,或以"攘夷"的方式维护诸夏共同体,或以融合的形式扩展共同体意识的地域与族群,并为共同体意识带来新元素,加速了中华民族共同体意识的演进。

春秋争霸一直以来都是学术界研究的热点,随着清华简等新史料的出土和释读,对春秋霸主成就霸业的手段、过程,人物性格以及春秋争霸所体现的历史特点等都进行了较为详尽的研究,④却缺乏以共同体意识为视域的学术成果。⑤ 有鉴于此,以春秋争霸中的尊王理念、华夷观念以及民族融合和区域性统一为基点,探索早期中华民族共同体意识的构筑,于古史探赜和当今"铸牢中华民族共同体意识"理论的深耕均有裨益。

一、"尊王攘夷"与共同体的凝聚

周平王东迁后,王室衰微导致的政治权力的真空使得诸夏共同体面对着内外双重危机。内部而言,以郑国为代表的诸侯国发展壮大,使得原有的"礼乐征伐自天子出"转向"礼乐征伐自诸侯出",诸夏共同体失去了王权的

① 马卫东:《大一统源于西周封建说》,《文史哲》2013 年第 4 期。
② 何休、徐彦:《春秋公羊传注疏》,阮元:《十三经注疏》,北京:中华书局,1980 年,第 2249 页。
③ 据研究统计,春秋时代诸侯中得称"霸(伯)主"者,共有 19 位:齐桓公、晋文公、秦穆公、宋襄公、楚庄王、吴阖闾、吴夫差、越勾践、晋襄公、晋灵公、晋成公、晋景公、晋历公、普悼公、晋平公、晋顷公、晋定公、楚康王、楚灵王。[参见卫聚贤:《五霸考》,《说文月刊》(第一卷上),香港:香港明石文化国际出版有限公司,2004 年,第 557—569 页]本节所论"春秋争霸",以齐桓公、晋文公、楚庄王、秦穆公、吴王夫差与越王勾践为主,兼顾其他。
④ 晁福林:《论春秋霸主》,《史学月刊》1991 年第 5 期;余治平:《"亲亲"而"分封":天下共主之成败——公羊家政治哲学一个基本原则的使用与效果分析》,《中山大学学报(社会科学版)》2021 年第 3 期;刘保刚:《钱穆对中国天下观的诠释和解析》,《史学月刊》2022 年第 4 期;李新伟:《"多元一体"概念在中华文明探源中的应用》,《中国社会科学报》2022 年 10 月 20 日。
⑤ 近年来,学术界不乏关于早期"中华民族"观念的形成和国家认同的成果,如晁福林:《从"华夏"到"中华"——试论"中华民族"观念的渊源》,《史学史研究》2020 年第 4 期;晁福林:《论中华民族形成过程中的国家认同》,《北京师范大学学报(社会科学版)》2022 年第 5 期等。但是仍缺乏"春秋争霸与中华民族共同体意识"方面的论著。

约束,从内部产生了分离的倾向。外部而言,以楚国为代表的南蛮和以白狄、赤狄、山戎为代表的北狄交相侵伐,使南方的"汉阳诸姬"和北方的燕、邢、卫等诸夏邦国遭到亡国的境遇,诸夏共同体遭到了蛮夷势力的蚕食。在此背景下,齐桓公高举"尊王攘夷"的旗帜,开创了春秋霸业的新模式。在王室衰微的事实面前,"尊王攘夷"的号召虽然缺乏政治基础,却起到了凝结诸夏共同体意识的作用,遂成为春秋霸主们遵循的"金规则"。以下先论尊王之于共同体意识的作用。

《国语·郑语》记载:"及平王之末,而秦、晋、齐、楚代兴,秦景、襄于是乎取周土,晋文侯于是乎定天子,齐庄、僖于是乎小伯,楚蚡冒于是乎始启濮。"①东周初年,诸侯纷纷崛起破坏了以周礼为核心的政治秩序。公元前707年,周王室与郑国爆发了"繻葛之战",周桓王所率领的陈、蔡、卫等国联军竟然败于郑庄公,从此"礼乐征伐自天子出"的历史不复存在。② 不仅如此,业已孱弱的东周王室还频频内乱,仅春秋早期便出现了"王子颓之乱"③和"王子带之乱。"④在此背景下,"尊王"有两方面的意义,一是率领诸侯共尊王室,二是出兵平定王室内乱确保周王的正统性。此两方面均有效地阻止了共同体意识的解构。

"率领诸侯共尊王室"使得诸侯争霸局限在周王为天下共主的秩序框架之内。齐桓公"葵丘之会"、晋文公"践土之盟"都将霸权的实质置于王权的体系之下。霸主行使权力要在周礼的规范下进行。春秋初年燕国受到山戎的侵袭,齐桓公帮助燕国驱逐山戎后,燕庄公送齐桓公进入了齐国的领地,"桓公曰:'非天子,诸侯相送不出境,吾不可以无礼于燕。'于是分沟割燕君所至与燕,命燕君复修召公之政,纳贡于周,如成康之时。"⑤齐桓公为了维护周天子的特殊地位,不惜割让土地,并告诫燕国也要遵守周礼,"纳贡于周"。如此,纵观春秋时代,诸侯欲争霸必须得到周天子的认可,霸主也需遵从周礼行事才能统御诸夏,春秋霸主及各级贵族在"尊王"的旗帜下强化了诸夏

---

① 徐元诰:《国语集解》,北京:中华书局,2002年,第477页。
② 杨伯峻:《春秋左传注》,北京:中华书局,1981年,第106页。
③ 杨伯峻:《春秋左传注》,北京:中华书局,1981年,第212—213页。
④ 杨伯峻:《春秋左传注》,北京:中华书局,19801年,第432页。
⑤ 司马迁:《史记》,北京:中华书局,1959年,第1488页。

共同体意识。

"确保周王的正统性"防止了共同体意识的分裂。周王室的分裂造成不同政治立场的对立会导致共同体意识的弱化。前文已述,两周之际"二王并立"所造成的正统性之争遂演变成了诸夏集团内部的分裂,"邦君诸侯不朝于周"转而自谋发展,这是对诸夏共同体意识的破坏。春秋初年,王子带之乱爆发,周襄王向秦、晋求援,赵衰言于晋文公曰:"求霸莫如入王尊周。周晋同姓,晋不先入王,后秦入之,毋以令于天下。方今尊王,晋之资也。"①赵衰说服晋文公把握住此次勤王机会,晋文公大破王子带,并护送周襄王返回都城。周襄王大悦,赐晋文公河内阳樊之地。晋国出于本国争霸的现实需求协助周襄王平定王子带之乱,在客观上防止了周王室正统性的分裂,促进诸夏共同体意识的内部凝聚。

相对于"尊王"是从内部对诸夏共同体意识的分裂倾向进行阻止,"攘夷"则是通过外部的力量强化诸夏共同体意识的黏性。"攘夷"最早见于《春秋公羊传》,"南夷与北狄交,中国不绝若线。桓公救中国,而攘夷狄。"②盖言之,"攘夷"就是对非诸夏集团的少数族群入侵的抵抗。

春秋时期,王权衰落导致的政治秩序的紊乱加剧了诸夏与夷狄之间的矛盾,夷狄对诸夏邦国的侵伐日趋频繁。春秋霸主在"尊王"的同时采取"攘夷"的措施,在维护诸夏共同体的同时,也从外部强化了共同体意识的黏性。当赤狄伐邢时,管仲认为同为诸夏之国,一国有恶,他国同恶,并劝谏齐桓公说:"戎狄豺狼,不可厌也;诸夏亲昵,不可弃也。宴安鸩毒,不可怀也。"③在戎狄的外部压力下,"诸夏亲昵"更为紧密,齐桓公通过"攘夷"的方式也得到了诸夏邦国的认同,强化了共同体意识的黏性。

齐桓公、晋文公对南方荆楚的抑制和打击也有效地强化了共同体意识。春秋初年,楚君熊通讨伐姬姓诸侯随国,自尊为"楚武王",由此逐步吞并"江汉诸姬",楚国成为诸夏集团最大的威胁。在此背景下,齐桓公率诸侯联军

① 司马迁:《史记》,北京:中华书局,1959 年,第 1663 页。
② 何休、徐彦:《春秋公羊传注疏》,阮元:《十三经注疏》,北京:中华书局,1980 年,第 2249 页。
③ 杨伯峻:《春秋左传注》,北京:中华书局,1981 年,第 256 页。

伐楚,齐楚达成昭陵之盟。① 齐桓公虽然未能给楚国以实际性的打击,却有效地阻止了楚国向诸夏地区的扩张,而楚国接受了齐桓公的要求,恢复向周王室纳贡"包茅",不仅让诸夏邦国在"攘夷"的外力作用下共识于"尊王",还将自认为蛮夷的楚国拉回周礼的框架之内,行使服制的义务。据前引清华简《系年》记载,城濮之战时晋国联军有:秦、齐、宋及群戎;楚国联军有:郑、卫、陈、蔡及群蛮夷。秦与群戎参与晋国联军,郑、卫、陈、蔡等诸夏邦国参与楚国联军,说明晋楚城濮之战已经摒弃诸夏与蛮夷的族群偏见,这既是共同体意识离散的表现,也是共同体意识扩展的契机。晋国在城濮之战的胜利不仅阻止了楚国向诸夏的扩张,也使投靠楚国的诸夏邦国重归诸夏集团。

综之,以齐桓公、晋文公为代表的春秋霸主以"尊王攘夷"为旗帜,从内部率诸夏邦国尊王以阻止共同体的分崩,从外部抵御夷狄入侵以强化共同体意识的黏性,使得王室衰微后诸夏共同体仍得以维系。从某种意义讲,在没有王室强权内核的约束下,诸夏机体仍保持一种聚合,这本身就是共同体强化的表现。

二、"大夷之力"与共同体的扩展

齐桓公、晋文公主导的春秋霸业影响了实力强劲的夷狄之邦,他们在扩张侵伐的同时,更渴望参与到诸夏的争霸之中,号令诸侯。楚国、秦国、吴国、越国相继融入春秋争霸的大势,使得共同体意识在地域和族群方面得以扩展。

秦人本为东夷族群,与商人关系密切。商周之际,秦人先祖被周人流放至西北,帮助西周抵御西戎。直至战国时期秦国仍旧处于"不与中国诸侯之会盟,夷翟遇之"的状态。② 可见,秦国在与西戎融合的过程中,逐渐形成了区别于诸夏的较为独立的文化单元。秦国虽为夷狄,却在秦穆公时期积极参与诸夏争霸。首先,秦穆公有尊王之举。在前述王子带之乱时,秦穆公作为非传统姬姓诸侯亦毫不犹豫地发兵勤王,史籍记载:"秦缪公将兵助晋文

---

①　杨伯峻:《春秋左传注》,北京:中华书局,1981 年,第 287 页。
②　司马迁:《史记》,北京:中华书局,1959 年,第 202 页。

公入襄王,杀王弟带。"①在秦晋韩原之战时,秦穆公也因"天子为请",②释放了被俘获的晋惠公。其次,秦穆公与以晋国为首的诸夏国家友好相交。秦穆公主导与晋国达成了三段婚姻关系,史称"秦晋之好"。在晋文公与楚国争霸时,秦国加入了晋国的军事联盟,帮助晋国在城濮之战中获胜。晋文公讨伐郑国时,秦国亦能出兵相助。在郑国烛之武的劝说下,秦又能反过来帮助郑国抵御晋军。虽然秦国的这些举措暗藏争霸的野心,却客观地促进了与诸夏邦国的交流。复次,秦穆公攘夷而"霸西戎"。崤之战后,面对强大的晋国,秦穆公调整战略方向,向西而攘夷。史籍载:"秦用由余谋伐戎王,益国十二,开地千里,遂霸西戎。天子使召公过贺缪(穆)公以金鼓。"③顾颉刚先生具体考证了秦国周边的民族情况,他说:"以秦之四方别之,则大荔在东,昫衍、义渠、乌氏在北,縣诸、绲戎、翟在西也。"④秦穆公"霸西戎"实现了对周边族群的融合,促进了共同体意识向西方的扩展。

春秋时期的楚国以蛮夷的姿态不断侵伐诸夏邦国,成为齐桓公、晋文公攘夷的主要对象,然而另一方面来看,楚国在扩张的过程中也逐渐拥有了统领诸夏的实际地位。楚成王时期楚国开始回归诸夏共同体,"成王恽元年,初即位,布德施惠,结旧好于诸侯。"⑤周王室赐胙肉,曰:"镇尔南方夷越之乱,无侵中国。"⑥此时,楚王在周王的任命下拥有了稳定南方夷越的职责,这也是"尊王攘夷"的体现。至楚庄王时,楚国在"邲之战"中战胜晋国,终于成为诸夏共同体的霸主。在楚庄王"问鼎"事件中,经王孙满对天命与德的政治劝言后,楚庄王选择撤军,起因乃是意识到只有重视政治伦理才能统御诸夏乃至天下。其后,楚国的对外政策发生了改变,不同于以往的单向的扩张并国,而是更重视征伐的合理性。公元前 598 年,陈国内乱,楚庄王出兵灭陈,其讨伐理由是陈国出现了以臣弑君的现象,其后,楚庄王在大夫申叔时

---

① 司马迁:《史记》,北京:中华书局,1959 年,第 190 页。
② 司马迁:《史记》,北京:中华书局,1959 年,第 189 页。
③ 司马迁:《史记》,北京:中华书局,1959 年,第 194 页。
④ 顾颉刚:《秦与西戎》,《史林杂识初编》,北京,中华书局,1963 年,第 59 页。
⑤ 司马迁:《史记》,北京:中华书局,1959 年,第 1697 页。
⑥ 司马迁:《史记》,北京:中华书局,1959 年,第 1697 页。

的劝谏下将业已置县的陈国恢复为独立的诸侯国。① 次年,楚庄王因郑国叛楚投晋而亲征围郑,郑君出城门"肉袒牵羊以逆",这是古代的投降之礼,楚庄王曰:"其君能下人,必能信用其民,庸可绝乎!"遂退兵而还。② 三年后,楚庄王因宋国杀楚使而伐宋,围困宋国数月,宋使臣华元对于国都内"易子而食,析骨而炊"的实情相告于楚,楚庄王称华元为"君子",也罢兵而返。③ 可见,楚庄王在处理诸夏邦国关系时,遵循诸夏的忠君、信于民、君子之德等伦理观念,此时楚庄王之霸业与齐桓公、晋文公如出一辙。至楚庄王之子——楚共王去世时,令尹子囊论谥号而言:"赫赫楚国,而君临之,抚有蛮夷,奄征南海,以属诸夏。"④这表明楚国不仅融入诸夏共同体之中,还与诸夏邦国建立起来了共同的诸夏认同,这是共同体意识之于南方的扩展。

与秦、楚相似,春秋晚期的吴越争霸也促进了共同体意识的扩展。吴国公室为姬姓,与周王室同宗,均为周先公古公亶父之后。越国公室则为大禹之后。两国虽为诸夏之后,却长期与中原隔绝,且风俗文化多已"蛮夷化",《左传·昭公三十年》载楚国子西言:"吴,周之胄裔也,而弃在海滨,不与姬通。"⑤越国情况也应大致如此。因此,吴越争霸可以理解为一场夷狄之邦参与诸夏争霸的历史事件。吴国霸业的标志性事件是"黄池会盟",会盟之后,吴王夫差成为春秋霸主,与周天子有如下对话:

> 吴王夫差既退于黄池,乃使王孙苟告劳于周,曰:"……夫差克有成事,敢使苟告于下执事。"周王答曰:"苟,伯父命女来,明绍享余一人,若余嘉之。昔周室逢天之降祸,遭民之不祥,余心岂忘忧恤,不唯下土之不康靖。今伯父曰:'戮力同德。'伯父若能然,余一人兼受而介福。伯父多历年以没元身,伯父秉德已侈大哉!"⑥

① 司马迁:《史记》,北京:中华书局,1959 年,第 1701—1702 页。
② 司马迁:《史记》,北京:中华书局,1959 年,第 1702 页。
③ 司马迁:《史记》,北京:中华书局,1959 年,第 1702—1703 页。
④ 杨伯峻:《春秋左传注》,北京:中华书局,1981 年,第 1002 页。
⑤ 杨伯峻:《春秋左传注》,北京:中华书局,1981 年,第 1508 页。
⑥ 徐元诰:《国语集解》,北京:中华书局,2002 年,第 553—554 页。

据引文,夫差会盟诸侯后马上向周王室汇报,并以低姿态向周王表明心迹,这是尊王的体现。周王称夫差为"伯父",是对同姓诸侯的称谓,这符合西周以来实行的宗法分封制度。周王赞同夫差所言"戮力同德",实际上也是对吴国的要求,这是西周册命制度的体现。越王勾践霸业的标志性事件是"徐州会盟",在此次会盟中,勾践率齐国、晋国向周王室纳贡,以示尊王,并将吴国的土地赐予楚国、鲁国,将吴国侵占宋国的土地予以归还。① 综之,吴王夫差和越王勾践的霸权符合诸夏共同体的政治伦理,这是吴越融入诸夏共同体意识的表现,亦是共同体意识之于东方的扩展。

秦、楚、吴、越称霸时期诸夏与夷狄交往频繁,秦穆公、楚庄王、吴王夫差、越王勾践等大夷之君吸收诸夏文化治国图霸,在参与诸夏争霸的过程中,增强了对诸夏中心的民族凝聚力和民族认同感,实现了蛮夷的华夏化,逐步形成诸夏共同体意识。随着秦霸西戎、楚降诸蛮,吴越治理百越,共同体意识在族群和地域层面得到了扩展。

在王纲解纽的春秋时代,无论是传统诸夏邦国的齐桓公、晋文公还是大夷之君的秦穆公、楚庄王、吴王夫差、越王勾践,春秋霸主们虽然各有政治野心,却以"尊王"维护政治认同、以"攘夷"维护民族认同、以礼乐文化感染蛮夷戎狄,不仅维护了诸夏共同体意识,还使之在族群和地域方面得到了扩展。战国时代,区域性的中央集权纷纷建立,郡县制以国家力量逐渐抹平华夏与蛮夷的界限,七雄不仅放弃了对周王室的尊重,更使货币、度量衡、车道、文字各异,形成特质鲜明的文化单元。即便如此,三代社会凝聚的诸夏共同体意识经过春秋争霸的催化,绵延至战国七雄的认知世界——其结果便是,春秋战国时代的区域整合非但没有造成诸夏共同体的分裂,反而塑型了秦汉大一统国家的政治架构、族群认同和文化共识,使氏族社会下的诸夏共同体意识发展为中心更突出、地域更广阔、包容性更强的中华民族共同体意识。

---

① 《史记·越王句践世家》载:"句践已平吴,乃以兵北渡淮,与齐、晋诸侯会于徐州,致贡于周。周元王使人赐句践胙,命为伯。句践已去,渡淮南,以淮上地与楚,归吴所侵宋地于宋,与鲁泗东方百里。当是时,越兵横行于江、淮,东诸侯毕贺,号称霸王。"参见司马迁《史记》,北京:中华书局,1959年,第1746页。

　　随着政治合法性、共同体意识等政治思想理论与视角的迭新,以之融入春秋霸史研究,也带来了新的学术契机,为我们更深入多元了解春秋霸史提供了新视角。而心理史学亦是如此。

第七章　心理史学视角下的春秋霸主人物分析

　　作为春秋霸史的主体,霸主个人心理素质对于其霸业的成就具有重要的意义。传统学界多着眼于作为霸业表征的改革、征伐、争霸活动等内容,却鲜有对霸主个人心理状态的关注。关键历史人物的关键决定与做法对历史发生的走向具有重要的意义,而历史人物的心理活动又影响甚至左右了其行为。因此,以历史人物的心理为对象进行研究,进而分析心理因素对于历史事件的影响——心理史学已然成为历史学研究的重要领域。将心理史学的方法与视角融入春秋霸史的研究尚为初步,学界目前多聚焦于晋文公、秦穆公等霸主的梦境研究,①对于更为深层的关于人格形成的研究尚未展开。笔者曾以心理史学的视角对春秋初期鲁国隐公、桓公人物性格与史事的关系进行分析,并对"隐贤而桓贱"的传统评价进行了再评价。② 本章第一节简要介绍心理史学的基本情况,第二节从春秋霸主青年时期的经历,结合心理史学的研究方法,总结其成就霸业的心理品质,附论拙文以为一项反面考察。

第一节　心理史学概况

　　心理史学又被称为"心理历史学",是"新史学"的重要组成部分,其奠基

---

①　《左传》记载晋文公在"城濮之战"曾有梦境,此多为学界所关注。近来王子今先生关注秦国"梦"的话题,分析了秦穆公的梦境。参看王子今:《〈史记〉记载的秦国"梦"》,《清华大学学报(哲学社会科学版)》2024 年第 5 期。

②　付瑞珣:《"隐贤而桓贱"再评价——心理史学视域下的考察》,《青海社会科学》2020 年第 5期。

者便是西格蒙德·弗洛伊德。作为精神分析学的开创者,其代表作《梦的解析》一问世便对彼时的医学、哲学等学科造成重要之影响。不仅如此,弗洛伊德还尝试以精神分析学的方法探索历史人物的心理状况,并以达·芬奇为对象,首次进行了心理史学的研究——1910 年,弗洛伊德发表了心理学史学的开山之作《莱奥纳多·达·芬奇和他童年的一个记忆》。

弗洛伊德对达·芬奇的研究揭示了早期心理史学的视角与方法。他在书中指出,达·芬奇的性格经常是充满着矛盾的:他有时候温和得像一个驯良的女子,但有时却又不安分,狂妄自大、目空一切。与此同时,尽管达·芬奇在绘画艺术上已经取得了顶尖的成就,但是他也花费大量的时间去研究诸如数学、机械、物理等与绘画毫无关系的内容。缘何达·芬奇性格看起来如此矛盾? 弗洛伊德经过仔细研究指出,这些矛盾都指向一个事实,即达·芬奇存在一定程度的"心理变态"。[①] 而要探究这种"心理变态"形成的因素,就不得不去探寻达·芬奇的童年早期经历。

莱奥纳多·达·芬奇于 1452 年出生在佛罗伦萨共和国与比萨共和国之间一个名叫比奇的小镇上,其父瑟·皮耶罗·达·芬奇是当地有名的公证人兼律师,而其母卡泰丽娜是一位淳朴的农妇,达·芬奇是二人的私生子。尽管达·芬奇的家境优渥,但是他出生伊始便被其父抛弃,达·芬奇跟随母亲卡泰丽娜至 5 岁,6 岁时才回到父亲身边。弗洛伊德认为,由于长时间的缺乏父爱以及卡泰丽娜的认知错位,致使达·芬奇具有女性化的性格以及一定程度的同性恋倾向,并强烈刺激了他的视本能和求知本能——这让他在艺术领域展现出了惊人的天赋。[②]

弗洛伊德将达·芬奇的性格以及艺术和其他领域造诣的原因归于其童年早期经历导致的心理品质,开辟了历史学研究的领域,也为历史研究提供了一种前所未有的方法。虽然弗洛伊德的研究趋于"泛性论",其对达·芬奇童年早期的史料分析也遭到西方学界之诟病,但这些研究过程中的问题

---

① "心理变态"并非现代医学术语,它的最早描述出现在公元前 4 至前 5 世纪的古希腊,通常指人的知觉、思维、情感、智力、意念及人格等心理因素的异常表现。心理学上的"变态"则指的是行为和思维偏离了社会普遍认可的准则。

② 弗洛伊德对达·芬奇心理的解读参见 [奥] 弗洛伊德著,李雪涛译:《达·芬奇童年的回忆》,北京:社会科学文献出版社,2017 年。

不能掩盖他对心理史学的开创之功。

其后,心理史学在美国得到迅速发展。1957 年在美国历史学会主席威廉·兰格的呼吁下,西方历史学界也逐渐兴起了心理史学研究的热潮。真正促使心理史学成为历史学分支学科的代表人物是美国学者 E·H·埃里克森。1958 年,他出版了专著《青年路德:一个精神分析和历史的研究》,该书利用"同一性危机"理论探讨了路德青年时期的境遇导致其苦恼于"自己该成为什么样的人",揭示了马丁·路德的"同一性危机"以及危机的转化,影响了其一生重大事件的抉择。埃里克森的"人格发展渐成论"是心理史学研究的重要方法。埃里克森认为,"人格发展是自我和社会文化相互作用的过程,并一改弗洛伊德追溯童年经历、强调幼儿性欲的做法,更为重视青春期和青年时期对人格养成的作用。因为在青春期形成的'自我认同性'及可能出现的'认同性危机',对个人和社会都有着极为重要的意义。"这就是埃里克森的"人格发展渐成论",又称生命周期理论、八阶段理论,在这一理论中,每一种生命个体的发展都有其特有的方案,人的成长也是如此,每个人在某一年龄段都有其固有的心理发展要求,循此而生,进而成长为有功能的人格整体。埃里克森将人格的形成和发展分为八个阶段,不同阶段的顺序是由遗传决定的,但每个阶段能否顺利度过由社会环境决定。这八个阶段以及每个阶段所面对的冲突如下:

	人生阶段	年龄	对应阶段的心理冲突
1	婴儿前期	0～1.5	信任·怀疑
2	婴儿后期	1.5～3 岁	自主·羞耻
3	幼儿期	3～6、7 岁	主动·内疚
4	童年期	6、7 岁～12 岁	勤奋·自卑
5	青少年期	12～18 岁	角色同一·混乱
6	成年早期	18～30 岁	亲密·孤独
7	成年中期	30～60 岁	繁衍·停滞
8	成年后期	60 岁以后	完善无憾·悲观绝望

值得注意的是,每个不同阶段所形成的品格亦不是一成不变的,埃里克森所遵信的是一种个人与社会二者平行发展的理论,个人对社会的影响力

微乎其微,而社会对人的制约,尤其是青年期之后,是绝然无法忽视的。青少年期是一个关键期,这一时期的心理活动面临着"同一性"(Identity)形成的问题,其任务就是实现个人与社会间的认同平衡,以作为成人迈向社会的基石,而其中意识的疑虑关系到现已成为过去的整个童年的可靠性以及当前所面临的这个社会环境的可依赖性。

20世纪70年代在埃里克森与李夫顿的主持下,心理史学协会在美宣告成立,《心理史学评论》和《心理史学杂志》等专业学术期刊也陆续创刊。奥托·弗莱兹的《俾斯麦心理分析》、托马斯·A·科胡特的《德国的影像——对德皇威廉二世的研究》、彼得·洛温伯格的《纳粹青年追随者的二十世纪心理史学概述心理历史渊源》等一批优秀的心理史学著作纷纷面世,心理史学已然成为历史研究的一个重要领域。

我国接受心理史学可以追溯至20世纪20年代,由何炳松、朱谦之进行了早期的翻译和介绍,梁启超《中国历史研究法》是使用心理史学方法的最初尝试,心理史学开始在中国生根。新中国成立后一批历史学家开始在心理史学领域耕耘实践,产生了一些成果。如马敏的《中国近代商人心理结构初探》、乐正的《晚清"泰西近古说"的心态分析》等都是心理史学研究的代表之作。[①]

客观而言,利用心理史学的方法与视角进行历史研究需要有丰富的史料支撑,因此中西方史学界相关成果多围绕近现代史领域开展,对于史料较少的早期历史,心理史学一般难以有"用武之地"。即便如此,从零星的春秋霸主青年时期史事记载中仍可以利用心理史学的方法总结霸主的心理品质,以下的分析主要采用埃里克森的"人格发展渐成论"。

第二节　春秋霸主的心理品质分析

埃里克森将个人人格发展分为八个阶段,而每一个连续阶段,由于未来

---

① 目前学界对心理史学的研究与叙述其成果十分丰富,本节主要参酌对象包括:张广智:《心理史学》,新北:扬智文化事业股份有限公司,2001年;孙明涛:《中国心理史学方法论研究》,云南大学博士学位论文,2017年;杨玲、舒跃育:《国外历史心理学思想流变》,《心理研究》2018年第1期等。

展望中的根本变化,都是一个潜伏的危机。① 这即是说,在每一个发展阶段中,因为周边环境发生的不可控的变化,通常会在主角心里形成映射,直接影响其生理活动。对变化的形势的掌控以及对变化着的环境的良好适应,是主角必须直面的问题,这便是一个"潜伏的危机"。但危机在此地有着发展的意义,它并不意味着灾祸临头,它指的不过是一个转折点,一个不断增加易损性和不断增强潜能的决定性时期,因而也是生殖力量和适应不良的个体发育的根源。② 此话意在表明所谓"危机"其实亦是机遇,能够顺利度过每一个阶段危机的个体,最终会不断增强毅力与能力,人格得到健全的发展——这是一个渐进的过程。

除了国家实力的积淀,国际局势的消长,春秋霸主的成就也离不开其个人的心理品质。个人心理品质的形成是一个渐进的过程,而这一过程的关键节点便是埃里克森所强调的青少年期。前文所涉及的春秋霸主,包括作为"小霸"的郑庄公都在青少年期前后,经历过程度不同的人生挫折,造成了"同一性危机"的发生,并在危机的转化中形成符合争霸的心理品质。

一、青少年期的同一性危机

下文将聚焦于郑庄公、齐桓公、晋文公、楚庄王四位霸主,梳理他们在青少年期前后所经历挫折而造成的"同一性危机"。

先言郑庄公与楚庄王。郑庄公因"寤生"而被其母武姜厌恶,《左传》记载:"庄公寤生,惊姜氏,故名曰寤生,遂恶之。爱共叔段,欲立之。亟请于武公,公弗许。"③短短几句文献揭示出郑庄公从出生到继位为君期间,其母爱的缺失。前文引清华简《郑武夫人规孺子》提到,武姜在庄公继位后一度对其有所期待,但最终武姜仍然选择了支持公叔段的叛乱。《史记·郑世家》记载了几个时间点,值得参考:其一,郑武公十年迎娶武姜;其二郑武公二十七年病逝,郑庄公继位;其三,庄公二十二年"郑伯克段于鄢"。由此可知,郑庄公继位的年龄当为 15 岁左右,解决国内危机在 37 岁左右。公叔段叛乱失

---

① [美]埃里克森:《同一性·青少年与危机》,杭州:浙江教育出版社,1998 年,第 83—84 页。
② [美]埃里克森:《同一性·青少年与危机》,杭州:浙江教育出版社,1998 年,84 页。
③ 杨伯峻:《春秋左传注》,北京:中华书局,1981 年,第 10—11 页。

败后,郑庄公将武姜关闭冷宫,母子决裂。郑庄公的境遇来自"原生家庭",母亲的厌恶与弟弟的娇宠使其从"怀疑""羞耻""内疚""自卑"中趋向于青少年期的"同一性危机"。

楚庄王童年与青少年时期的经历未见于史籍,从其父楚穆王病逝到其顺利继位为君来看,其早期生活应是较为平顺的。然而,就在其继位之时,楚国却发生了一场内乱。楚庄王即位之时尚年幼,《国语·楚语上》言:"庄王方弱。"韦昭注曰:"方弱,未二十。"①此时,楚国内政由令尹子孔和潘崇两人共同把持,其后子仪与公子燮叛乱,失败后竟然胁迫楚庄王出逃。回国后,楚庄王仍旧面临若敖氏专政的局面,于是其选择了"三年不鸣",以观其变。楚庄王的境遇来源于国内政治的复杂,作为一个未满二十而踌躇满志的国君,其刚继位就被两位佐臣劫持,外界对其评价或许也是懦弱、无能——这与其心理预期,即成为一个雄才大略的楚君可谓是大相径庭。外界负面的评价无疑会对年少的楚庄王造成负面影响,失败的任务鉴定效应(Task Identification)直接影响着其现实主义判断和对社会可接受性的预期,进而造成了其人格承认上的"无用感"(Sense of Futility)。此时的楚庄王处于成年早期,外界的打击使其心理趋向于"孤独",由此楚庄王"三年不鸣"固然展现了其潜身观察政局的城府,亦有心理选择之可能。

再言齐桓公与晋文公。两者有很多相似的人生经历。两者都非嫡长子,这意味着他们没有继位为国君的可能性,并且在其青少年、成年早期因国内动乱出国流亡。齐桓公早期的经历几乎不见于史籍,公子小白离别齐国流亡莒国的这年,大约是在齐襄公二至四年,此时他的年纪大约在十八岁。实际上,莒国并不是公子小白逃亡的首选目的地,他先是奔去了谭国,但谭国国君对这位流亡的公子并未给予礼遇。据《史记·齐太公世家》载:"过谭,谭无礼。"②小白遂离开谭国,选择投奔莒国。从贵族公子到寄人篱下的政治流亡者,自我角色预期与现实身份的差异,促成齐桓公内心的"角色抑制"(Role Inhibition)。

《史记·晋世家》对于晋文公早期的经历有零星的记载:

---

① 徐元诰:《国语集解》,北京:中华书局,2002 年,第 490 页。
② 司马迁:《史记》,北京:中华书局,1959 年,第 1487 页。

晋文公重耳,晋献公之子也。自少好士,年十七,有贤士五人:曰赵衰;狐偃咎犯,文公舅也;贾佗;先轸;魏武子……①

青少年时期的重耳远离政治斗争,结交了诸多良友,按埃里克森的人格发展八段论,此时的晋文公正值青少年期,主角的发展任务主要是形成"角色同一性",即"角色的态度"与"实际角色"的一致性,同时主角也要清楚地认识到环境条件需要他们作出的重大改变。重耳本非储君,他年少时的"好学""好士"之举,符合他作为一名公室公子之作风。然而,"骊姬之乱"的发生也开启了公子重耳十九年的流亡经历。重耳的流亡经历与小白相似,都经历过"无礼"的遭遇,亦容易造成心理的"角色抑制"。

按照主流史籍的记载,以上四位霸主在早年的境遇是相似的,都面临一个阶段的危机——事关其政治生命。这种压力无论是来自家庭内部还是外部势力,霸主面临的危机其实质均是残酷的政治斗争。霸主们遭遇重大危机的年龄大多都不超过三十岁,在十二岁至十八岁、十八岁至三十岁这两个区间,即埃里克森的"人格发展八段论"中的青少年期与成年早期。自我心理预期与现实环境以及带来的社会认同显然存在沟壑,这无形中给予主角心中一种压力,埃里克森指出:"在人类生存的社会丛林中,没有同一感也就没有生存感。"②当青年的霸主们在同一感的问题上摇摆时,现实中的处境也就越发危险了。家庭关系的破裂、政治权力遭到威胁、身份角色的落差甚至是身家性命的不确定,都有可能将其推向"同一性危机"之中。幸运的是青年的霸主们顺利完成了危机的转化,最终成就了霸业。

二、人生逆转:危机的度过

埃里克森认为,童年的一些发展失败不是不可逆转的,因为冲突如果不解决会一直出现,所以我们总有把它解决的机会。也就是说,前一阶段的失败可以在下一阶段获得弥补的机会,而这种机会,既讲求时运,也依赖于个

---

① 司马迁:《史记》,北京:中华书局,1959 年,第 1656 页。
② [美]埃里克森:《同一性·青少年与危机》,杭州:浙江教育出版社,1998 年,第 115 页。

人的努力。上述四人在青少年期都陷入了不同程度的"同一性危机",在他们迈入成年早期时,会面临弥补机会的出现。

郑庄公在继位为君之后,失去了父亲的庇护,他和母亲、胞弟的矛盾就越发凸显了。据《史记·郑世家》载:

> 庄公元年,封弟段于京,号太叔。祭仲曰:"京大于国,非所以封庶也。"庄公曰:"武姜欲之,我弗敢夺也。"①

即使在郑庄公即位为君之后,武姜仍然不肯善罢甘休,逼迫郑庄公封叔段于险要之地,其用意是趁机与叔段共同反叛郑庄公。遭遇同一性危机的青少年在接下来的阶段往往有两个选择,一是听天由命,继续沉沦;二是选择同危机抗争。埃里克森说,"如果年轻人觉得环境设法对他剥夺得太多,不许他有任何形式表达形式,从而不能使他发展到下一阶段加以整合,他就会像困兽般地被迫奋力抵抗,以求保全自己的生命。"②面对武姜与叔段的步步紧逼,郑庄公显然选择了后者。郑庄公历经二十年的磨炼,政治手段也日渐熟练。他早已看穿武姜与叔段的用意,决心用冷静的手段进行处理,答应武姜的请求,故意纵容叔段犯错,引诱其一步步滑向反叛的不归之途。郑庄公因有周全的准备,这场叛乱并没有掀起多大波澜,庄公二十二年,据《左传·隐公元年》载,庄公"命子封帅车二百乘以伐京。京叛大叔段,段入于鄢,公伐诸鄢。五月辛丑,大叔出奔共。"③此时的郑庄公正是成年早期(三十五岁),这个时期的个体所面临的关键问题是建立一种承诺的和亲密的人际关系,这个过程出现失败将导致孤独。在幼年之时,郑庄公一直处于叔段的阴影之下,而如今驱逐叔段则意味着郑庄公在与叔段的斗争中夺得了完全的胜利,从此在他内心深处由叔段带来的阴霾一扫而空。郑庄公在克段之后,本把武姜置于城颍,并誓之曰:"不及黄泉,无相见也。"但是不久又"悔之",而后"掘地见母",两母子和好如初。这意味着郑庄公与母亲之间的正

---

① 司马迁:《史记》,北京:中华书局,1959 年,第 1759 页。
② [美]埃里克森:《同一性·青少年与危机》,杭州:浙江教育出版社,1998 年,第 115 页。
③ 杨伯峻:《春秋左传注》,北京:中华书局,1981 年,第 13—14 页。

式和解。郑庄公早年的同一性危机很大程度上是由武姜引起的,武姜对他的偏见,使得郑庄公早年母爱缺失,自我认同的发展处于残缺的状态。成年期驱逐叔段和母爱的回归,使其"同一性危机"得到了弥补,他此时展现出的能力符合他的心理预期——即成为一个优秀的君主。

楚庄王年少即位,便遭遇了斗克之乱,面对若敖氏专权,他选择"三年不鸣"以观其变。三年期间诸多忠良涌现,不惜冒死劝谏,这是缓解楚庄王心理"孤独"的良方。三年后,其趁势剪灭若敖氏,重用伍举、苏从等忠良,开启了扩张之路。楚庄王八年时,其年龄大约在 27 岁,他在"问鼎"事件中听到了王孙满关于"德"的言论,由此楚庄王在争霸过程中"复陈""释郑""围宋"均展现了政治伦理,这是其成为春秋霸主政治合法性的因素之一。可见,楚庄王在成年早期的遭遇及转化促成了其隐忍而理性的心理品质。

除了个人的努力之外,时运也是影响主角人格发展的重要因素。齐桓公滞留莒国达十年之久,晋文公更是有着十九年的流亡生涯。最终他们都归国为君,以政治上的胜利化解了心中的"角色抑制"。从国君之子到流亡者,再到一国之君,齐桓公、晋文公的人生角色不停地变化,饶有意味的是其原始身份——公子。春秋是一个"弑君三十六,亡国五十二,诸侯奔走不得保其社稷者不可胜数"①的时代,虽为一国公子,流亡在外并非罕见之事,因此在这种社会环境中即便齐桓、晋文从公子沦落为流亡者也是可以理解的——二人的"角色抑制"并未使其深陷"同一性危机"中(或程度较浅),在鲍叔牙、文公"五贤"的忠诚陪伴和精心辅佐下,他们成年早期的心理不是"孤独",而是宽容仁爱,培养出前章所谓的"人格魅力",是其霸业政治合法性的一个重要因素。

值得说明的是,由于晋文公流亡时间过于长久,并且其归国为君是借助外力,导致自信心不足。在迎娶"怀嬴"问题上,在是否迎接周襄王以及在城濮之战前的表现等重大事件上,晋文公都犹豫不决,幸亏辅臣的劝谏与坚持,才弥补了晋文公的这一性格缺陷。

结合以上四位霸主的早期经历及其心理分析,我们把相关要素列于

---

① 司马迁:《史记》,北京:中华书局,1959 年,第 3297 页。

下表：

霸主	面临危机	遭遇危机时年龄及所处阶段	危机转化	心理品质
郑庄公	母亲的厌恶；公叔段的偏宠	0～35；从婴儿前期至成年中期	郑武公的认可，继位国君，祭仲等贤臣的辅佐陪伴，平定公叔段叛乱，与母和解	隐忍、理性、果断、进取
齐桓公	早年流亡	约20岁；青少年期或成年早期	鲍叔牙的陪伴，归国为君	隐忍、理性、亲善、果断、进取
晋文公	流亡经历	约17岁；青少年期	"五贤"的陪伴，大国国君的认可，归国为君	隐忍、理性、亲善、进取
楚庄王	斗克之乱；若敖氏威胁	20岁左右；青少年期或成年早期	"三年不鸣"，解决若敖氏专权，听取王孙满的劝谏	隐忍、理性、亲善、果断、进取

表中的四位霸主在青少年及成年早期都经历了人生的重大打击，在一定程度上造成了"同一性危机"，他们通过危机的转化，不仅完成了个人心理的良性发展，也培养了霸主所拥有的隐忍、理性、亲善、果断、进取等心理品质。当然，并非所有历史人物都能形成这样的品质，春秋时期鲁国的隐、桓二公则未能顺利度过"同一性危机"，形成良性的心理转化，这不仅使二人均死于非命，更使历史积淀较好的鲁国错失了春秋霸业的机会。

附论"隐贤而桓贱"再评价——心理史学视域下的考察

鲁隐公十一年，即公元前712年，鲁国政坛发生了极为戏剧性的一幕，本想将君位让给其弟的隐公，竟然先被其弟鲁桓公所弑。《左传·隐公十一年》记载："羽父请杀桓公，将以求大宰。公曰：'为其少故也，吾将授之矣。使营菟裘，吾将老焉。'羽父惧，反谮公于桓公而请弑之。壬辰，羽父使贼弑公于寪氏，立桓公而讨寪氏，有死者。不书葬，不成丧也。"[1]"隐桓鼎革"遂为

---

[1]　杜预、孔颖达：《春秋左传正义》，阮元：《十三经注疏》，北京：中华书局，1980年，第1737页。

经学史上重要的问题之一,而自《公羊传》评价隐、桓二公为"隐贤而桓贱",①后世学者也多以此说盖棺定论。本文则将从心理史学的方法来重新考察鲁隐公的性格,希望能为"隐贤而桓贱"这一经史问题的评价提供新的研究视角。行文之间难免阙陋,就正于方家。

一、隐公之死:隐公其人及其内政外交

鲁隐公是鲁国第十四代国君,为鲁惠公之子,名"息姑"。② 鲁惠公的"元妃"是孟子,孟子死后,继室以"声子",③后又娶宋武公之女——仲子为夫人。鲁隐公出自声子,其弟桓公则由夫人仲子所生。按照嫡长子继承制度的原则,鲁隐公虽然年龄较长,但是继位者应该是鲁惠公夫人之子鲁桓公。惠公去世时,桓公年幼,不能柄国,隐公也没有僭越继位,而是暂摄君位,替桓公执政,直到隐公十一年被桓公所弑。

鲁隐公执政鲁国十一年,从内政外交来分析,他的执政是无力而混乱的。首先,隐公之于桓公,在政治关系和地位上,定位含混不清。一方面,他自行国政,虽有君实,却不居公位;另一方面,虽自称摄政,将授之于桓公,却始终弃嫡幼而不立。这一点,表现出了鲁隐公性格上的软弱、寡断、缺乏魄力。春秋之世是一个"弑君三十六,亡国五十二,诸侯奔走,不得保其社稷者,不可胜数"④的时代,王室衰微,"礼乐征伐自诸侯出",⑤作为一国之君的鲁隐公只讲表面上的仁义道德,缺少了杀伐决断。其次,隐公当国,名位不正,使得君臣不齐、人心思异。如《左传·隐公元年》记载"冬十月庚申,改葬

---

① 何休、徐彦:《春秋公羊传注疏》,阮元:《十三经注疏》,北京:中华书局,1980 年,第 2213 页。

② 关于鲁隐公的名字,杨伯峻先生进行了辨析,参见杨伯峻:《春秋左传注》,北京:中华书局,1981 年,第 2 页。

③ 关于声子的地位,《左传》与《史记》有两种不同的记载。《左传·隐公元年》明确说:"惠公元妃孟子。孟子卒,继室以声子,生隐公",这说明声子虽然不是夫人,但是其地位也是比较高的。而《史记·鲁世家》则说:"初,惠公适夫人无子,公贱妾声子生子息",可见《鲁世家》认为声子是"贱妾",那地位就很低了。有学者对《左传》中的"继室"问题进行了细致剖析,认为继室地位是高的,如果元妃无子,她的儿子是应当继承君位的,参见刘丽文:《〈左传〉"继室"考》,《学术探索》2003 年第 9 期。

④ 司马迁:《史记》,北京:中华书局,1959 年,第 3297 页。

⑤ 何晏,昺疏:《论语注疏》,阮元:《十三经注疏》,北京:中华书局,1980 年,第 3521 页。

惠公,公弗临",又十二月"仲父卒,公不予小殓",杜预注:"以桓为大子,故隐公让而不敢为丧主。"①而《礼记·丧服大记》载"君于大夫世妇,大敛焉",②即国君应该为卿大夫之尸入棺。隐公不为父丧,不为臣丧,欲表摄政之位。然而正是这一类"隐摄之礼",使得鲁国上下不知有君,以至鲁国君臣内部发生分裂,卿大夫公然违背隐公命令的现象时有发生。据《左传》记载:隐公元年四月,"费伯帅师城郎,不书,非公命也";同年"郑人以王师、虢师,伐卫南鄙,请师于邾。邾子使私于公子豫。豫请往,公弗许。遂行,及邾人、郑人盟于翼。不书,非公命也";又"新作南门","不书,亦非公命也"。③ 仅隐公元年之内,竟然记载有三处"非公命"之事,而对于这些"非公命"之事,隐公并没有对卿大夫们做出惩戒,反倒使他们恣意妄为,以致羽父这样的悖逆之臣的出现。《左传》隐公四年记载:"宋公使来乞师,公辞之。羽父请以师会之,公弗许,固请而行。故书曰'翚帅师',疾之也。"④羽父违背隐公的命令率领军队出国作战,可见羽父毫不把隐公放在眼里。鲁隐公对此也没有采取措施惩处羽父,羽父在鲁国的地位反而有所提升,更频繁地出现在鲁国的政治舞台。《左传》隐公八年"无骇卒。羽父请谥与族";隐公十年"夏五月。羽父先会齐侯、郑伯,伐宋";隐公十一年,羽父为隐公成功地解决了"薛、滕争长"之事。⑤ 羽父的权力欲望由此得到了空前的膨胀,才会为了当"宰",向鲁隐公建议杀掉桓公,当隐公拒绝后,又挑唆桓公除掉隐公。鲁隐公软弱的性格使得他在处理鲁国内政的时候隐忍、谦让,缺乏杀伐决断之魄力,导致其在国内的政治根底松动,卿大夫恣意妄为,为"钟巫之乱"埋下了祸根。⑥其实,鲁隐公对君位犹豫不决的态度也令后儒争议不休。欧阳修便怀疑隐公摄政的真实性,认为其入庙称公,就是鲁君,《春秋》三传称其摄政并无依

①　杜预、孔颖达:《春秋左传正义》,阮元:《十三经注疏》,北京:中华书局,1980 年,第 1718 页。

②　郑玄、孔颖达:《礼记正义》,阮元:《十三经注疏》,北京:中华书局,1980 年,第 1582 页。

③　杜预、孔颖达:《春秋左传正义》,阮元:《十三经注疏》,北京:中华书局,1980 年,第 1715、1718 页。

④　杜预、孔颖达:《春秋左传正义》,阮元:《十三经注疏》,北京:中华书局,1980 年,第 1725 页。

⑤　杜预、孔颖达:《春秋左传正义》,阮元:《十三经注疏》,北京:中华书局,1980 年,第 1733、1735 页。

⑥　杨茂义:《〈左传〉隐公记事的叙事立场》,《北京青年政治学院学报》2013 年第 2 期。

据。① 而苏轼则认为隐公确为摄政,他认为《春秋》是信史,隐公摄政符合周礼。② 足见隐公为政确实造成了时人及后人的困惑。

在诸侯外交方面,隐公的手法更是含混不明、不知所欲,缺乏长远的战略意图。太史公言:"平王之时,周室衰微,诸侯强并弱,齐楚晋秦始大,政由方伯。"③隐公之时,在平王末年,齐楚方始兴、秦晋未为大,其在姬姓,为周公之后,文之昭也,于周班为长,周礼尽在。当其时,齐僖有小霸之心,郑伯有不臣之志,唯独隐公唯唯诺诺,常思退让之意、毫无雄伯之图。细析鲁隐公的外交活动,鲜有值得称道之处。在处理与齐、郑、宋、卫等大国关系时,隐公缺乏原则和定策,前后政策犹疑涽乱,以至于化友为敌,错失争雄良机。与宋国,在惠公末年时,鲁宋曾有战隙,但惠公夫人皆出自宋国,可见两国并非深怨敌国。隐公执政的第一年便开始与宋国修好,"及宋人盟于宿"。与卫国,两者关系本就融洽,隐公元年,改葬惠公时,卫侯亲自来会葬,而隐公却避之不见;同年十二月,郑因公孙滑之乱伐卫,隐公非但不能救,且不能止公子豫与邾伐卫,④此事虽非隐公所为,作为友邦却多有不及之处。隐公三年,"齐、郑盟于石门,寻卢之盟也"⑤,两大国东西相望、均有不凡之志。卫因公孙滑故、宋因公子冯故,皆修怨于郑。隐公执政初年,一直与宋、卫结好而不曾与齐、郑交,倘若他能长行此策,执宋、卫而抗齐、郑,其势则未可量也,然而他竟频与两友国交恶,渐而孤立于大国之间。隐公四年,"诸侯复伐郑,宋公使来乞师,公辞之";五年,郑伐宋,师入郕,隐公竟以宋使谎言故,驻师不救,⑥鲁宋关系终至于破裂。隐公之交宋、卫,既不能平两国于郑,又不能助盟友结怨于敌国;既有交好宋、卫之心,却无与郑争长的魄力,春秋乱世,岂得苟安? 以隐公的所作所为,鲁失宋、卫也在意料之中。此后,齐、郑先后拉拢鲁国,数年间,齐、郑或与宋、卫平,或假王命而修旧怨,鲁皆如之前卒,

---

① 欧阳修:《欧阳修集卷》,北京:中国戏剧出版社,2002 年,第 374 页。

② 苏轼:《东坡志林》,北京:中华书局,2007,第 251 页。

③ 司马迁:《史记》,北京:中华书局,1959 年,第 149 页。

④ 杜预、孔颖达:《春秋左传正义》,阮元:《十三经注疏》,北京:中华书局,1980 年,第 1718 页。

⑤ 杜预、孔颖达:《春秋左传正义》,阮元:《十三经注疏》,北京:中华书局,1980 年,第 1722 页。

⑥ 杜预、孔颖达:《春秋左传正义》,阮元:《十三经注疏》,北京:中华书局,1980 年,第 1725、1728 页。

处处被郑庄公和齐僖公算计利用。可见,鲁隐公的外交政策是混乱的。他缺少郑庄公一般的争霸意识,没有在西周灭亡到齐桓公称霸这个权力真空时期为鲁国争取霸业,而是选择了偏于保守的外交政策,使得鲁国丢失了成为大国的最佳机遇。此外,隐公得罪于友邦,失去了其他诸侯的支持,使得在国内本来已经松动的执政根基又无外力保证,当隐公被弑杀之时,我们在史书中没有见到王室以及诸侯们的任何讨伐,可见其外交的失败。作为一国之君的隐公不图强奋进,却在自我身份的混乱中徘徊不前,从这一角度而言,隐公不可谓"贤"。

二、狐壤之战:青年隐公的同一性混乱

鲁隐公的性格问题集中反映在其自我同一性危机中,与自我定位的混乱相关。而造成其性格问题的重要因素则要从青年隐公的一系列遭遇中去探寻,狐壤之战正是其促因之一。据《左传》记载,"公之为公子也,与郑人战于狐壤,止焉。郑人囚诸尹氏,赂尹氏,而祷于主钟巫。遂与尹氏归,而立其主。"[①]后人在处理这段史料时,很少有深入去分析,有者也只是简单评价为"始战狐壤而被止,是无勇也"。[②] 然细查此事,隐公立钟巫于鲁,甚至死于此祭,足见鲁隐公青年时期成年早期经历的这些事件对他内心影响很大,[③]以心理史学的方法解读青年隐公的境遇与性格形成尤有优长。

文献不足之故,我们已无法对鲁隐公婴幼期和儿童期的经历及成长进行深入分析,但他青年期到成人早期所遭受的几次重创,必然会干涉同一性的构建,狐壤之战就是一个关键点。隐公为公子时,其弟桓公或未出生、或为襁褓,鉴于隐公执政时桓公仍较幼弱,鲁惠公很可能并无嫡子。当时的鲁隐公在鲁国是最合适的储君人选,他带兵狐壤亟需的不仅仅是战争利益或

---

① 杜预、孔颖达:《春秋左传正义》,阮元:《十三经注疏》,北京:中华书局,1980 年,第 1737 页。
② 高士奇:《左传纪事本末》,北京:中华书局,1979 年,第 52 页。
③ 至于狐壤之战的具体年月,史籍无载。据已有资料可知,鲁隐公有两子为储君之选,其一为庶长隐公,其二为嫡子桓公。鲁隐公被囚禁在郑大夫尹氏家中时,不仅能撺掇尹氏释放自己,更是把尹氏一起带到了鲁国,细忖个中隐奥,非储君之势难成此谋,故可推知此时桓公尚未出生,而仲子尚未入鲁的可能性极大。又据高士奇考证,隐公即位之时,桓公的年龄不过三五岁。而《史记》载桓公母亲仲子,本是鲁惠公为隐公所娶。所以说,此时的鲁隐公应是青年期及成人早期的这一段年龄。

荣耀,更是国内外的一种"承认"。从这个角度而言,狐壤之战的意义更像是心理学家所言之"自由角色试验"(Role Experimentation),即将成年的年轻人最需要的是社会的承认与肯定和个人定位的实现,是心理的、也是社会的,心理活动无疑是主导,但社会评价的映射却几乎主导着心理活动。狐壤之惨败,别人口中的"无能""耻辱"的评价倒成了其次,它首先对鲁隐公造成了负面影响,失败的任务鉴定效应(Task Identification)直接影响着其现实主义判断和对社会可接受性的预期,进而造成了其人格承认上的"无用感"(Sense of Futility)。

比战败更为严重的是囚徒困境,它不仅会加重失败后的"无用感",而且很容易动摇鲁隐公的我角色预期。一般而言,角色的自主性试探与实验在青年期以前就基本完成了,后来经验中的角色调整更像是在儿童期角色预期基础上的进化。但人生中的一些重大危机,是打破原有预期的不可抗因素。郑人打败鲁国军队之后,并没有放过隐公,而是把他囚禁在大夫尹氏的家中。鲁隐公作为尹氏囚徒,个中待遇我们已不得而知,但从"赂尹氏""祷钟巫"的活动来看,他的角色定位已经发生了巨大变化,原来高高在上、或为储君的公子,直接沦为阶下囚。这一遭遇造成的"角色抑制"(Role Inhibition)作用,足以挑战他幼年时期形成的角色预期。自我认同出现了失败,自我怀疑继而发生,这对于同一性意识而言是极为不利的。如埃里克森所言:"我们所言的同一性是指自我意识的挣扎与重构,它代表着人的自尊,即独立个体夸大式的自我表象与他人眼中个体映像的差异。"①当自尊荡然无存的时候,自我表象首先会破灭,更遑论夸大了。显然,鲁隐公的青年期至成人早期这一阶段,出现了同一性危机。

这一情况下的鲁隐公面临的是危机,更是机遇,因为完善与突破对于人格的发展有着更深远的意义。囚徒境遇下的隐公,很容易出现歇斯底里的情绪,祭祷钟巫的活动与其说是一种逃脱手段,毋宁言是同一性混乱的体现。鲁隐公对于尹氏钟巫的信仰并不仅限于落难时期,他逃出郑国后更是

---

① Erik. H. Erikson. *Identity*:*Yourh and Crisis*,WW Norton & Company,1986,P183.

把钟巫的神主立在了鲁国,执政之后也是常年祭祀。可见,钟巫神之于鲁隐公并不是简单的利用关系,而是近乎信仰,"宗教应当是人类历史上最古且最久远的制度,它的意义就在于,在信仰的过程中,利用宗教仪式重构人们的信任感。"①他在同一性意识形成的关键时期,经历了心理上和生命上的危机,幼年以后形成的信任性、自主性、主动性等不稳定人格都受到了挑战,这次恶化的问题直接会造成消极同一性的选择,从这一角度而言,钟巫之祭更像是一种心理境遇的补偿。换言之,鲁隐公面临同一性危机的状态下,并没有突破性的选择和人格重构,而是采取了宗教信仰式的依附,利用"钟巫"信仰,缝合了危急状态下的人格裂痕。钟巫神的长期信仰反倒可以佐证他心理上失败感与无用感的弥漫。同一性危机处理的失败,直接造成了鲁隐公性格上的缺憾。战败毁掉了他的自我认同,囚徒的阴影在他内心造成的自卑更是不可估量,而依附神灵则是把自己放在了弱势和受保护者的地位。可见狐壤之战的失败及其后续的遭遇,使得隐公彷徨在同一性危机的泥淖之中,造成了其性格的软弱与自我定位的混乱。

三、夺妻事件:孤独与同一性混乱的加剧

狐壤之战的影响固然是巨大的,但尚有弥补之余地。依据埃里克森的人格成长理论,一阶段心理任务处理的失败,会直接影响到下一阶段。又由于每个时期的人生境遇与目标都有很大差异,所以下一阶段的人格心理同时有完善和毁灭两种发展维度。也就是说,如果外界环境有所好转,隐公依旧有性格自我完善的机会。然造化弄人,于此前后青年隐公又遭受了一次恶性的打击,即来自父亲鲁惠公的"夺妻事件"。《史记·鲁世家》记载:息姑刚成年时,惠公"为娶于宋。宋女至而好,惠公夺而自妻之"。② 这位宋女就是天生手掌有"鲁"字的仲子,③即桓公之母。关于《史记》所载惠公夺妻一

---

① Erik. H. Erikson. *Roung Man Luther:A Study in Psychoanalysis and History*,WW Norton & Company,1958,P106.

② 司马迁:《史记》,北京:中华书局,1959 年,第 1529 页。

③ 薛亚军:《〈左传〉"仲子生而有文在其手"句考辨》,《文教资料》1999 年第 5 期。

事,有学者认为并不可信,①但笔者认为若无确证不宜轻易否定《史记》的记载。② 此时的鲁隐公正在成人早期,这个时期的个体所面临的关键问题是建立一种承诺的和亲密的人际关系,这个过程出现失败将导致孤独。婚姻,是鲁隐公成人阶段最重要的仪式,也是他重新建立自信、寻找个人与社会认同的最佳时期,却完全被其父亲的蛮横之举彻底摧毁。在强势父权的压力之下,隐公心理上的自卑、认知混乱、孤独不断加剧。

惠公去世后,制约隐公的权力消失了,其本身的角色混乱衍而至内政外交上的迷蹰无策、不知所为,而原来的自卑心理又很容易地转化成了畏强凌弱的性格。隐公执政后,对郑国有怨而不敢与敌,当齐、郑相与执诸侯牛耳时,鲁国却有尊名而无强执。与小国交往时,隐公更是无甚原则,恃强胁弱。以邾国为例,隐公元年时就与邾盟,邾子也曾多次朝鲁,倘能处理好与这些小国关系,或可成为争雄之资。然而,隐公之举却令人啼笑皆非,《左传·隐公七年》载:"宋及郑平,七月庚申,盟于宿。公伐邾,为宋讨也。"③此时,鲁、宋关系已然破裂,隐公不想承担误宋的责任,尽归咎于邾,其软弱昏聩、畏强凌弱的性格特点昭然可见,这是导致他外交失败的重要影响因素。不唯如此,"夺妻事件"导致的孤独感也在一定程度上导致了隐公的随心妄为、违情非礼。如《春秋》隐公七年载,"夏,城中丘";九年,"夏,城郎",《左传》皆称"书,非时也",④杨伯峻以为"不时者,谓既非国防之所急,而又妨害农功",⑤《春秋经》多言"夏城某""冬城某",《左传》凡夏城皆称非时、冬城皆称时。据《左传·襄公十三年》载"冬,城防,书时也。于是将早城,臧武仲请俟毕农

① 王玲:《〈左传〉鲁人形象研究》,山东师范大学历史文化学院博士学位论文,2013 年,第 72 页。

② 司马贞《索隐》也质疑称:"不知太史公何据此说,谯周亦深不信",本文以为,谯周与司马贞所不见之史料,司马迁未必不见,且同一史籍版本不同,所见史料亦有差异。以《春秋》为例,《史记·历书》载:"周襄王二十六年闰三月,而春秋非之",而今所见之《春秋》及三传皆不见此迹,故司马迁所本《春秋》与后人亦有不同;三传不载惠公夺仲子事,或为鲁国讳亦未可知。所以,本文以太史公所载当有据,故从此说。

③ 杜预、孔颖达:《春秋左传正义》,阮元:《十三经注疏》,北京:中华书局,1980 年,第 1732 页。

④ 杜预、孔颖达:《春秋左传正义》,阮元:《十三经注疏》,北京:中华书局,1980 年,第 1732、1734 页。

⑤ 杨伯峻:《春秋左传注》,北京:中华书局,1981 年,第 65 页。

事,礼也",①可知时与非时之言,多以农事为准。《公羊传》也认为:"城中丘,何以书? 以重书也";程颐言:"其意止欲人君重民之力也";②何休《解诂》说更甚:"以功重故书也,当稍稍补完之,至令大崩弛败坏然后发众城之,猥苦百姓、空虚国家。"③于冬月农闲之时筑城应是当时为政的常识,而隐公却反其道而行之。又,隐公五年时,他欲如棠观鱼,臧僖伯力谏而不能止,《穀梁传》曰:"《礼》,尊不亲小事,卑不尸大功。鱼,卑者之事也,公观之,非正也。"④隐公事后亦知悔,臧僖伯去世时他自惭曰:"叔父有憾于寡人。"⑤可见他深知自己所为非礼,却偏又违逆而行。

四、压力与逆反:"庶兄政治"下的桓公谋逆

鲁隐公在青年时期连续遭到狐壤之战的失利、父亲惠公的夺妻事件,导致其出现了同一性混乱的心理问题,表现为性格软弱、缺乏杀伐决断,政治决策犹豫,乃至被乱臣羽父弑杀,使鲁国错失春秋早期发展的良机。从这一角度而言,隐公绝非"贤"君。同样从心理史学入手,年幼父母双亡,时时处于庶兄政治压力之下的桓公在羽父挑唆下,默认羽父弑杀隐公的行为也难称为"贱"。

鲁桓公其名为允,一名轨,是鲁惠公的嫡长子。隐公十一年,桓公受到羽父的挑唆,弑杀其庶兄隐公,成为鲁国第十五任国君。桓公的童年是较为悲惨的,专家考察,惠公死时桓公虽非婴儿,但仍年幼不堪为君。⑥ 两年后其母仲子也去世了。骤然失去母爱之后,一直没有可替代的关怀,必然会造成幼年时期的抑郁,并产生一种无可弥除的习惯性悲伤,使得此人长久保持一种被压制的愤懑。虽然鲁桓公的性格发展或许在之后的某一阶段能得到调整与完善,但是即使在非常有利的环境下,"幼年时期的这种经历也会在心

---

① 杜预、孔颖达:《春秋左传正义》,阮元:《十三经注疏》,北京:中华书局,1980 年,第 1002 页。
② 程颢、程颐:《二程集》,北京:中华书局,1981 年,第 179 页。
③ 何休、徐彦:《春秋公羊传注疏》,阮元:《十三经注疏》,北京:中华书局,1980 年,第 2209 页。
④ 范宁、杨士勋:《春秋谷梁传注疏》,阮元:《十三经注疏》,北京:中华书局,1980,第 2369 页。
⑤ 杜预、孔颖达:《春秋左传正义》,阮元:《十三经注疏》,北京:中华书局,1980 年,第 1728 页。
⑥ 杨朝明:《文化史》,济南:齐鲁书社,2001 年,第 110—111 页。

理世界注入一种剥离感和失去美好的感伤、抑郁情怀。"①而作为庶兄的鲁隐公,非但不能弥补这一创伤,反倒是长久"剥夺"了桓公应有的君位,以至于刻下了不信任的印记。对于鲁桓公而言,他与庶兄隐公之间的兄弟情谊,恐怕无法达到亲密的程度,反而会发展为"刻意地疏离(distantiation)、孤立(repudiate)、忽视(ignore),这一切极易诱导他去摧毁对自己可能会产生威胁的人和势力。"②所以,从心理学的角度而言,鲁桓公内心很有可能一直就蕴藏着摆脱庶兄控制的冲动。

同样,在生命阶段的周期中,不利的现实社会及传统构架的影响,将会潜移默化地放大成人对幼稚时代的影像。③ 从历史的角度来看,桓公的确也面临着来自庶兄的现实压力,这种政治压力也源于春秋时期制度崩坏的局势。西周时期实行的是嫡长子继承制度,但是这一制度却在西周的末年发生了松动,《国语·周语》记载:宣王时"鲁武公以括与戏见王,王立戏",武公去世后,鲁人杀戏立括,于是,"三十二年春,宣王伐鲁,立孝公,诸侯从是而不睦"④。鲁国这场激烈的内斗,就发生在隐公和桓公的祖辈之间,对鲁国公族及上下臣民的影响不可谓不大。而孝公末年,周幽王废除太子臼,改立少子伯服,更导致了西周的覆亡。《左传·昭公二十六年》正义引《汲冢竹书纪年》曰:"(伯盘)与幽王俱死于戏,先是,申侯、鲁侯及许文公立平王于申,以本太子,故称天王。幽王既死,而虢公翰又立王子余臣于携。周二王并立。"⑤近出清华简《系年》对两周之际的王室纷争更有详细记载,⑥于此不赘言。自此,王纲渐至解纽、诸侯由是叛周。这两件大事中,鲁国都是直接参与者,前者废长立幼,直接导致了数年的动荡;后者弃嫡立宠,王室诸侯之庶孽乱心是生。

从西周的灭亡到齐桓公称霸的期间,中原的最高权力处于真空状态,传

---

① Erik. H. Erikson. *Identity*: *Yourh and Crisis*, WW Norton & Company, 1986, P101.

② Erik. H. Erikson. *Identity*: *Yourh and Crisis*, WW Norton & Company, 1986, P136.

③ Erik. H. Erikson. *Roung Man Luther*: *A Study in Psychoanalysis and History*, WW Norton & Company, 1958, P20.

④ 徐元诰:《国语集解》,北京:中华书局,2002年,第22页。

⑤ 杜预、孔颖达:《春秋左传正义》,阮元:《十三经注疏》,北京:中华书局,1980年,第2114页。

⑥ 李学勤主编,清华大学出土文献研究与保护中心编:《清华大学藏战国竹简(二)》,上海:中西书局,2011年,第138页。

统的制度没有了武力的依托。在没有制度的保障之时，开始活跃于政治舞台的群公子对国君甚至天子都构成极大的威胁。① 群公子大体具有如下特征：其一，根据分封制原则，群公子有自己的封地，具有独立的军事、经济能力；其二，有些公子往往被任命为卿大夫，处于政治权力的中心，春秋初期各国的群公子（包括庶兄）有很多成为了本国执政氏族的始祖；其三，由于政治联姻，群公子的背后往往有强大氏族，甚至外国势力的支持。

而其中最具有实力的"公子"便是国君们的庶兄。庶兄不仅具有群公子的一切特征，而且庶兄比国君年龄大，积累的政治经验与政治关系也很丰富，只因其母不是正夫人而使其君位继承的次序降后。春秋时期的庶兄在各国的政治中表现得十分活跃，作为国君的兄长，本就有独当一面的能力，他们的活动对国君也会有很大的影响。《左传》载，鲁定公四年吴破楚郢都时，"楚子在公宫之北，吴人在其南。子期似王，逃王，而己为王，曰：'以我与之，王必免。'"②子期是楚昭王的庶兄，为了保护昭王，不惜身死，其为兄为臣之谊，可谓尽矣。尤其是当国君幼弱、难以掌控朝局时，庶兄往往就成了国政的另一柱石。据《左传》记载，卫国灵公在位之初，尚年幼，庶兄公孟絷柱国。然而，由于公孟狎司徒齐豹，又恶公子朝通于卫襄夫人宣姜，公子朝与齐豹等人遂作乱贼杀公孟等人，卫灵公于是出奔。③ 但从另一角度而言，庶兄存在本身对国君就有一定的威慑，如《左传·僖公八年》载："宋公疾，大子兹父固请曰：'目夷长且仁，君其立之。'"④宋襄公以太子之尊让位于庶兄子鱼，或有虚让夺心之嫌，在子鱼明确表示无意为君后，他才敢顺继公位，其对庶兄的忌惮之心明白可见。

可见庶兄及庶兄政治的存在使得国君有着一定的心理压力。而作为庶兄的鲁隐公处处小心。《公羊传》记载了隐公替桓公摄政的原因："隐长又贤，诸大夫扳隐而立之。隐于是焉而辞立，则未知桓之将必得立也。且如桓

---

① 吕纪凤：《春秋家国下的公子》，陕西师范大学历史文化学院硕士学位论文，2012 年，第 36 页。
② 杜预、孔颖达：《春秋左传正义》，阮元：《十三经注疏》，北京：中华书局，1980 年，第 2137 页。
③ 杜预、孔颖达：《春秋左传正义》，阮元：《十三经注疏》，北京：中华书局，1980 年，第 2094 页。
④ 杜预、孔颖达：《春秋左传正义》，阮元：《十三经注疏》，北京：中华书局，1980 年，第 1799 页。

立,则恐诸大夫之不能相幼君也,故凡隐之立为桓立也。"①即由于隐公贤明,诸大夫希望立隐公为国君,如果隐公推辞,那么桓公是否能被立为国君则未可知,即使桓公被立为国君,恐怕诸大夫也不会辅佐幼小的桓公,所以隐公是为了桓公日后能当上国君才肯出面来摄政的。然而清代学者高士奇对此议论说:

> 顾隐之失不在于让,而所以处让之道有未善也。桓公始生之年虽不可考,但隐居摄十年,被弑而桓立,立三年而成昏于齐,距隐居摄之始,年十三岁耳。古未有十三岁而成昏者,以此推之,隐元年,桓即幼,亦不下三五岁矣。使隐能如周公辅成王故事,抱负以临群臣、听国政,即不然,令桓毓质深宫,己则身都鲁相,而代之经理,其发号施令,入告王朝,通问邻国,一称桓君而己无与焉,则名分定,而己之心迹亦明。虽有百奸人,乌能离间于其间哉?②

高士奇认为鲁隐公完全可以仿照周公辅佐成王,或者立桓公为国君而自己为"鲁相",这样即使有羽父这样的奸臣挑唆也不会引来杀身之祸。而鲁隐公却偏偏采取了一种"摄而不取,隐而不立"的手段,虚君位不居,又不立桓公,这样的摄政方式无疑会给脆弱敏感(父母双亡)、逆反心理强烈(青春期)、迷茫而不安(隐公摄政)、没有分辨能力(未谙世事)的桓公以巨大的压力,这样的桓公是无法抵御羽父的挑唆的。

在隐桓鼎革的过程中,虽然隐公处于道德的高点,而桓公处于道德的低点,但是从心理史学的角度分析,对既有的"隐贤而桓贱"的说法仍有重估的余地。鲁隐公的遭遇导致其性格软弱,进而使鲁国内政外交混乱,错失发展良机,难以称"贤";而桓公虽然在客观上与羽父合谋杀害隐公,却是在父母双亡、庶兄政治压力以及权臣挑唆以及时值青年早期的逆反心理促成的,从人的发展角度看,桓公也是值得被同情的,因此构不成"贱"的评价。

---

① 何休、徐彦:《春秋公羊传注疏》,阮元:《十三经注疏》,北京:中华书局,1980 年,第 2179 页。
② 高士奇:《左传纪事本末》,北京:中华书局,1979 年,第 52 页。

五、结论

综上所述,笔者认为"隐公之死"的主要原因在两个方面:其一,主观因素是鲁隐公软弱的性格,而这种性格很可能是隐公青年时期在狐壤之战中战败被俘造成的;其二,客观因素是鲁桓公对鲁隐公的逆反,这种逆反源于鲁隐公的摄政方式(春秋时期的庶兄政治)给桓公带来的压力。虽然羽父的挑唆是这一事件的导火索,但是羽父骄肆贪婪的本身又何尝不是隐公软弱性格的产物。[①] 清人朱鹤龄之非隐公曰:"钟巫之祸谓非隐自取之不可也。"[②]由此可见,"隐贤而桓贱"符合道德评价,却非历史判断,在王纲解纽的春秋初年,隐、桓兄弟的悲剧又何尝不是时代的悲剧?

---

① 韩席筹:《左传分国集注》,南京:江苏人民出版社,1963 年,第 49 页。
② 朱鹤龄:《读左日钞》,纪昀、永瑢:《景印文渊阁四库全书》第 175 册,台北:台湾商务印书馆,1986 年,第 14 页。

第八章 结构主义视角下的春秋霸史

——以《史记》为中心

在中国古史体系中,尧舜禹作为德行高尚的圣王,他们根据"授政以德"的原则,通过禅让制进行权力转换。而当大禹和启建立夏王朝确立世袭制度之后,其后发生的夏商、商周因革,都因其末代君主施行暴政而人亡政息,由此中国历史又开始陷入了王朝更替的循环。古代的史学家们对于此种现象往往用"天命论"进行诠释,故而历史的书写也紧紧围绕"天命"这一主题——这使得中国历史叙事呈现出一种结构化的特点。而当进入春秋时期,周王室的统治陷入危机、诸侯霸权逐渐凌驾于周王室王权之上时,历史叙事的主角不可避免地由周王室转向了诸侯霸主们。后世的史学家对于诸霸主事迹的描写也不可避免地陷入了一种结构化的叙事,他们借鉴上古先王事迹的模式,赋予诸霸主生平更丰富的细节——这也使得诸霸主的经历呈现出相似的结构。《史记》作为承接先秦史学的集大成者,结构叙事的迹象更为明显。与此同时,尽管诸霸主的故事在司马迁的"春秋笔法"下被描绘得精彩纷呈,但他仍然试图在王权与侯权之间寻找平衡,以此维护"天命观"的合理性。

第一节 理论与方法

结构主义自十九世纪由瑞士语言学家索绪尔开创以来,已经流传并发展了一个世纪之久。此方法论被广泛运用于哲学、语言学、社会学、人类学、文艺学等诸多领域,已经成为当代世界的重要思潮——历史学也不可避免地被席卷进结构主义的狂潮中。人类学重要的奠基人列维·斯特劳斯

（1908—2009 年）对于结构主义的发展有着卓越的贡献,他立足人类学,试图将个人的人类学理论世界观放射到人文科学和文化思想的各领域去,对世界的人文学科发展产生了深刻影响。简而言之,其基本思想为:叙事的表面之后,有一种普遍结构的存在。列维的重要研究领域是神话学,他试图通过神话学寻找到结构普遍存在的真理。其研究的一般方法为:

1.尽可能多地收集到有关神话的版本,以此为基础对神话内容进行阐述;

2.对神话进行分析,找出神话所反映的二元对立项,并依此得出一定的结构;

3.对此结构进行诠释得出最终结论。

列维通过一个“修补匠”的仓库的理论来说明类比神话思维的素材。所谓的“修补匠”,在其开始工作前,会先收集到很多“派得上用场”东西。在完成一项工作的时候,修补匠会知晓哪些东西他能够使用。尽管仓库的物件(这些物件已经由它们先前的历史和其他情况下的使用所确定)其性质和大小会对其工作有所限制,但他仍然有选择的余地。选择的意义在于在结构重组上的可能排列,暗示可以选择将任意的物件放在任意的地方[1]——这意在表明,神话或者传说的诞生,其实质是史学家们有意识地把不同时期的传说的那些重复的主题拿出来表达所呈现出的结果,借以表达他们的思想与立场。

列维的伟大之处在于,他仅仅用一个基本的“公式”就将人类的一切思想文明串联起来,并且反映出它们普遍存在着的规律。列维的理论对一些历史学家也深受启发并将其运用到历史学的研究中来,美国著名汉学家艾兰的《禅让与世袭——古代中国的王朝更替传说》就是一个成功的例子。

艾兰发现,中国古史传说中的尧舜禹三者之间的权力转换方式一般被认为是逐代禅让,而在大禹和启父子破坏了禅让制建立起夏王朝之后,中国历史又陷入了王朝更替的模式——不可避免地陷入了“循环”。同时,尧舜禹之间所谓“禅让”在历史记载中亦有差异,这种差异在《史记》与《竹书纪

---

① ［法］列维·斯特劳斯:《野性的思维》,北京:商务印书馆,1997 年,第22—26 页。

年》二者之间最为明显,《史记》载尧在去世前二十八年将首领位置让予舜,《而竹书纪年》则说舜囚禁了尧,才夺得了首领位置。出现这种差异的原因是什么呢? 艾兰将"禅让"与"世袭"视为一组二元对立的元素,并运用结构主义的方法在其著作《禅让与世袭——古代中国的王朝更替传说》中指出,"这种历史循环的理论表现为世袭继承(以王朝延续为表征)和授政以德(以王朝更替为表征)两种原则之间的潜在矛盾。天命论试图解释这一矛盾,调节它的表征,但无论何种表征,对立原则之间总有潜在的矛盾……新的统治者强调美德的原则,而在位的统治者强调世袭的权力。但两种原则中总有一种有其存在的可能。"①

艾兰此语意在表明,无论尧舜禹之间的权力交接是禅让还是暴力夺权,其都源自后世的回溯记载(主要是诸子百家),"天命说"只是为了调和禅让与世袭二者矛盾的一种理论,却并不一定反映历史实情。换句话说,尧舜禹、禅让、世袭种种都只是"符号化"的产物,它们都只是宣扬诸子主张的载体。

春秋战国是一个独特的历史时期,"是一个百家争鸣、激动人心的大变革时代"②,诞生了许多思想家、哲人,他们开宗立派、创立学说,对这个剧烈变革的时代都怀有不同的思考。但他们总的关注的要点在于伦理而非形而上学,在于从家庭和国家的角度定义人际关系,"忠""孝""仁""爱"往往是他们探讨的主题,③特别是以孔子为首的儒家学派甚至积极呼吁"复礼"。诸子在创立自己门派学说的同时,也在著书立说以宣扬他们的学说,而过去的历史或者传说往往是他们创作的重要主题。而在其实际创作过程中,文本的书写又极大程度上受到各学派不同的利益与取向的影响。换而言之,当某学派推崇某种思想时,他们会把历史组合并加工成符合他们思想、立场的模样。譬如儒家学派崇"礼治",他们推崇上古尧舜禹时代的政治,那一时期

---

① [美]艾兰:《禅让与世袭——古代中国的王朝更替传说》,北京:商务印书馆,2010 年,第 9 页。

② [美]艾兰:《禅让与世袭——古代中国的王朝更替传说》,北京:商务印书馆,2010 年,第 129 页。

③ [美]艾兰:《禅让与世袭——古代中国的王朝更替传说》,北京:商务印书馆,2010 年,第 129 页。

首领的权力转换是"授政以德"的禅让制,天下咸兴、四海升平。而这就与《竹书纪年》所记载的尧舜禹三代的情况产生了不可调和的冲突。

据《竹书纪年》载:"舜囚尧,复偃塞丹朱,使不与父子相见也。"①按《竹书纪年》所言,尧舜权力交接非但不是和平的禅让,而是一场暴力的政治斗争。关于尧舜禹时代的记载是否真实,本不必纠结,这亦非结构主义要探究的重点。而关键的症结在于通过这种差异的背后,找到问题所在——即儒家学派与《竹书纪年》对于尧舜的事迹记载不同,实际上源于二者思想与立场的不同。

有关先秦时期的历史文献大都成书于战国至两汉,历史的书写在汉代就已经趋于成熟,并且逐渐形成了一种固定的模式。其主要原因在于,儒学在汉代已经成为古代中国的官方正统学说,"百家时代之后,中国的哲学家们再也不如此热烈地旁征博引辩论国家的哲学根基。最终,宇宙论信仰和五行学说盛行,越来越一成不变地根据儒学观点来解释政治现象,涉及根本伦理思想的讨论更少了。"②这种局面的形成所造成的影响是,历史的书写往往趋于同质化和模板化。

当我们将目光放到春秋时代这一特殊时期,一种潜在矛盾依然存在。在周王室的统治力急剧下降之时,礼乐制度也不可避免地衰落了。姬周世袭的统治开始受到诸侯霸权的严重挑战,各雄才大略的霸主业已掩盖曾经高高在上的周王室的光辉,成为中原大地上事实上的话事人。汉代的司马迁在对诸霸主的事迹进行编写时,主要的方法仍然是抓取一些久已流传的"元素"进行整合,力图使诸霸主的事迹完整、饱满,借以此歌颂(当然并不全然是歌颂)他们的功德。譬如在描写楚庄王时,司马迁用"一鸣惊人"的典故来展现楚庄王刚即位时的艰难,而对于楚庄王的"一鸣惊人"典故,《史记》的记载却与其他典籍存在差异。笔者认为,楚庄王即位之艰难的故事蓝本显然来源于商高宗武丁的事迹,下文将详述,先按下不表。这样将诸侯霸主的事迹套用上古先王的模板,如此一来一个矛盾就随之凸显,即世袭政治与

---

① 方诗铭、王修龄:《古本竹书纪年辑证》,上海:上海古籍出版社,2005年,第68页。
② [美]艾兰:《禅让与世袭——古代中国的王朝更替传说》,北京:商务印书馆,2010年,第130页。

"授政以霸"之间的矛盾,春秋初年郑庄公与周桓王之间爆发的繻葛之战则可谓是这一矛盾的公开激化。

如若按照列维的方法,将诸位春秋霸主的事迹收集起来,将"王权"与"霸权"作为一组二元对立的元素,仍然能够发现霸主的历史叙事具有鲜明的结构化特点,这一点在《史记》中体现得尤为明显。为了解释这一时期王权与侯权之间出现的矛盾,后世的史学家们积极探讨"侯霸之权"的合法性,尤其是在儒家思想成为正统的汉代,当儒家学派极力赞扬尧舜禹时代的德政时,他必然会歌颂诸位春秋霸主的功德,并且为他们的霸业寻找一个合法性的理由。所以在大多数霸主的历史叙事里,都有周王给霸主"赐伯"的桥段,表明诸侯的霸权是从周王室处"合法地"取得,如此"周德虽衰,天命未改"的说法便也有了立足之地。

综上所述,可以发现,诸位霸主的历史仍然逃脱不了史学家们的刻意编排,以此传达他们的思想与立场。春秋霸主的事迹往往散见于《春秋》《左传》《国语》《世本》等史籍,并没有成系统地记录。司马迁援采古今,贯穿经传及诸子百家,在《史记》的改造下,诸位霸主的事迹完整性、系统性是前代史籍无法比拟的。在分析《史记》的基础上,回溯春秋霸主之前各圣贤帝王的事迹,将相似的情节、核心主题进行归类,基本上可以总结出一种对于春秋霸主而言普遍存在的叙事,见下表:

	郑庄公	齐桓公	晋文公	秦穆公	楚庄王	夫差	勾践
得国立业的艰难起步	被母厌恶,胞弟反叛	政治流亡	政治流亡	——	斗克之乱,三年不鸣	即位受阻,父亲身死	会稽之围,卧薪尝胆
圣主贤臣的经典组合	祭仲	管仲、鲍叔牙	赵衰、狐偃	百里奚、蹇叔	伍举、苏丛、孙叔敖	伍子胥、孙武	范蠡、文种
内修外攘的称霸路径	克段于鄢;葛之战	管仲改革;昭陵之盟	三军六卿改革;城濮之战	客情制度改革;称霸西戎	孙叔敖改革;邲之战	夫椒之战;黄池之会	五政改革;徐州之会

续表

	郑庄公	齐桓公	晋文公	秦穆公	楚庄王	夫差	勾践
人亡霸灭的历史结局	未妥善安排身后事	宠信奸臣;未妥善安排身后事	——	以良人殉葬	——	穷兵黩武,身死国灭	诛杀忠臣,霸业式微

1. 得国立业的艰难起步,指君王早年经历坎坷;

2. 圣主贤臣的经典组合,指君主与贤臣共同成就功业,形成一组组圣主贤臣的君臣形象;

3. 内修外攘的称霸路径,指君主在臣子的辅佐施行的政治策略以及如何成就霸业;

4. 人亡霸灭的历史结局,指君主晚年昏聩或未予安排好后事留下缺憾,致使霸业昙花一现。

以上这种模式的产生,既有一部分历史实情,另一方面则是史学家在编写历史的过程中受到了结构化思维的影响。通过上表,可以发现诸霸主的成长经历都较为同质化,如果追根溯源,这样的同质化的故事模板可以上溯至尧舜禹等上古先王。尧舜禹的故事带有强烈的神话色彩,但其确是远古先民的古老记忆,被后人传诵至今。西汉时的司马迁在创作霸主的事迹时,他的"仓库"里就放着许多"历史遗存物和事件碎片"①,即关于上古先王的记忆,在他选择将这些元素组合起来的时候,"结构"也就形成了。

第二节 春秋霸主的结构化叙事模式
——以《史记》为中心

历史上涉及春秋霸主的文献资料浩如烟海,本章择取司马迁所作《史记》所载为中心展开考察,缘由有二。其一,首先《史记》一书博采众长,参考

---

① [美]艾兰:《禅让与世袭——古代中国的王朝更替传说》,北京:商务印书馆,2010年,第17页。

了诸多先秦典籍,《尚书》《诗经》《左传》《国语》《国策》及诸子之书都是其取材对象,甚至在其书中对部分文献进行了直接保留;其次司马迁曾周游全国,采集诸般杂说佚史,融汇入书,故《史记》的创作一定程度上就是司马迁所接触之史料的汇编,其著成因此十分接近结构主义史学中所讲的"修补匠式"的"组合"创造;其二,在编写《史记》时,司马迁往往会对一些内容照个人意愿进行改造,从中不难瞥见其受春秋公羊学影响下传统儒家学者的治史思想,他时常基于这种立场统一发表自己的观点,所谓"太史公曰"便是如此。总的来看,《史记》开创了一种经典且行之有效的叙史模式,而这种模式从创作到呈现均有着极其鲜明的结构化特点。具体来说,如伏俊琏提出的史学家在对人物作传时采用的两种方式:一是直接抄录传主的作品;二是对传主的作品进行改写。[①] 司马迁为各霸主立传之时基本上也是使用此两种方法,而在其笔下,各诸侯霸主的故事又和上古圣王的事迹高度相似,他们的"霸政"也每每有着"德政"意味,故下文将从《史记》的相关记载出发,结合其他原始资料展开对比与溯源,借此一睹司马迁笔下形成的关于春秋霸主的结构化叙事模式与其中贯彻的儒家化的治史思想。

一、霸业初始:得国立业的艰难起步

在《史记》的叙事里,春秋霸主的早年经历通常是充满坎坷的。它的主要表现为人物的身世坎坷、即位时挫折抑或即位后的困境,如郑庄公被母所恶而得名痦生,齐桓公、晋文公早年的流亡生涯,楚庄王面对斗克之乱时的"三年不鸣",越王勾践在国家丧乱之际的卧薪尝胆等,大概除了秦穆公早年身世在史籍中不见有多少曲折外,其他霸主的这类事迹几乎已是家喻户晓。而这种成功前必定经历坎坷的叙事范式,如果往前回溯,不难发现其当是借用了上古圣王的故事蓝本。据《史记·五帝本纪》载:

> 虞舜者,名曰重华。重华父曰瞽叟,瞽叟父曰桥牛,桥牛父曰句望,句望父曰敬康,敬康父曰穷蝉,穷蝉父曰帝颛顼,颛顼父曰昌意;以至舜

---

① 伏俊琏:《早期史学家创作人物传记的一种取材方法》,《历史文献研究》2023 年第 2 辑。

七世矣。自从穷蝉以至帝舜,皆微为庶人。舜父瞽叟盲,而舜母死,瞽叟更娶妻而生象,象傲。瞽叟爱后妻子,常欲杀舜,舜避逃;及有小过,则受罪。顺事父及后母与弟,日以笃谨,匪有解。舜,冀州之人也。舜耕历山,渔雷泽,陶河滨,作什器于寿丘,就时于负夏。舜父瞽叟顽,母嚚,弟象傲,皆欲杀舜。舜顺适不失子道,兄弟孝慈。欲杀,不可得;即求,尝在侧。舜年二十以孝闻。三十而帝尧问可用者,四岳咸荐虞舜,曰可。①

　　舜的传说大概是这种故事蓝本的早期来源,司马迁在叙述舜帝事迹之时参考了《尚书》《大戴礼记》《五帝系》《左传》等不同文献,舜帝破碎化的事迹在其笔下变得异常丰富且清晰。通过剖析舜的出身,其早年也是充满坎坷的,在成为首领之前,他生活在一个压抑的家庭中:父母偏爱幼弟、幼弟桀骜不驯,甚至整个家庭想都除之而后快。面对这样的境遇,舜依然保持良好的德行,"不失子道,兄弟孝慈",其德行终于被尧赏识,最后成为被后世敬仰的"五帝"之一。这是对舜帝之仁德的高度肯定,司马迁也在《史记·五帝本纪》中言:"天下明德自虞帝始",②显然司马迁已然把舜帝抬高到了"德政始祖"的高度。舜帝早年坎坷的经历与其后世的显赫身份形成了对比,这样的故事模板显然在暗示这样一个精神内核:欲成就大业必先经历坎坷。这正如《孟子》所言:"天将降大任于是人也,必先苦其心志,劳其筋骨,饿其体肤,空乏其身,行拂乱其所为,所以动心忍性,曾益其所不能。"③如此,诸位霸主在成为霸主前必须经历挫折的锤炼便成了一种普遍的叙事结构。

　　以郑庄公的故事为例,其经历便与舜的事迹的框架相像,甚至情节也有雷同之处,据《左传》记载,郑庄公出生时致使其母武姜难产,武姜不喜欢郑庄公,给其取名寤生。同时其胞弟叔段因为受到母亲偏爱,亦桀骜不驯,在之后甚至连同母亲武姜反叛郑庄公。可以发现,在这种家庭氛围下的郑庄公和舜的处境是高度类似的。郑庄公身世的最早出处就是《左传》,这种叙

---

①　司马迁:《史记》,中华书局,1959 年,第31—33 页。

②　司马迁:《史记》,中华书局,1959 年,第43 页。

③　赵岐、孙奭:《孟子注疏》,阮元:《十三经注疏》,中华书局,1980 年,第2762 页。

事方式事实上很受司马迁的青睐,以至于司马迁在写郑庄公时基本完全承袭了《左传》的说法。但如若细究,郑庄公早年与母亲关系恶劣一事恐还值得商榷。新近清华简中有《郑武夫人规孺子》一篇,其中内容反映的是郑庄公早年刚继位就耽于政事、"委政于大夫",武姜针对这种情况对郑庄公进行规劝。① 从中可见二人关系并非如此恶劣,武姜也并非一个恶毒、偏心的形象,她对刚继位的郑庄公的谆谆教诲依稀可见二人之间深厚的母子情义。这显然与历史上《左传》《史记》等主流说法大相径庭,前文已有分析。故郑庄公的早年经历极大可能是古代史学家通过其名"寤生"加以推测,再附会舜的事迹组合而成。

次如楚庄王"一鸣惊人"的事迹亦值得探讨。"一鸣惊人"典故的最早应当流行在战国时期,如《韩非子·喻老》载:

> （楚庄王）莅政三年,无令发,无政为也。右司马御座而与王隐曰:"有鸟正南方之阜,三年不翅,不飞不鸣,嘿然无声,此为何名?"王曰:"三年不翅,将以长羽翼;不飞不鸣,将以观民则。虽无飞,飞必冲天;虽无鸣,鸣必惊人。子释之,不谷知之矣。"处半年,乃自听政。所废者十,所起者九,诛人臣五,举处士六,而邦大治。举兵诛齐,败之徐州,胜于河雍,合诸侯于宋,遂霸天下。庄干不为小害善,故有大名;不蚤见示,故有大功。故曰:"大器晚成,大音希声。"②

《韩非子》所载楚庄王"一鸣惊人"事真假难辨,此典故可能是当时广泛流传于社会的故事模本,《吕氏春秋·重言篇》亦载吕不韦作成公贾谏楚庄王事,③有学者对此做过研究,此类文本可称之为故事人物差异型文本,而楚庄王即位三年不鸣之事则是此故事人物差异型文本的一个典型。④ 司马迁

---

① 李学勤主编,清华大学出土文献研究与保护中心编:《清华大学藏战国竹简(六)》,上海:中西书局,2016 年,第 104 页。

② 王先慎:《韩非子集解》,北京:中华书局,1998 年,第 168 页。

③ 许维遹:《吕氏春秋集释》卷十八,北京:北京市中国书店,1985 年。

④ 庞昊:《先秦两汉楚庄王故事的文本研究》,吉林大学文学院硕士学位论文,2017 年,第 26 页。

在写楚庄王事迹时全然接受这种框架,谏楚庄王之人确定为伍举、苏丛,故事内核并没有发生改变。具体来说,"一鸣惊人"发生的故事背景是楚庄王刚即位之时面临斗氏家族的威胁,这显然符合"成功前必定经历坎坷"的范式,以至于司马迁在撰写《史记·滑稽列传》时又将"一鸣惊人"的典故安在了齐威王头上,[①]一个典故在同一本书中出自两人,这是十分不同寻常的情况,如非谬误,则很可能是司马迁惯用的叙事结构。同时,如若往前回溯,这种叙事结构在《史记》中亦有旁证,《史记·商本纪》有载:

> 帝武丁即位,思复兴殷,而未得其佐。三年不言,政事决定于冢宰,以观国风。武丁夜梦得圣人,名曰说。以梦所见视群臣百吏,皆非也。于是乃使百工营求之野,得说于傅险中。是时说为胥靡,筑于傅险。见于武丁,武丁曰是也。得而与之语,果圣人,举以为相,殷国大治。[②]

商王武丁为了复兴商朝,继位三年内不言政事,暗中观察朝政,最后提拔了傅说辅政,终使"殷国大治"。而楚庄王也是三年不问政事,寻得了伍丛、苏举辅政,终于成就了楚国霸业。如是可见楚庄王事与商王武丁事何其相似,二人之事迹显然源自同一故事蓝本,所谓"一鸣惊人"只是前文所言同一故事模板的变形。

霸主在面临困境时,仍然保持坚韧的品格,这是他们日后能大有作为的重要原因。这样的叙事方法,同样能在尧舜禹等上古圣王身上找到影子,如前所言,舜帝在成为首领前,生活在一个压抑的家庭中,并且时常有生命危险。但他面对如此境遇,仍然能保持可贵的品质:他对偏心的父母孝顺,对桀骜不驯的弟弟友爱,对外人恭谦,据《史记·五帝本纪》:

> 于是尧乃以二女妻舜以观其内,使九男与处以观其外。舜居妫汭,内行弥谨。尧二女不敢以贵骄事舜亲戚,甚有妇道。尧九男皆益笃。舜耕历山,历山之人皆让畔;渔雷泽,雷泽上人皆让居;陶河滨,河滨器

---

① 司马迁:《史记》,北京:中华书局,1959 年,第 3197 页。
② 司马迁:《史记》,北京:中华书局,1959 年,第 102 页。

皆不苦窳。一年而所居成聚,二年成邑,三年成都。①

舜帝良好的德行使其具有非凡的人格魅力,以至于只要他在哪居住,哪里就会变得兴旺繁荣并民风淳朴。此所谓"一年而所居成聚,二年成邑,三年成都"。禹的事迹同样亦是如此,禹在治水过程中"劳身焦思,居外十三年,过家门而不敢入",②俨然是一个鞠躬尽瘁的人民公仆形象,而大禹在司马迁笔下又"为人敏给克勤,其德不违,其仁可亲,其言可信。声为律,身为度,称以出,亹亹穆穆,为纲为纪"。③ 本人德行良好,在遭遇困境时又能凭借其能力化险为夷走向成功,这种叙事范式展现的正是一幅为政者得国立业艰难起步的图景。

以齐桓公、晋文公早年的流亡生涯为例,在《左传》中齐桓公之流亡经历的记载颇为简单。据《左传·庄公八年》:

> 初,襄公立,无常。鲍叔牙曰:君使民慢,乱将作矣。奉公子小白出奔莒。④

相比之下关于晋文公流亡事迹的记载则相对较丰满,《左传·僖公二十三年》中详细记载了重耳流亡狄、卫、齐、曹、宋、楚、秦的经历。⑤ 事实上,这类"政治流亡者"是《左传》中重要的塑造群体,除了齐桓公、晋文公之外,还塑造了王子朝、王子带、陈完、郑昭公、郑厉公、伍子胥等不同的"流亡者"形象。这些人物几乎都有显赫的政治地位和高贵的血缘出身,而又因为种种缘故而陷入危机之中,期间的种种磨难又最终成为他们成长起来的试金石。在此基础上,司马迁笔下齐桓公的流亡的故事于是更加丰满:

> 初,襄公之醉杀鲁桓公,通其夫人,杀诛数不当,淫于妇人,数欺大

---

① 司马迁:《史记》,北京:中华书局,1959 年,第 33—34 页。
② 司马迁:《史记》,北京:中华书局,1959 年,第 51 页。
③ 司马迁:《史记》,北京:中华书局,1959 年,第 51 页。
④ 杨伯峻:《春秋左传注》,北京:中华书局,1981 年,第 176 页。
⑤ 杨伯峻:《春秋左传注》,北京:中华书局,1981 年,第 404—411 页。

臣，群弟恐祸及，故次弟纠奔鲁。其母鲁女也。管仲、召忽傅之。次弟小白奔莒，鲍叔傅之。小白母，卫女也，有宠于釐公。小白自少好善大夫高傒。及雍林人杀无知，议立君，高、国先阴召小白于莒。鲁闻无知死，亦发兵送公子纠，而使管仲别将兵遮莒道，射中小白带钩。小白详死，管仲使人驰报鲁。鲁送纠者行益迟，六日至齐，则小白已入，高傒立之，是为桓公。①

司马迁对于齐桓公出奔的前因，即"襄公乱政"，其后果，即"二公子争位"，以及其间桓公奔卫、管仲阻截、桓公诈死等事，均进行了细致描述，体现了其在流亡时的艰辛以及在流亡途中展现的高贵品质与政治智慧。而对重耳之流亡事，由于《左传》已有详细记述，故司马迁只是承袭了《左传》的叙事框架，在其基础上进行了轻微的改动，但同样通过对其与身边谋士的互动的描述展现了重耳作为一国君主的人格魅力。

复如吴越争霸期间勾践"卧薪尝胆"之事，此典故当出自司马迁的手笔，据《史记·越王勾践世家》：

> 勾践之困会稽也，喟然叹曰："吾终于此乎？"种曰："汤系夏台，文王囚羑里，晋重耳奔翟，齐小白奔莒，其卒王霸。由是观之，何遽不为福乎？"吴既赦越，越王勾践反国，乃苦身焦思，置胆于坐，坐卧即仰胆，饮食亦尝胆也。曰："女忘会稽之耻邪？"身自耕作，夫人自织，食不加肉，衣不重采，折节下贤人，厚遇宾客，振贫吊死，与百姓同其劳。②

对此，《国语》只记其与夫差媾和事，但必须承认的是"卧薪尝胆"典故对于勾践的形象塑造是不言而喻的，以至于在后世文献如《吴越春秋》中，勾践又有了为夫差尝粪问疾的典故。③ 在困境中隐藏锋芒，不忘耻辱，这在《史记》的叙事模式下，必然是勾践之后能灭吴称霸的重要原因，而这一创作大

---

① 司马迁：《史记》，北京：中华书局，1959 年，第 1485—1486 页。
② 司马迁：《史记》，北京：中华书局，1959 年，第 1742 页。
③ 周春生：《吴越春秋辑校汇考》，上海：上海古籍出版社，1997 年，第 113—114 页。

体也是对春秋霸主立业之初艰难起步的叙事范式的应用。

二、霸业基础:圣主贤臣的经典组合

霸主的成功显然不是其一人的功劳。在上文中我们提及了楚庄王"一鸣惊人"的典故,楚庄王三年不鸣除了是在暗中观察斗氏家族的动向,实际上也在寻找贤臣辅佐自己实现其称霸的理想。在《史记》的记载中,伍举、苏丛二人不惧生死敢于进谏楚庄王,楚庄王乃寻得二人辅佐朝政,于是"国人大说(悦)"①。楚庄王得二人辅佐,所向披靡,"是岁灭庸。六年,伐宋,获五百乘。八年,伐陆浑戎……"②楚庄王从浑浑噩噩、毫不作为转变为积极称雄的君主,当然要归功于伍举和苏丛二人。如前所述,对于劝谏楚庄王的人物,各典籍记载不一,司马迁在选择伍举、苏丛二人作为楚庄王的劝谏之臣时自有其考量:从历时性的角度来看,后世楚国史上还会出现一个重要人物——伍子胥,众所周知伍举为伍子胥祖父,故司马迁此举实质上是将故事中的人物修改成读者能够接受的角色从而使故事不断发生衍化,以保持故事的连贯性。③ 而各位霸主身边都有类似伍举、苏丛的角色存在,见下表:④

君臣形象	齐桓公——管仲、鲍叔牙等	晋文公——赵衰、狐偃等	秦穆公——百里奚、蹇叔等	阖闾/夫差——伍子胥、孙武等	勾践——范蠡、文种等

以上这些"君臣组合"在历史上均享有极高的声誉,他们深深绑定,形成了一对对圣主贤臣的形象。这些臣子往往都对君主起到了关键性的影响,如管仲便是齐桓公施行改革、进行争霸事业的主导者,孔子曾这样说道:"管仲相桓公,霸诸侯,一匡天下,民到于今受其赐。微管仲,吾其被发左衽矣。"⑤孔子的态度很显然,他一方面肯定齐桓公的霸业,一方面又强调齐桓

---

① 《史记·楚世家》:"(楚庄王)于是乃罢淫乐,听政,所诛者数百人,所进者数百人,任伍举、苏从以政,国人大说。"参见司马迁:《史记》,北京:中华书局,1959 年,第 1700 页。

② 司马迁:《史记》,北京:中华书局,1959 年,第 1700 页。

③ 伍举、苏丛可能确系劝谏楚庄王之臣,但因故事版本过多,真实性不易查证,暂不赘述。

④ 表中君臣形象均普遍受到正面认可,为历代圣主贤臣之典范,且察之史籍,可知在《史记》之前,传世文献如《左传》与《国语》是描述这些君臣关系的主要的、最早的来源,出土文献如《清华简》中有些篇章诸如《管仲》《子犯子余》等亦可佐证。

⑤ 何晏、邢昺:《论语注疏》,阮元:《十三经注疏》,北京:中华书局,1980 年,第 2512 页。

公之所以成就霸业,得益于"管仲相桓公"。

再以楚国的发展为例,孙叔敖的改革是至关重要的。《孟子·告子下》言:"舜发于畎亩之中,傅说举于版筑之间,胶鬲举于鱼盐之中,管夷吾举于士,孙叔敖举于海,百里奚举于市……"①孟子在此将孙叔敖与舜、傅说、胶鬲、管仲、百里奚等并列。众所周知,诸后者曾分别是尧、武丁、周文王、齐桓公、百里奚等卓越君主身边的重要谋臣。显然在孟子眼里,孙叔敖当是楚庄王身边第一谋臣。据《荀子·非相》:"楚子孙叔敖,期思之鄙人也。"②孙叔敖在出任令尹前,曾"决期思之水,而灌雩雩之野,庄王知其可为令尹也。"③即带领当地人民兴建水利工程,灌溉农作物,这项水利工程,就是中国古代历史上著名的"芍陂"。据《史记·循吏列传》:

> 孙叔敖者,楚之处士也。虞丘相进之于楚庄王,以自代也。三月为楚相,施教导民,上下和合,世俗盛美,政缓禁止,吏无奸邪,盗贼不起。秋冬则劝民山采,春夏以水,各得其所便,民皆乐其生。④

以上兴修水利、施教导民事体现了孙叔敖在治理内政上的能力,同时他也能适时对君主进行劝谏:

> 庄王以为币轻,更以小为大,百姓不便,皆去其业。市令言之相曰:"市乱,民莫安其处,次行不定。"相曰:"如此几何顷乎?"市令曰:"三月顷。"相曰:"罢,吾今令之复矣。"后五日,朝,相言之王曰:"前日更币,以为轻。今市令来言曰'市乱,民莫安其处,次行之不定'。臣请遂令复如故。"王许之,下令三日而市复如故。⑤

楚庄王凭自己喜好擅改币制严重扰乱了市场,孙叔敖能及时发现问题

---

① 赵岐、孙奭:《孟子注疏》,阮元:《十三经注疏》,中华书局,1980 年,第 2762 页。
② 王先谦:《荀子集解》,北京:中华书局,1988 年,第 73 页。
③ 何宁:《淮南子集释》,北京:中华书局,1998 年,第 1301 页。
④ 司马迁:《史记》,北京:中华书局,1959 年,第 3099 页。
⑤ 司马迁:《史记》,北京:中华书局,1959 年,第 3100 页。

并向楚庄王提出意见,足以见孙叔敖之才干。当然,孙叔敖之能力绝非止步于此,在楚庄王定霸之战——邲之战中,孙叔敖亦发挥了关键作用。邲之战的记载最早出现在《左传·宣公十二年》,①邲之战是在不利于晋的形势下,晋军主师虽知"不可以战",却在关键时刻和战不决,以致失败。孙叔敖辅助庄王指挥战斗突然进军,晋军措手不及,仓皇而逃。经此一战,晋国暂时丧失了霸主地位,楚国一战而霸,楚庄王也成了春秋时期的又一个霸主。

秦国的崛起亦然,秦穆公时百里奚任秦之相国,其间政事无不参与,秦穆公之霸业可谓得益于他。他为相期内,秦国建树国威的几件大事,秦人俱归功于他,口碑载道,传颂不绝,至战国秦孝公时,尚有人在相国商鞅前称颂百里奚,说"五羖大夫之相秦",六七年间,为三大功绩:第一,"三置晋国之君",晋惠公夷吾即位是借助秦国之力;后与秦反目被擒,又由秦国送回复位;晋文公重耳结束流亡生涯,回国即位,亦是由秦国派兵护送。第二,"一救荆国之祸",此事于史不详,《史记索隐》谓即《史记·十二诸侯年表》所载秦穆公二十八年会晋、救楚、朝周之事。② 第三,"发教封内,而巴人致贡;施德诸侯,而八戎来服;由余闻之,款关请见",③安抚境内各族,戎狄亲附,成就秦穆公称霸西戎的大业。特别是由余入秦,对秦霸西戎至为关键,此事亦归于百里奚的德政感化之力,足见秦人对百里奚的追思向慕之情。可以说,百里奚是秦穆公称霸西方的关键人物。

以上这种圣主贤臣的范式仍然是取材自上古圣贤的事迹。在尧舜禹时代,尧当政时,舜算是尧的开国大臣,④以此类推,禹曾经也是舜的臣子。舜在作为臣子时,替尧主理了一些工作,据《史记·五帝本纪》:

> (尧)乃使舜慎和五典,五典能从。乃遍入百官,百官时序。宾于四

---

① "邲之战"其前因后果时间跨度较长,参见杨伯峻:《春秋左传注》,北京:中华书局,1981年,第716—750页。
② 司马迁:《史记》,北京:中华书局,1959年,第2235页。
③ 司马迁:《史记》,北京:中华书局,1959年,第2234页。
④ [美]艾兰:《禅让与世袭——古代中国的王朝更替传说》,北京:商务印书馆,2010年,第43页。

门,四门穆穆,诸侯远方宾客皆敬。①

　　舜展现出了非凡的工作能力,同时尧又考验了一番舜,"尧使舜入山林川泽,暴风雷雨,舜行不迷。"于是"尧以为圣",②便最终决定传位于舜。同样地,大禹在经历父亲治水失败被杀的打击后,仍然被尧舜起用继续治水,大禹兢兢业业,工作谨慎,三过家门而不入,最终平息水患,他又因治水之功受到舜的禅让,可以发现这里面暗示早期圣主贤臣的模板:尧—舜;舜—禹。

　　再后,大禹欲将王位禅让于他的得力助手伯益,然而伯益却被启诛杀,这种"让贤"的模式被打破。尽管中国从此进入了世袭的王朝史,但是史学家们依然保留这种圣主贤臣的模式:商汤—伊尹;武丁—傅说;周文王—吕尚;周武王—吕尚、周公旦。

　　以上所述君王成汤、武丁、周文王、周武王都是中国早期历史上赫赫有名的君主,他们开创王朝、巩固朝政,他们有如此巨大的成就,离不开贤臣的尽心辅佐。以至于到了春秋时期,当叙事的主角转到各诸侯时,这些诸侯霸主取得的巨大成功,史学家依然遵循这个模板,这符合传统的编史方法,也能传达史学家对于圣贤精神的追求。同时,艾兰还注意到一个有意思的现象,即这些大臣在被提拔之前,大都出身贫寒或者默默无闻。③ 如舜在获得尧赏识之前,其家族七代均为庶人,生活在一个压抑的家庭里;伊尹在被成汤提拔前,只是一个陪嫁的媵人;吕尚在被姬昌起用前只是一个屠牛卖肉的商贩;④百里奚在被秦穆公擢用之前是一个落魄的陪嫁奴隶……这样的例子数不胜数。可以发现,贤臣的身世与前文提到的霸主坎坷的早年经历呈现一种平行的模式,而在这些贤臣被提拔之后往往"拜相"或者身居要职,他们往往可以替诸侯处理一些关键的政事,这就意味着他们与君主共同分享权利,司马迁这样的安排显然是在强调霸业的形成是在都具有德行的君主与

①　司马迁:《史记》,北京:中华书局,1959 年,第 21—22 页。
②　司马迁:《史记》,北京:中华书局,1959 年,第 22 页。
③　[美]艾兰:《禅让与世袭——古代中国的王朝更替传说》,北京:商务印书馆,2010 年,第 44 页。
④　关于吕尚的身世各史籍记载不一,这里采用的是司马贞在《史记索隐》中引谯周之话:"吕望尝屠牛于朝歌,卖饮于孟津。"参见司马迁:《史记》,北京:中华书局,1959 年,第 1478 页。

贤臣二者缔造而成,类比于尧舜禹时代的政治,如此无形中就赋予了他们霸业的合法性。

三、霸业征程:内修外攘的称霸路径

君主在得到贤臣的辅政后,便开始肃清政治、厉行改革,这是实现其政治理想的重要步骤。它通常表现为君主在贤臣辅佐下实行一系列富国、强兵、利民的政策,获得政治威望,进而实现宏图大业。为方便叙事,列表于下:

	郑庄公	齐桓公	晋文公	秦穆公	楚庄王	勾践
施政举措	克段于鄢;葛之战	管仲改革;葵丘之会	三军六卿改革;践土之盟	客卿制度改革;霸西戎	华夏化改革;邲之战	五政改革;徐州之会

以上诸霸主在贤臣的辅佐下实行的诸多举措以及如何致霸,仍然散见于《国语》《左传》等典籍,司马迁在取材时仍然采取的是抄录、改写等方式,着重体现霸主在贤臣的辅佐下所展现的雄才大略。

齐国的崛起前国家的改革由管仲主导,在《国语》中有详细描述,面面俱到。针对军政方面:

> 三军,故有中军之鼓,有国子之鼓,有高子之鼓。春以蒐振旅,秋以狝治兵。是故卒伍整于里,军旅整于郊……君有此士也三万人,以方行于天下,以诛无道,以屏周室,天下大国之君莫之能御。①

针对内政改革:

> 制鄙。三十家为邑,邑有司;十邑为卒,卒有卒帅;十卒为乡,乡有乡帅;三乡为县,县有县帅;十县为属,属有大夫。五属,故立五大夫,各

---

① 徐元诰:《国语集解》,北京,中华书局,2002 年,第224—225 页。

使治一属焉；立五正，各使听一属焉。是故正之政听属，牧政听县，下政听乡。①

针对财政改革：

相地而衰征，则民不移；政不旅旧，则民不偷；山泽各致其时，则民不苟；陆、阜、陵、墐、井、田、畴均，则民不憾；无夺民时，则百姓富；牺牲不，则牛羊遂。②

而在《史记》中，对管仲改革的内容则进行了总结性归纳：

桓公既得管仲，与鲍叔、隰朋、高傒修齐国政，连五家之兵，设轻重鱼盐之利，以赡贫穷，禄贤能，齐人皆说。③

军、政、财各方面的改革，为齐国的称霸打下了坚实的基础，《史记》直接沿袭了这一逻辑，作为书写霸主称霸路径的重要叙事范式。

吴越两国的称霸之路也同样如此。吴之称霸确实离不开伍子胥的功劳。据《史记·伍子胥列传》载：

伍子胥仰天叹曰："嗟乎！谗臣嚭为乱矣，王乃反诛我。我令若父霸。自若未立时，诸公子争立，我以死争之于先王，几不得立。若既得立，欲分吴国予我，我顾不敢望也。然今若听谀臣言以杀长者。"乃告其舍人曰："必树吾墓上以梓，令可以为器；而抉吾眼县吴东门之上，以观越寇之入灭吴也。"乃自刭死。④

---

① 徐元诰：《国语集解》，北京，中华书局，2002 年，第 228 页。
② 徐元诰：《国语集解》，北京，中华书局，2002 年，第 227—228 页。
③ 司马迁：《史记》，北京：中华书局，1959 年，第 1487 页。
④ 司马迁：《史记》，北京：中华书局，1959 年，第 2180 页。

伍子胥含恨自杀前的遗言实际上透露出两点信息:其一是早年夫差能够继位的原因是伍子胥以死力争;其二是吴国能成就如此霸业,乃是伍子胥的功劳。而勾践相较于夫差其形象则要正面得多,在会稽之围发生时,文种献计以美女宝器贿赂吴太宰伯嚭,使吴太宰伯嚭谏夫差放过勾践,伍子胥跟则跟夫差有了如下对话:"今不灭越,后必悔之。勾践贤君,种、蠡良臣,若反国,将为乱。"伍子胥亦认识到,勾践是一个贤明的君主,尤其是他身边的有文种、范蠡两位贤臣辅政,如若今日放过,日后必东山再起。而文种果凭借贿赂吴太宰伯嚭达到了保全越国的目的。而且在勾践被围陷入自哀自叹之时,文种也是他的开导者,他说:"汤系夏台,文王囚羑里,晋重耳奔翟,齐小白奔莒,其卒王霸。由是观之,何遽不为福乎?"①

在勾践回到越国之后,便开始卧薪尝胆,继续任用文种、范蠡辅佐政事,《史记》曰:

> 既赦越,越王勾践反国……身自耕作,夫人自织,食不加肉,衣不重采,折节下贤人,厚遇宾客,振贫吊死,与百姓同其劳……举国政属大夫种,而使范蠡与大夫柘稽行成,为质于吴。二岁而吴归蠡。②

这段文本除了反映勾践为了报吴励精图治之外,实则还反映出勾践虚心纳谏、懂得使用人才,举国政于文种、兵甲之事交予范蠡。在最后越灭吴之战中,夫差本想如会稽之围之时那样向越求和,然范蠡向勾践献言曰:

> 范蠡曰:"会稽之事,天以越赐吴,吴不取。今天以吴赐越,越其可逆天乎?且夫君王蚤朝晏罢,非为吴邪?谋之二十二年,一旦而弃之,可乎?且夫天与弗取,反受其咎。伐柯者其则不远,君忘会稽之厄乎?"勾践曰:"吾欲听子言,吾不忍其使者。"范蠡乃鼓进兵,曰:"王已属政于执事,使者去,不者且得罪。"吴使者泣而去。③

---

① 司马迁:《史记》,北京:中华书局,1959 年,第 1742 页。
② 司马迁:《史记》,北京:中华书局,1959 年,第 1742—1743 页。
③ 司马迁:《史记》,北京:中华书局,1959 年,第 1745 页。

　　范蠡劝勾践一举灭吴，与当年伍子胥于会稽之后劝夫差之语何其相似，然其结果终归不同。勾践听取了范蠡的建议，一举灭吴，并迫使夫差自杀。自此越国的霸业臻于鼎盛，文种与范蠡所作出的贡献也是有目共睹的。而勾践与夫差二人在识人、用人的方面亦是高下立判。值得注意的是，关于夫差与勾践二人如何在贤臣们的辅佐下进行吴越争霸，种种情形在《国语》中有所体现，例如在提到勾践归国后"卧薪尝胆"施行改革之时，以《国语·越语》记载为例：

　　　　令壮者无取老妇，令老者无取壮妻。女子十七不嫁，其父母有罪；丈夫二十不娶，其父母有罪。将免者以告，公令医守之。生丈夫，二壶酒，一犬；生女子，二壶酒，一豚。生三人，公与之母；生二人，公与之饩。当室者死，三年释其政；支子死，三月释其政。必哭泣葬埋之，如其子。令孤子、寡妇、疾疹、贫病者，纳宦其子。其达士，洁其居，美其服，饱其食，而摩厉之于义。四方之士来者，必庙礼之。勾践载稻与脂于舟以行，国之孺子之游者，无不餔也，无不歠也，必问其名。非其身之所种则不食，非其夫人之所织则不衣，十年不收于国，民俱有三年之食……进则思赏，退则思刑，如此则有常赏。进不用命，退则无耻，如此则有常刑。①

　　《国语》对于勾践的施政措施进行了细致描述，大致包含以下几个方面：
　　第一，鼓励百姓生育，恢复人口；第二，重视人才，加以优待，知人善任，令各得其所；第三，提倡洁身自律，勤于耕织，大力发展生产；第四，轻民征赋；第五，缓刑薄罚，军中用刑等等。《史记》在记述勾践归国后的史实时，显然并没有采用这段材料。与前面一样，《国语》中有大量涉及管仲改革时采取的措施，但司马迁仅是予以归纳，省略了详细的表述。究其原因，这是《史记》与《国语》体例性质不同导致的。国语作为"于众简牍以次存录"的"言

---

　　① 　徐元诰：《国语集解》，北京：中华书局，2002 年，第 570—571 页。

语文辞",也来自各国史官私人记事册牍,面临同样的源头文本,《国语》固有的国别纪事使得他无须调整文本,故较多地保留了文本原貌。且《国语》主要是记言,其中内容实有与作为纪传体通史的《史记》有所抵触之处。但尽管如此,在《史记》中仍然能够看到君主在贤臣的辅佐下施政制霸这种叙事模式的存在,而这种模式也可以回溯至尧舜禹等上古圣王,参见下表:

	尧	舜	禹	汤	周文王
施政举措	设官分职、设"四岳"	修刑法、明德天下	治水、涂山之会	伐桀建商	伐纣建周

这些上古先王在取得成就的同时,也付出了巨大的政治努力。大禹为了治水曾"三过家门而不入"、周文王为了伐纣大业曾身陷囹圄,如前文所述,这些圣王在执政前几乎都有一段曲折的经历,而他们执政后这些施政举措则是"曲折的经历"的具象化表达。那么上述诸霸主的施政举措均是如此,这些霸主在当政后为了施行这些措施,付出了努力与牺牲。如若将尧、舜、禹、汤、周文王看作一个符号,即"德政",那么他们的这些举措则是通往"德政"的必经之路,是必不可少的元素,是对君主施行"德政"的进一步磨砺。换而言之,有付出方才有回报。如若将上述霸主看成一个符号,即"霸政",那么他们施行的举措亦是实现"霸政"所必不可少的元素,这一意味在《史记》的叙事中随处可见。

四、霸业终末:人亡霸灭的历史结局

"人亡霸灭"的模式并非来源于上古圣王的事迹,而更像是基于史实、对霸主这一群体进行设定的叙事范式。盖因在各霸主去世之后,他的继任者往往不能守住霸业,致使霸权转移至他人之手,而这一现象又往往始于霸主晚年的一系列错误举动。

作为春秋初年的小霸郑庄公,在其死后郑国便迅速陨落下去。主要原因在于其在家庭教育能力的缺失,从其颇具争议性之事件,对叔段的"欲擒故纵"便可见一斑。郑庄公多内宠,生子十余人,然而他并没有对诸子的势力进行合理分配、妥善处理,致使其死后诸子争立,在郑庄公身后相当长的一段时间内,郑国接班失序,诸公子相互残杀、内耗,使得郑国霸业功亏一篑、昙花一现。

这个问题在齐桓公身上表现得更为明显,在管仲去世之后,齐桓公陷入昏聩,据《史记》:

> 管仲病,桓公问曰:"群臣谁可相者?"管仲曰:"知臣莫如君。"公曰:"易牙如何?"对曰:"杀子以适君,非人情,不可。"公曰:"开方如何?"对曰:"倍亲以适君,非人情,难近。"公曰:"竖刁如何?"对曰:"自宫以适君,非人情,难亲。"管仲死,而桓公不用管仲言,卒近用三子,三子专权。①

据新近出土《清华简》,其中有简文描述了齐桓公曾问管仲如何立嗣立辅之事,可为佐证:

> 桓公又问于管仲曰:"仲父,设承如之何? 立辅如之可和?"管仲答:"贤质不枉,执节缘绳,可设于承;贤质以抗,吉凶阴阳,远迩上下,可立于辅。"②

而从其结果来看,齐桓公最终显然没有做到。关于齐桓公的结局,《左传·僖公十七年》有简要描述:

> 冬十月乙亥,齐桓公卒。易牙入,与寺人貂因内宠以杀群吏,而立公子无亏。孝公奔宋。十二月乙亥赴,辛巳夜殡。③

在司马迁的笔下,齐桓公之死的细节则臻于丰富,诸子在其病重尚未去

---

① 司马迁:《史记》,北京:中华书局,1959 年,第 1492 页。
② 李学勤主编,清华大学出土文献研究与保护中心编:《清华大学藏战国竹简(六)》,上海:中西书局,2016 年,第 111 页。
③ 杨伯峻:《春秋左传注》,北京:中华书局,1981 年,第 375—376 页。

世之时就开始互相攻伐,而齐桓公的死状更是极其凄惨:

> 桓公病,五公子各树党争立。及桓公卒,遂相攻,以故宫中空,莫敢棺。桓公尸在床上六十七日,尸虫出于户。十二月乙亥,无诡立,乃棺赴。辛巳夜,敛殡。①

在《史记》的描述里,齐桓公固然是"九合天下"的一代霸主,然其结局却是如此具有戏剧性,齐桓公晚年昏聩、咎由自取的形象便跃然纸上,令人扼腕叹息。相比较郑庄公,齐桓公犯的错误更为严重:一、不辨忠奸,崇信奸臣;二、传位之事安排失当,导致诸公子争立。此种生前风光无限,死后争议备至的情况对于各霸主而言兼而有之。如秦穆公去世之后,用人殉葬之举使其声名狼藉。据《史记·秦本纪》:

> 三十九年,缪公卒,葬雍。从死者百七十七人,秦之良臣子舆氏三人名曰奄息、仲行、针虎,亦在从死之中。秦人哀之,为作歌黄鸟之诗。君子曰:"秦缪公广地益国,东服强晋,西霸戎夷,然不为诸侯盟主,亦宜哉。死而弃民,收其良臣而从死。且先王崩,尚犹遗德垂法,况夺之善人良臣百姓所哀者乎?是以知秦不能复东征也。"②

此处记载当为司马迁采自《左传·文公六年》,③其在《左传》的基础上有所精简,然其对秦穆公晚年昏庸一事的批判精神是一致的,尤其是对"是以知秦不能复东征也"一语的保留,意在表明司马迁认同秦不能东征是因为秦穆公死后失德。以今日的眼光来看,这种观点自然是主观的,但正是此种主观论断恰好体现儒家学者对于霸主行"德政"的要求。秦穆公在《史记》中作"缪公",后人对此作出解释,如秦人蒙恬言:昔者秦穆公杀三良而死,罪百

---

① 司马迁:《史记》,北京:中华书局,1959 年,第 1494 页。
② 司马迁:《史记》,北京:中华书局,1959 年,第 194—195 页。
③ 杨伯峻:《春秋左传注》,北京:中华书局,1981 年,第 546—549 页。

里奚而非其罪也,故立号曰"缪"。可见,秦穆公的声誉因殉葬一事毁于一旦,清人高士奇一针见血地指出:"秦穆公,春秋之贤诸侯也……当是时,秦国之强,侪于齐、晋、荆楚,则亦改过不吝,用人惟己之所致矣。独其僻在西陲,礼未同于中国,而用于车氏之三子以殉。《黄鸟》之诗作焉,秦自此不复能东征矣。君子是以惜其盛德之累也。"他一方面肯定秦穆公是"贤侯",却也承认用人殉葬是"盛德之累"。可见,经过《左传》《史记》的塑造,秦穆公身死后的负面形象是不可挽回了。

吴王夫差也有如上相似的身后评价,如《史记·仲尼弟子列传》就曾载子贡言:"吴王为人猛暴,群臣不堪;国家敝以数战,士卒弗忍;百姓怨上,大臣内变;子胥以谏死,太宰嚭用事,顺君之过以安其私:是残国之治也。"[1]在后世眼里,夫差是一个先明后昏的亡国之君,这种刻板印象的产生很大程度上受到历代史书的刻画,而《史记》恰是重要的奠定者。关于夫差的最早记录出自《国语》与《左传》。《国语》对夫差之死及其言行记录尤为详细:

> 越师遂入吴国,围王台。吴王惧,使人行成……(越)乃不许成。因使人告于吴王……夫差辞曰:"天既降祸于吴国,不在前后,当孤之身,实失宗庙社稷。凡吴土地人民,越既有之矣,孤何以视于天下!"夫差将死,使人说于子胥曰:"使死者无知,则已矣;若其有知,吾何面目以见员也!"遂自杀。[2]

夫差不愿忍受失败之屈辱而自杀,此蓝本被《史记》采纳,进行不同程度的演绎:

> 二十三年十一月丁卯,越败吴。越王勾践欲迁吴王夫差于甬东,予百家居之。吴王曰:"孤老矣,不能事君王也。吾悔不用子胥之言,自令

---

① 司马迁:《史记》,北京:中华书局,1959 年,第 2199 页。
② 徐元诰:《国语集解》,北京:中华书局,2002 年,第 561—562 页。

陷此。"遂自刭死。越王灭吴，诛太宰嚭，以为不忠，而归。①

司马迁于此加入勾践诛杀太宰嚭的桥段，意在说明太宰嚭其人是祸国
殃民的奸臣，而也间接表明夫差其人就是不听伍子胥忠言、偏信伯嚭的昏
君。于是夫差的这种形象被后世的《越绝书》《吴越春秋》等典籍无限放大。
然据清华简《越公其事》一篇的记载，夫差的昏庸形象恐还值得商榷。据《越
公其事》：

> 吴王闻越使之柔以刚也，思道路之修险，乃惧，告申胥曰："孤其许
> 之成"……吴王曰："……今我道路修险，天命反侧。岂庸可知自得？吾
> 始践越地以至于今，凡吴之善士将中半死矣。今彼新去其邦而笃，毋乃
> 豕斗，吾于胡取八千人以会彼死？"申胥乃惧，许诺。②

夫差在答应勾践议和后，将情况主动告诉伍子胥，并且在伍子胥提出反
对后，夫差有理有据地指出，先前吴能够攻陷楚之郢都，除了诸将士用命之
外，还有"天赐忠于吴"的运气因素，如今吴已在会稽之战中"善士将中半死"
而元气大伤，如若对越穷追猛打，越必将做困兽之斗，最终恐得不偿失。夫
差最终成功说服了伍子胥。由此可见，夫差其人并没有偏听偏信，并且充分
尊重伍子胥，更有其政治思考，必然不是所谓昏君。可见《史记》在采纳《国
语》的写法时，又一次实践了"人亡霸灭"的叙事范式，以致夫差晚年的昏庸
形象愈加深化。

以上四人是其晚年霸业末期出现"人亡霸灭"现象的典型事例，而《史
记》据此类史事形成了关于春秋霸主结构化叙事模式的又一范式。而就此
亦可看出，司马迁在记述他心目中的霸主时当受其儒家化的立场影响，其中
自有褒贬，进而形成了不同评判标准，待下文详述。

---

① 司马迁：《史记》，北京：中华书局，1959 年，第 1475 页。
② 李学勤主编，清华大学出土文献研究与保护中心编：《清华大学藏战国竹简（七）》，上海：中
西书局，2017 年，第 119 页。

第三节　结构主义视域下霸主称霸模式的政治内涵

在《史记》以前,春秋霸主的事迹往往散见于《春秋》《左传》《国语》《世本》等史籍,并没有成系统地记录。司马迁援采古今,贯穿经传及诸子百家,在《史记》的改造下,诸位霸主的事迹完整性、系统性是前代史籍无法比拟的。班固于《汉书·司马迁传》中肯定了刘向、杨雄以来对司马迁善序事理、有良才之实的评价,并将其称之为"实录"。[①] 而以当今的学术视野来看,这样的评价还有待斟酌——司马迁的所谓"实录"并非客观性的真实记述,而是深受其所接受的教育与思想的深刻影响。通过上文叙述,各霸主的叙事呈现出明显的结构性,这当中有司马迁对先人典籍材料的保留,亦有司马迁自己的创造,最终形成了特色鲜明的"霸主模式"叙事。而其中实质贯穿着司马迁崇尚"德政"与"尊周"大一统的政治思想。

一、化霸政为德政

春秋时期是一个剧烈变革的时代,在政治上表现为周王室日益衰落,政令难以施行。从客观上来说,周王室是短时间内无法被取代的,偌大的周王朝需要得到正常运行。尽管周王室日渐衰落,而彼时的诸侯国日渐强大,这样随着周王室权威下降而形成的权力真空便由诸侯霸主填补。无论诸侯是否有主观意愿参与称霸,这样的局面是历史必然会发生的情景。

在发生朝代更迭的时候,古代的史学家往往会用"天命论"加以诠释,如商革夏命、周革殷命是因为夏桀"务德而武伤百姓,百姓弗堪",[②]纣王"好酒淫乐,嬖于妇人"、又"慢于鬼神",[③]二者失去了上天的眷顾,而汤"修德",姬昌"修德行善",于是诸侯百姓附焉,从而建立了新政权。而西周与东周的衔

---

① 《汉书·司马迁传》:"然自刘向、扬雄博极群书,皆称迁有良史之才,服其善序事理,辨而不华,质而不俚,其文直,其事核,不虚美,不隐恶,故谓之实录。"参见班固:《汉书》,北京:中华书局,1964 年,第 2738 页。

② 司马迁:《史记》,北京:中华书局,1956 年,第 88 页。

③ 司马迁:《史记》,北京:中华书局,1956 年,第 105 页。

接情况则有所不同,在《史记》的叙事里,西周的覆灭是由于周幽王"烽火戏诸侯"导致被西戎攻灭,周幽王宠幸妇人、废嫡立庶、好用奸臣,这些特点符合末代君主的一般形象,而其结果则不一样,周幽王身死之后,并没有改朝换代,"诸侯乃即申侯而共立故幽王太子宜臼,是为平王,以奉周祀。"关于这段史事,相较于其他史籍,司马迁为了增加戏剧性增加了"烽火戏诸侯"戏码,隐去了周平王弑父、二王并立等内情,但是周平王作为幽王嫡长子合理继承王位却是事实,这表明周王朝的"天命"并没有断绝。从实际情况来看,西周建立之后采取先进的封建制裂土分封,并且使用宗法制将诸侯牢牢地绑定,其威望与统治力是夏商时代不可同日而语的,周人在西周时期对于华夏大地已有二百余年的统治基础,并不会因为出现一个昏君而迅速崩塌,这是周平王能够继续统治的客观原因。"天命"观念有学者认为是西周的统治者提出的,艾兰则认为更早,当在商朝时就已流行这一说论。这样,当"天命论"成为一个固有观念后,周平王的成功继位无疑使周人的"天命"并未断绝这一论断成为一个共识,这大概是在 160 余年后楚庄王遣使问鼎,王孙满可以不卑不亢地回答"周德虽衰,天命未改"[①]的重要原因。

但是诸侯的崛起,导致"礼乐征伐自诸侯出"[②]的局面,已然成为对周礼的极大践踏。如何在史学叙事中实现侯霸之权与王权之间的平衡是司马迁需要解决的问题。于是,一个叙事模式应运而生,司马迁巧妙地将霸主的事迹套用上古圣王的模板,将他们打造成与上古圣王一致的形象:

第一,描写他们艰苦的早年经历,圣贤之人往往要先经历试炼;

第二,为他们安排辅政之臣,这些臣子与霸主经历相似,往往被提拔前默默无闻,并且德行高尚;

第三,描述霸主在贤臣辅佐下做出的重大举措。

这样的经历与上古圣王是一致的,以舜、禹、成汤、周武王为例:

---

① 《左传·宣公三年》:楚子伐陆浑之戎,遂至于雒,观兵于周疆。定王使王孙满劳楚子。楚子问鼎之大小轻重焉。对曰:"在德不在鼎。昔夏之方有德也……周德虽衰,天命未改,鼎之轻重,未可问也。"参见杨伯峻:《春秋左传注》,北京:中华书局,1981 年,第 669—672 页。

② 何晏、邢昺:《论语注疏》,阮元:《十三经注疏》,中华书局,1980 年,第 2521 页。

	舜	禹	汤	周文王
早年之艰	早年为庶人，受父母、弟弟迫害	父亲治水失败被杀，家族面临危机	——	羑里之囚
辅政之臣	禹	伯益	伊尹	吕尚
施政举措	定职官，修刑法，明德天下	治水，涂山之会	伐桀	伐纣

司马迁对于"德政"是极尽讴歌的态度，其在《太史公自序》言：

> 汉兴以来，至明天子，获符瑞，建封禅，改正朔，易服色，受命于穆清，泽流罔极，海外殊俗，重译款塞，请来献见者，不可胜道。臣下百官力诵圣德，犹不能宣尽其意。且士贤能而不用，有国者之耻；主上明圣而德不布闻，有司之过也。且余尝掌其官，废明圣盛德不载，灭功臣世家贤大夫之业不述，堕先人所言，罪莫大焉。①

司马迁明言《史记》的创作就是宣扬"圣德"。可以发现，前表中诸霸主事迹的结构与这些上古圣王的事迹的结构高度重合。以霸权凌驾于周王室的诸霸主摇身一变成了类比于上古圣王的明君，这实质上是《史记》叙事的妥协：在周王室越来越变得"默默无闻"之时，往往就有熠熠生辉的霸主涌现出来替周王室管理离而不散的众诸侯，这种僭越的权利往往就需要用"德政"加以诠释，把实质的"霸政"就掩盖过去了。

二、"尊周"的大一统政治思想

春秋公羊学是由董仲舒一手构建的西汉显学，司马迁作为西汉的史学家，其势必会受到春秋公羊学体系的耳濡目染。在学界有关司马迁是否师承董仲舒、春秋公羊学对《史记》创作的影响探讨不止，但如果从《史记》的体

---

① 司马迁：《史记》，北京：中华书局，1959 年，第 3299 页。

例安排所体现出来的"尊王"思想来看,再从司马迁的天人观、历史观、政治观多方面去考察,春秋公羊学大体上影响了《史记》的创作是无疑的,而其中"大一统"思想观念更是在《史记》中体现得淋漓尽致。吴汝煜曾指出,"大一统"与"尊王"实为一事,二者是贯穿全书的重要观念。①

《公羊传》认为《春秋》"王正月"加"王"于"正月"之上,是为了体现大一统之义,从而"大一统"也必然与"尊王"紧紧联系在一起。《史记》之"尊王"思想则体现在其体例可见一斑,《史记》设 12 本纪、10 表、8 书、30 世家、70 列传,将本纪放于首要位置,而其所述时间上至黄帝、下至汉武,将帝王将相列传统一归于黄帝血脉,以帝王为中心,凝聚华夏民族,毫无疑问展现了《史记》中"尊周"的"大一统"思想。

在创作诸霸主的事迹时,司马迁仍然围绕这两个主题。上述诸霸主的霸业除了郑庄公、楚庄王、夫差未获周王室实际承认外,其余霸主均被周王室赐"伯"爵。接受赐伯,意在表明周王室尽管衰落,但是诸侯霸主仍然尊奉周王室,这是"尊王"思想的直接体现。而诸霸主的结局则深埋一条暗线:楚庄王夫差之流,他们均是以军事实力称霸。换句话说,他们实际上不需要周王室的册封,就足以号令群雄——像这样实力雄厚却并没有获得霸名的诸侯还有很多,正如在"绪言"里提到的那样,早期史籍里春秋时期的诸侯中曾被称为"霸(伯)"者就有 19 位诸侯,这尚不能完全涵盖春秋霸主群体之全部,例如素有"春秋三小霸"之称的郑庄公、齐僖公、楚武王并未被统计在内,再者如湖北荆州新出"秦家嘴楚简"中曾提到位在霸主之列的"楚文王"②亦未被关注。第一位称王的诸侯楚武王、被齐桓公击败的楚成王、垂拱而治的晋襄公、复霸中原的晋景公、晋悼公等等,他们显然是被遗漏的卓越君主。

一个霸主的身死,他们的继任者或者后世君主不能称霸,除了客观实际情况,当然还有太史公司马迁的刻意选择。由此,可以认为,一个霸主其霸业可以被传承延续在《史记》这样具有强烈的"大一统"与"尊周"意识的史籍里是绝无可能发生的事。一个王朝其君主世袭罔替,被认为是"天命",在周王室尚在、姬姓的周人还在继续统治时,"天命"就不会断绝,于是霸主的

---

① 吴汝煜:《〈史记〉与公羊学——〈史记〉散论之五》,《徐州师范学院学报》1982 年第 5 期。
② 蒋鲁敬等:《湖北荆州秦家嘴墓地 M1093 发掘简报》,《江汉考古》2024 年第 2 期。

霸业只能是昙花一现,并不会如同周王室的基业一样"天命不改"。由此观之,诸位霸主"人亡霸灭"此模式是服务于"尊王"观念的必要元素,霸主模式的宏大叙事下仍然暗藏司马迁尊奉周王室、维护大一统的核心思想。

综上所述,司马迁所处的时代,是一个需要定根本、正法统的时代。深受春秋公羊学影响的司马迁在"尊周"与"大一统"的思想下,借鉴了诸多史籍对上古先王的叙述模式,在对霸主的霸业进行客观叙述的同时,也在按照自己的主观意愿对他们的事迹进行一定形塑,使之在叙事结构上呈现出明显的同质性:霸主不平凡的早年经历—霸主身边的贤臣—霸主与贤臣共同缔造功业—霸主身死而随之消散的霸业。如此一来,当诸霸主的事迹无限接近于上古圣王的事迹时,霸政已然巧妙地转化为了"德政"。对春秋霸主事迹的结构化叙事,其实质是司马迁不得已在王权与侯霸之权之间做出平衡的结果,也是其对"德政"思想的推崇的重要体现。

参 考 文 献

一、专著、论文集

[1]李学勤主编,清华大学出土文献研究与保护中心编.清华大学藏战国竹书(贰)[M].上海:中西书局,2010.

[2]方诗铭,王修龄.古本竹书纪年辑证[M].上海:上海古籍出版社,1981.

[3][西汉]司马迁.史记[M].北京中华书局,1959.

[4]蒙文通.古族甄微[M].成都:巴蜀书社,1993.

[5][唐]魏徵等.隋书·地理志[M].北京:中华书局,2011.

[6][北魏]郦道元注,[清]杨守敬、[清]熊会贞疏.水经注疏[M].南京:江苏古籍出版社,1989.

[7][清]阮元校刻.十三经注疏[M].北京:中华书局,1980.

[8][东汉]郑玄注,[唐]孔颖达疏.毛诗注疏[A].十三经注疏[M].北京:中华书局,1980.

[9]吕文郁.西周采邑制度[M].北京:社会科学文献出版社,2006.

[10]徐元诰撰,王树民、沈长云点校.国语集解[M].北京:中华书局,2019.

[11]张以仁.春秋史论集[M].台北:台北联经出版事业公司,1990.

[12]李学勤主编,清华大学出土文献研究与保护中心编.清华大学藏战国竹书(陆)[M].上海:中西书局,2016.

[13]杨伯峻.春秋左传注[M].上海:上海古籍出版社,1980.

[14]童书业.春秋史[M].北京:商务印书馆,2010.

［15］［三国］何晏注,［北宋］邢昺.论语注疏［A］.十三经注疏［M］.北京:中华书局,1980.

［16］张广志.西周与西周文明［M］.上海:上海科学技术文献出版社,2007.

［17］童书业.春秋左传研究［M］.上海:上海人民出版社,1980.

［18］［清］顾栋高.春秋大事表［M］.北京:中华书局,1993.

［19］［清］王先谦.荀子集解［M］.北京:中华书局,1988.

［20］俞绍宏,张青松.上海博物院藏战国楚简集释［M］.北京:社会科学文献出版社,2019

［21］黎翔凤.管子校注［M］.北京:中华书局,2004.

［22］胡适.中国中古思想史长编［J］.安徽:安徽教育出版社,2006.

［23］［清］梁玉绳.史记志疑［M］.北京:中华书局,1985.

［24］王玉哲.古史集林［M］.北京:中华书局,2002.

［25］李学勤主编,清华大学出土文献研究与保护中心编.清华大学藏战国竹书(柒)［M］.上海:中西书局,2017.

［26］［清］王先慎.韩非子集解［M］.北京:中华书局,1998.

［27］赵平安.秦穆公放归子仪考.第五届古文字与古代史国际学术研讨会会议论文集［C］.台北:"中央研究院"历史语言研究所,2016.

［28］顾颉刚.史林杂识初编［M］.北京:中华书局,1963.

［29］钱穆.中国文化史导论(修订版)［M］.上海:商务印书馆,1994.

［30］滕铭予.秦文化:从封国到帝国的考古学观察［M］.北京:学苑出版社,2002.

［31］徐元诰.国语集解［M］.北京:中华书局,1998.

［32］［西晋］杜预.春秋经传集解［M］.上海:上海古籍出版社,1997.

［33］［清］王照圆撰,虞思徵点校.列女传补注［M］.上海:华东师范大学出版社,2012.

［34］［西汉］刘向著,石光瑛校释.新序［M］.上海:中华书局,2009.

［35］王明珂.华夏边缘———历史记忆与族群认同［M］.台北:社会科学文献出版社,2006.

［36］周生春.吴越春秋辑校汇考［M］.上海：上海古籍出版社,1997.

［37］李步嘉.越绝书校释［M］.北京：中华书局,2013.

［38］阎振益,钟夏.新书校注［M］.北京：中华书局,2000.

［39］李学勤主编.出土文献（第十一辑）［M］.上海：中西书局,2017.

［40］［德］马克斯·韦伯.《经济与社会》（上卷）［M］.北京：商务印书馆,1997.

［41］焦循.孟子正义［M］.北京：中华书局,1987.

［42］吴镇烽.商周青铜器铭文暨图像集成续编［M］.上海：上海古籍出版社,2016.

［43］［东汉］何休注,［唐］徐彦疏.春秋公羊传注疏［A］.十三经注疏［M］.北京：中华书局,1980.

［44］［东汉］许慎撰,［清］段玉裁注.说文解字［M］.上海：上海古籍出版社,1981.

［45］许维遹.吕氏春秋集释［M］.北京：北京市中国书店,1985.

［46］李学勤主编,清华大学出土文献研究与保护中心编.清华大学藏战国竹书（叁）［M］.上海：中西书局,2012.

［47］苏秉琦.中国文明起源新探［M］.北京：生活·读书·新知三联书店,2019.

［47］［美］埃里克森.同一性·青少年与危机［M］.杭州：浙江教育出版社,1998.

［48］［美］艾兰.世袭与禅让——古代中国的王朝更替传说［M］.北京：商务印书馆,2010.

［49］［法］列维·斯特劳斯.野性的思维［M］.北京：商务印书馆,1997.

［50］缪文远等.战国策［M］.北京：中华书局,2012.

［51］［清］江永.群经补义.清集解［M］.上海：上海书店,1988.

［52］［东汉］郑玄注,［唐］贾公彦疏.周礼注疏［A］.十三经注疏［M］.北京：中华书局,1980.

［53］吴毓江.墨子校注［M］.北京：中华书局,1993.

［54］［东汉］郑玄注,［唐］孔颖达疏.礼记正义［A］.十三经注疏［M］.北

京:中华书局,1980.

[55][东晋]郭璞注,[北宋]邢昺疏.尔雅注疏[A].十三经注疏[M].北京:中华书局,1980.

[56]邵炳军.政治生态变革与诗礼文化演进——两周之际"二王并立"时期诗歌创作时世考论[M].上海:上海大学出版社,2022.

[57]晁福林.霸权迭兴——春秋霸主论[M].北京:生活·读书·新知三联书店,1992.

[58]宋杰师.先秦战略地理研究[M].北京:首都师范大学出版社,1999.

[59]熊梅.春秋时期霸权兴衰规律研究[M].北京:军事科学出版社,2008.

[60]中国社会科学院考古研究所.殷周金文集成[M].北京:中华书局,2007.

[61]王闿运.尚书大传补注[M].北京:中华书局,1991.

[62]吴则虞.晏子春秋集释[M].北京:中华书局,2014.

[63]李隆献.晋文公复国定霸考[M].台北:台湾大学出版委员会,1988.

[64]刘雨、卢岩亚.近出殷周金文集录[M].北京:中华书局,2002.

[65]冯梦龙.智囊全集[M].南京:江苏古籍出版社,1986.

[66]赵平安.《子仪歌、隋与几个疑难字的释读——兼及《子仪》的文本流传[A].新出简帛与古文字古文献研究续集[M].北京:商务印书馆,2018.

[67]戈春源、叶文宪.吴国史[M].北京:人民出版社,2001.

[68]韩席筹.左传分国集注[M].南京:江苏人民出版社,1963.

[69]高锐.中国上古军事史[M].北京:军事出版社,1995.

[70]谭其骧.中国历史地图集(第一册)[M].北京:中国地图出版社,1982.

[71]台湾三军大学.中国历代战争史(第二册)[M].北京:中信出版社,2012.

[72]刘伯骥.春秋会盟政治[M].台北:中华丛书编审委员会,1977.

[73]洪兴祖.楚辞补注[M].北京:中华书局,1983.

[74]赵晓斌.荆州枣纸简《吴王夫差起师伐越》与清华简《越公其事》[A].清华战国楚简国际学术研讨会[C].北京,2021.

[75]谢乃和、罗云君.清华简《越公其事》辑释与文本研究[M].哈尔滨:黑龙江人民出版社,2023.

[76]马承源.商周青铜器铭文选(第三册)[M].北京:文物出版社,1988.

[77][东汉]赵岐注,[北宋]孙奭疏.孟子注疏[A].十三经注疏[M].北京:中华书局,1980.

[78]何宁.淮南子集释[M].北京:中华书局,1998.

[79]张广智.心理史学[M].新北:扬智文化事业股份有限公司,2001.

[80][奥地利]弗洛伊德著,李雪涛译.达·芬奇童年的回忆[M].北京:社会科学文献出版社,2017.

[81][先秦]左丘明撰,[西晋]杜预注,[唐]孔颖达疏.春秋左传正义[A].十三经注疏.北京:中华书局,1980.

[82][北宋]欧阳修.欧阳修集卷[M].北京:中国戏剧出版社,2002.

[83][北宋]苏轼.东坡志林[M].北京:中华书局,2007.

[84][清]高士奇.左传纪事本末[M].北京:中华书局,1979.

[85]Erik. H. Erikson. *Identity：Yourh and Crisis*[M]. WW Norton & Company,1986.

[86]Erik. H. Erikson. *Roung Man Luther：A Study in Psychoanalysis and History*[M]. WW Norton & Company,1958.

[87][北宋]程颢、程颐.二程集[M].北京:中华书局,1981.

[88][东晋]范宁注,(唐)杨士勋疏.春秋谷梁传注疏[A].十三经注疏[M].北京:中华书局,1980.

[89]杨朝明.文化史[M].济南:齐鲁书社,2001.

[90]朱鹤龄.读左日钞[A].景印文渊阁四库全书[M].台北:台湾商务印书馆,1986.

[91]沈长云.郑桓公未死幽王之难考[A].文史第47辑[M].北京:商务

印书馆,1997.

[92]陈美兰.清华简《子仪》札记[A].古文字研究第 32 辑[M].北京:中华书局,2018.

[93]熊北生.云梦睡虎地 77 号西汉墓出土简牍的清理与编联[A].出土文献研究第 9 辑[M].上海:中西书局,2010.

[94]马楠.清华简《子仪》相关史事与简文编连释读[A].简帛第 20 辑[M].2020.

二、期刊论文、报纸文章

[1]李学勤.由清华简《系年》论《文侯之命》[J].扬州大学学报,2013(2).

[2]晁福林.清华简《系年》与两周之际史事的重构[J].历史研究,2013(6).

[3]代生.清华简《系年》所见两周之际史事说[J].学术界,2014(11).

[4]王伟.清华简《系年》"周亡王九年"及其相关问题研究[J].中原文化研究,2015(6).

[5]徐少华.清华简《系年》"周亡(无)王九年"浅议[J].吉林大学社会科学学报,2016(4).

[6]程浩.从"逃死"到"扞艰":新史料所见两周之际的郑国[J].历史教学问题,2018(4).

[7]王杰.清华简"周亡王九年"新释[J].殷都学刊,2020(1).

[8]程平山.秦襄公、文公年代事迹考[J].历史研究,2013(5).

[9]王晖.春秋早期周王室王位世系变局考异———兼说清华简《系年》"周无王九年"[J].人文杂志,2013(5).

[10]朱凤瀚.清华简《系年》"周亡王九年"再议[J].吉林大学社会科学学报,2016(4).

[11]王红亮.清华简《系年》中周平王东迁的相关年代考[J].史学史研究,2012(4).

[12]李零.读简笔记:清华楚简《系年》第一至四章[J].吉林大学社会科

学学报,2016(4).

[13]杨永生.试论清华简《系年》中的"周亡"及相关问题[J].古代文明,2017(2).

[14]李贝贝.从清华简《系年》论两周之际局势变迁[J].四川文物,2022(2).

[15]晁福林.论平王东迁[J].历史研究,1991(6).

[16]王雷生.平王东迁年代新探——周平王东迁公元前747年说[J].西周史研究,1997(3).

[17]程平山.唐叔虞至晋武公年事迹考[J].文史,2015(3).

[18]魏栋.清华简《系年》与携王之谜[J].文史知识,2013(6).

[19]马银琴."褒姒灭周"故事与《诗经·小雅·正月》的性质[J].北京大学学报:哲学社会科学版,2018(6).

[20]宋公文.春秋前期楚北上中原灭国考[J].江汉论坛,1982(1).

[21]何浩.西申、东申与南申[J].史学月刊,1988(5).

[22]徐少华."平王走(奔)西申"及相关史地考论[J].历史研究,2015(2).

[23]杨永生.清华简《系年》"京师"与平王东迁[J].史学月刊,2021(5).

[24]吕亚虎.清华简《系年》所涉"京师"地望辨析[J].宁夏大学学报:人文社会科学版,2022(3).

[25]代生.西周晚期虢国的东迁[N].中国社会科学报,2014-7-30.

[26]王雷生.平王东迁原因新论——周平王东迁受逼于秦、晋、郑诸侯说[J].西周史研究,1998(1).

[27]卫文选.晋国灭国略考[J].晋阳学刊,1982(6).

[28]周家洪.楚文王在楚国崛起中的贡献及其原因[J].长江大学学报:社会科学版,2013(10).

[29]张泽渡."孽生"探诂[J].贵州大学学报,2000(1).

[30]李守奎.《郑武夫人规孺子》中的丧礼用语与相关的礼制问题[J].中国史研究,2016(1).

[31]晁福林.谈《郑武夫人规孺子》的史料价值[J].清华大学学报,2017
(3).

[32]陈伟.郑伯克段"前传"的历史叙事[N].中国社会科学学报,2016
－5－30.

[33]程浩.清华简新见郑国人物考略[J].文献,2020(1).

[34]于薇.从王室与苏氏之争看周王朝的王畿问题[J].社会科学辑刊,
2008(2).

[35]王坤鹏.清华简《系年》相关春秋霸政史三考——兼说《左传》"艳
而富"[J].殷都学刊,2015(3).

[36]贾昌泉.试论郑国"小霸"[J].黑龙江史志,2015(3).

[37]李学勤.试释楚简《鲍叔牙与隰朋之谏》[J].文物,2006(9).

[38]刘信芳.竹书《鲍叔牙》与《管子》对比研究的几个问题[J].文献季
刊,2007(1).

[39]孔德超.清华简《管仲》"阴阳五行"思想发微[J].宁夏大学学报:
人文社会科学版,2019(5).

[40]李学勤.有关春秋史事的清华简五种综述[J].文物,2016(3).

[41]刘国忠.清华简《管仲》初探[J].文物,2016(3).

[42]马腾.管仲法思想与实践诠述———传世文献及清华简《管仲》合
观[J].山东社会科学,2022(6).

[43]王少林.晋文公重耳出亡考[J].南都学刊:人文社会科学学报,
2012－5.

[44]王红亮.清华简与晋文公重耳出亡系年及史事新探[J].史学月刊.
2019(11).

[45]刘丽.重耳流亡路线考[J].深圳大学学报:人文社会科学版,2012
(2).

[46]杨英杰.先秦旗帜考释[J].文物,1986(2).

[47]洪德荣.清华简(七),晋文公入于晋中的军旗考论[J].殷都学刊,
2021(1).

[48]魏栋.清华简《晋文公入于晋》校释拾遗[J].古文字研究,2022.

[49]陆荣.秦穆公"厚币迎蹇叔"之"币"非货币辨[J].安徽史学,1989
(4).

[50]范常喜.清华简所记"大蒐"事考析[J].出土文献,2020(4).

[51]王淑芳.清华简(陆)《子仪》篇与崤之战后秦晋楚关系演变[J].甘肃社会科学,2019(3).

[52]马楠.清华简《子仪》相关史事与简文编连释读[J].简帛,2020 - 5.

[53]崔海亮.华夷观、天下观与民族观——中国哲学史书写中的少数民族哲学问题[J].青海民族研究,2018(4).

[54]晁福林."大夷"之力,中华民族形成过程的重要进阶[J].历史研究,2022(5).

[55]宁镇疆、龚伟.由清华简《子仪》说到秦文化之"文"[J].中州学刊,2018(4).

[56]朱光磊.天道论与天数论——先秦时期政权合法性理论的两种范式[J].学术评论,2012(6).

[57]李培健.天命与政权:先秦天命观演进的逻辑路径[J].武汉理工大学学报:社会科学版,2016(2).

[58]谢乃和.从《尚书》"三誓"看三代早期国家的正统性观念构建[J].军事历史,2019(2).

[59]彭华.王朝正统论与政权合法性——以商周鼎革为例[J].四川大学学报:哲学社会科学版,2021(6).

[60]林国敬.论周初政权合法性的系统建构——以《尚书》为中心[J].温州大学学报:社会科学版,2021(1).

[61]罗新慧.春秋时期天命观念的演变[J].中国社会科学,2020(12).

[62]谢乃和.商周时期国家治理中天命观念的演变[J].中国高校社会科学,2023(2).

[63]晁福林.春秋时期礼的发展与社会观念的变迁[J].北京师范大学学报,1994(5).

[64]葛荃.传统中国的政治合法性思维析论:兼及恩宠政治文化性格[J].文史哲,2009(6).

［65］李渊.《左传》中的楚庄王事迹与楚人的华夏认同意识［J］.史学史研究,2017(1).

［66］王辉等.秦公大墓石磬残铭考释［J］."中央研究院"历史语言研究所集刊,1996(2).

［67］黄锦前.晋楚曾霸,齐鲁燕灭——周代方伯的发展与演变［J］.西南大学学报:社会科学版,2021(1).

［68］陈恩林.先秦两汉文献中所见周代诸侯五等爵［J］.历史研究,1994(6).

［69］闫明恕.论"五霸"之一的楚庄王［J］.贵州师范大学学报:社会科学版,1994(2).

［70］邵蓓.西周伯制考索［J］.中国史研究,2008(2).

［71］罗新慧.华夏共同祖先意识的萌生发展——以"祝融八姓"为中心［J］.历史研究,2023(1).

［72］张淑一.从清华简《郑武夫人规孺子》看先秦母子关系［J］.河北学刊,2021(4).

［73］习近平.决胜全面建成小康社会,夺取新时代中国特色社会主义伟大胜利——在中国共产党第十九次全国代表大会上的报告［N］.人民日报,2017－10－28.

［74］习近平.高举中国特色社会主义伟大旗帜,为全面建设社会主义现代化国家而团结奋斗——在中国共产党第二十次全国代表大会上的报告［N］.人民日报,2022－10－26.

［75］费孝通.中华民族多元一体格局形成的特点［J］.群言,1989(3).

［76］王震中.从复合制国家结构看中华民族的形成［J］.中国社会科学,2013(10).

［77］晁福林.论中华民族形成过程中的国家认同［J］.北京师范大学学报:社会科学版,2022(5).

［78］马卫东.大一统源于西周封建说［J］.文史哲,2013(4).

［79］晁福林.论春秋霸主［J］.史学月刊,1991(5).

［80］晁福林."亲亲"而"分封":天下共主之成败——公羊家政治哲学

一个基本原则的使用与效果分析[J].中山大学学报:社会科学版,2021(3).

[81]刘保刚.钱穆对中国天下观的诠释和解析[J].史学月刊,2022(4):92-102.

[82]余治平、新伟.“多元一体”概念在中华文明探源中的运用[N].中国社会科学报,2022(6).

[83]李长春.儒家政治哲学中的“霸道”[J].开放时代,2022(4).

[84]晁福林.从“华夏”到“中华”——试论“中华民族”观念的渊源[J].史学史研究,2020(4).

[85]曾振宇、刘飞飞.从华夷之辨到价值认同:重审儒家天下观[J].史学月刊,2022(6).

[86]许梦奥.初评弗洛伊德的“释梦理论”[J].心理学探新,1989(4).

[87]蒋凡.《左传》郑庄公传叙[J].兰州大学学报:社会科学版,2015(6).

[88]桂军.春秋初年的悲剧英雄——郑庄公形象分析[J].江苏教育学院学报:社会科学版,2010(3).

[89]伏俊链.早期史学家创作人物传记的一种取材方法[J].历史文献研究,2023(2).

[90]赵庆淼.不娶簋“罾”地与《系年》“少鄂”——兼论猃狁侵周的地理问题[J].江汉考古,2022(5).

[91]蒋鲁敬等.湖北荆州秦家嘴墓地 M1093 发掘简报[J].江汉考古,2024(2).

[92]邵先锋.论“民本思想”在齐文化中的历史地位与作用[J].管子学刊,2005(3).

[93]杜勇.平王东迁年代与史实新探[J].中州学刊,2023(2).

[94]王春姮.浅析齐晋称霸的共同条件[J].大同高等专科学校学报,1999(4).

[95]张作理.春秋战国时期齐国昌盛的几个原因[J].理论学刊,2002(3).

[96]王德华.楚庄王的霸业与楚国的出路——楚民族政治理性与民族

个性精神的双重提升[J].史学月刊,2002(10)

[97]胡克森.春秋争霸与中原"礼"文化传播之特征[J].贵州社会科学,2003(1).

[98]张有智."春秋五霸"正名[J].山西师大学报:社会科学版,1986(1).

[99]卫平."春秋五霸"再正名[J].苏州大学学报,1986(3).

[100]刘浦江."春秋五霸"辨[J].齐鲁学刊,1988(5).

[101]陈筱芳."春秋五霸"质疑与四霸之成功[J].西南民族学院学报:哲学社会科学版,1992(5).

[102]孙景坛."五霸"在历史上的确切所指新说[J].南京社会科学,1994(4).

[103]颜世安.齐桓公霸政基础之探讨[J].江海学刊,2001(1).

[104]周征松.晋文公称霸的战略思想[J].山西师大学报:社会科学版,1991(2).

[105]张卫中.郑庄公与春秋社会[J].青海师范大学学报:哲学社会科学版,1995(3).

[106]王晖.从《秦誓》所见秦穆公人才思想看秦国兴盛之因——兼论《书·秦誓》的成文年代及主旨[J].陕西师范大学学报:哲学社会科学版,2007(1).

[107]谢乃和、付瑞珣.由新出楚简论《诗经·节南山》的诗旨——兼说两周之际天命彝伦观念的变迁[J].杭州师范大学学报(社会科学版),2018(2).

[108]贾连翔.清华简《郑武夫人规孺子》篇的再编连与复原[J].文献,2018(3).

[109]赵晓斌.荆州枣纸简《齐桓公自莒返于齐》与《国语·齐语》《管子·小匡》[J].出土文献研究,2022.

[110]臧知非.齐国行政制度考源——兼谈《国语·齐语》的相关问题[J].文史哲,1995(4).

[111]王亚、方辉.春秋时期齐国"叁其国而伍其鄙"蠡测[J].东岳论丛,

2023(11).

[112]谢乃和、付瑞珣.从清华简〈系年〉看千亩之战及相关问题[J].学术交流,2015(7).

[113]谢乃和、李腾.从侯到霸:"曲沃代翼"对晋国霸主政治的形塑[J].史学月刊,2023(10).

[114]张磊.晋国"作爰田"与地方管理制度鼎革[J].农业考古,2022(4).

[115]洪德荣.清华简(七)《晋文公入于晋》中的军旗考论[J].殷都学刊,2021(1).

[116]魏栋.清华简《晋文公入于晋》校释拾遗[J].古文字研究,2022(1).

[117]赵伯雄.《左传》无经之传考[J].文史,1999(4).

[118]侯文学、宋美霖.《左传》与清华简《系年》关于夏姬的不同叙述[J].吉林师范大学学报:人文社会科学版,2015(4).

[119]刘光.清华简《系年》"南怀之行"考论——兼说楚灵王时期的吴楚关系[J].三峡大学学报:人文社会科学版,2016(5).

[120]李守奎.清华简中的伍之鸡与历史上的鸡父之战[J].中国高校社会科学,2017(2).

[121]李守奎.清华简《系年》与吴人入郢新探[N].中国社会科学报,2011－11－24.

[122]刘光.清华简《系年》所见伍子胥职官考[J].管子学刊,2017(3).

[123]王晖.西周春秋吴都迁徙考[J].历史研究,2000(5).

[124]李守奎.《越公其事》与句践灭吴的历史事实及故事流传[J].文物,2017(6).

[125]王晖.楚竹书《吴命》主旨与春秋晚期争霸格局研究[J].人文杂志,2012(3).

[126]李学勤.在《清华大学藏战国竹简(七)》成果发布会上的讲话[J].出土文献,2017(2).

[127]彭华.清华简《越公其事》研究述评[J].地方文化研究,2020(5).

［128］刘成群.清华简《越公其事》与黄老之学的源起［J］.华中国学，2018（2）.

［129］李健胜.清华简《越公其事》的文本性质及其所见战国国家统治思想［J］.湖南师范大学社会科学学报，2023（7）.

［130］谢乃和.试论清华简《越公其事》的思想主题及其文本性质——兼说殷周之际兵学观念的流变［J］.杭州师范大学学报（社会科学版），2020（6）.

［131］黄爱梅.《越公其事＞的叙事立场及越国史事［J］.社会科学战线，2020（8）.

［132］阎步克.春秋战国时"信"观念的演变及其社会原因［J］.历史研究，1981（6）.

［133］余治平."亲亲"而"分封"：天下共主之成败——公羊家政治哲学一个基本原则的使用与效果分析［J］.中山大学学报:社会科学版，2021（3）.

［134］吴汝煜.《史记》与公羊学——《史记》散论之五［J］.徐州师范学院学报，1982（5）.

［135］付瑞珣、胡静."隐贤而桓贱"再评价——心理史学视域下的考察［J］.青海社会科学，2020（5）.

［136］王子今:《史记》记载的秦国"梦"［J］.清华大学学报:哲学社会科学版，2024（5）.

［137］杨玲、舒跃育.国外历史心理学思想流变［J］.心理研究，2018（1）.

［138］刘丽文.《左传》"继室"考［J］.学术探索，2003（9）.

［139］薛亚军.《左传》"仲子生而有文在其手"句考辨［J］.文教资料，1999（5）.

三、学位论文

［1］苏勇.周代郑国史研究［D］.长春:吉林大学，2010.

［2］姚磊.先秦戎族研究［D］.兰州:兰州大学硕士学位论文，2014.

［3］刘晓.黄帝神话传说的形成［D］.西安:陕西师范大学，2018.

［4］张文慧.春秋时期吴楚关系研究［D］.苏州:苏州大学，2018.

［5］宋晓蕾.西周初年政权合法性构建研究［D］.长春:吉林大学,2022.

［6］李伟山.从东周会盟争霸论共主政治的发展与演变［D］.成都:四川大学,2002.

［7］张银侠.《左传》霸主形象研究［D］.武汉:华中师范大学,2010.

［8］孟莉莉.《左传》之春秋霸主研究［D］.桂林:广西师范大学,2014.

［9］庞昊.先秦两汉楚庄王故事的文本研究［D］.长春:吉林大学,2017.

［10］李沁芳.《晋国六卿研究》［D］.长春:吉林大学,2012.

［11］陈元秋.春秋时期楚国扩张线路研究［D］.上海:华东师范大学,2017.

［12］胡静.清华简所见郑国史事与政治思想研究［D］.西宁:青海师范大学,2021.

［13］丁新宇.清华简《管仲》研究［D］.上海:上海师范大学,2018.

［14］原雅玲.清华简《晋文公入于晋》整理研究［D］.长春:东北师范大学,2019.

［15］王荣.清华简《子仪》整理与研究［D］.长春:东北师范大学,2023.

［16］孙明涛.中国心理史学方法论研究［D］.昆明:云南大学,2017.

［17］王玲.《左传》鲁人形象研究［D］.济南:山东师范大学,2013.

［18］吕纪凤.春秋家国下的公子［D］.西安:陕西师范大学,2012.

四、电子文献

［1］中国先秦史网站,子居.清华简《管仲》［EB/OL］.http://xianqin.byethost10.com,2017/01/14.

［2］中国先秦史网站,子居.清华简柒《子犯子余》韵读［EB/OL］.http://xianqin.byethost10.com,2017/10/28.

［3］中国先秦史网站,子居.清华简《子仪》解析［EB/OL］.http://www.xianqin.tk,2016/05/16.

［4］荆州博物馆秦家嘴楚简整理小组.荆州秦家嘴1093号战国楚墓出土竹简选释［EB/OL］.http://m.bsm.org.cn/? chujian/9306.html,2023/12/21.

［5］陈剑.上博竹书《昭王与龚之脽》与《柬大王泊旱》读后记［EB/OL］.http：//www. jianbo. sdu. edu. cn/info/1011/1667. htm,2005/2/15.

［6］中国先秦史网站,子居. 清华简七《越公其事》第五章解析［EB/OL］. http：//www. 360doc. com/content/18/0606/08/34614342 ＿760046274. shtml,2018/6/5.

后　记

2019年我博士毕业,完成了在东北师大十年的本硕博学习,从东北的黑土地来到了青藏高原,开始了我在青海师范大学的工作。初到高原定居,天高云淡,神清气爽,便想做点事情,于是我在西宁几何书店开始了定期的公益讲座,每月一次,给市民们讲讲春秋故事、老子智慧、《周易》原理……这一讲便是五年,从市民的零星随机旁听到后来我建立学院的青史苑学社带学生过来一起活动,这恐怕是我坚持做得最持久、热情最高涨的一项社会服务事业了。

这本小书的缘起,就是想把自己所讲以通俗的语言展示出来——可惜自己文笔生硬,又总想有一点点学术创新,便加入了以清华简为代表的新史料和政治合法性、心理史学等新视角。结果便有了这本学不精深又难以推广的小书。所幸书中一些粗浅的想法得到杂志社编辑老师认可而得以发表,这也给了我稍许的自信。

人生的成绩总是离不开贵人的帮助。也许是我性格开朗,常带笑容,运气就很好,一路走来总有贵人相助,让我受益良多。首先感谢我的家庭,原生家庭是血缘伦理,婚姻家庭是氏族融合,《盘庚》说:"克黜乃心,施实德于民,至于婚友",血缘和姻亲是我的后盾,使我可以一往无前。师道尊尊,二十多年的读书生涯里老师的教诲是人生的宝典,"传道、授业、解惑"从来不是一句口号,尤其自己在师范大学当了老师后,更能体会"为人师表"的意义。朋友亲亲,即便天涯各自,心中每每想起峥嵘岁月的点滴,便会温暖心房,祖国辽阔愿与君再聚。

2009年我考入东北师范大学学习历史学,开学第一节专业课便是谢乃和教授讲授的中国古代史(先秦部分)。自此,承蒙恩师不弃,我能够跟随谢师学习十年先秦史。感恩之心难以用文字来表达，我从来也没正式地感谢过恩师——他怕我们太酸，以至于我跟杨永生师兄毕业论文都没有"致谢"部分。如今想来是：老师的话也不能啥都听的，我也这样告诉自己的学生，人要敢于表达自己的情感和情绪。

2019 年我离开了母校，离开了老师，离开了东北的父母亲朋，来到青海师大人文学院（后拆分为文学院和历史学院）工作，青海省及青海师大的引才政策非常优厚，终使我们夫妻团聚。即便因为环境、历史等原因，这里还有很多不足，但是我仍然对此充满了感恩与热爱，以至我逢人便认真宣传。人文学院—历史学院的领导、前辈老师、同事同仁对我关爱有加，这里也有张广志先生所开创的先秦史研究传统，科研、教学、行政、学生工作等，我的体验都是舒心的。2024 年，我来到学校办公室锻炼学习，结识了更多的领导和同事，对学校发展与运行也有初步的认识，希望自己可以尽快成熟起来，更好地回馈这片高原土地。

小书的出版得益于黑龙江人民出版社孙国志老师多年以来的帮助提携，得益于青海师大历史学院的出版资助，以及青海师范大学"藏区历史与多民族繁荣发展研究省部共建协同创新中心"项目的支持。感谢我的学生林钰、张翎羽、邵江、费发忠、靳师成、张兴、杜玉洁以及暂时跟我学习的天水师院的刘彦老师，大家的整理、校对之功是这部小书能够完成所必不可少的，于此一并致以谢意。

作者于初秋的西宁记